Construire
sain et naturel

le guide des matériaux écologiques

Monique Vincent-Fourrier

Editions OUEST-FRANCE

Sommaire

Préface

Avec les matériaux sains et naturels, les artisans redécouvrent le plaisir de travailler une matière noble. © MVF

« Construire sain et naturel » ne relève pas d'une mission impossible ; c'est ce que s'attache à démontrer Monique Vincent-Fourrier dans cet ouvrage. Plusieurs années de journalisme consacrées aux différents aspects de la construction d'une habitation, de la rénovation et de la restauration d'un bâti ancien ont été mises, ici, au service de la qualité environnementale.

Lorsque l'on aborde un sujet aussi vaste et complexe, il convient de poser quelques principes essentiels, qui constituent le fil conducteur des thèmes développés. Construire une habitation mobilise beaucoup de moyens, mais selon les choix de matériaux et d'équipements que fait le maître de l'ouvrage, l'énergie nécessaire à leur fabrication et mise en œuvre varie de manière considérable. Dans un environnement, dont on connaît aujourd'hui les limites, puisqu'elles se profilent en termes de décennies, tout acteur, aussi modeste soit-il, doit penser à économiser l'énergie. Ce premier principe n'est cependant pas suffisant en lui-même, si nous ne lui ajoutons pas celui de produire de l'énergie propre. D'une formule, la synthèse de ces principes pourrait être : préserver les énergies fossiles que la nature nous offre et produire sans détruire notre environnement.

S'engager dans la construction de son habitation constitue pour la plupart d'entre nous un moment intense fait de multiples choix et décisions dans un contexte de moyens financiers limités. Y ajouter les principes énoncés ci-dessus peut rendre le projet trop lourd. Ce guide des matériaux écologiques vient à point pour que les préoccupations environnementales, partagées par une très grande majorité, trouvent des réponses concrètes permettant à chacun d'être un acteur responsable au moment où ses choix pèsent le plus sur notre patrimoine commun, sur lui-même et ceux qui partagent sa vie.

En allant chercher dans le passé l'expérience des anciens par l'observation de ce qu'ils ont bâti, par la compréhension de leurs choix, nous trouvons beaucoup de réponses à nos questionnements contemporains. Elles sont exposées ici avec clarté. La chaux utilisée dans la construction pendant des millénaires, oubliée depuis un siècle et redécouverte aujourd'hui, illustre parfaitement ce que le passé peut nous apporter.

En allant chercher dans d'autres cultures les techniques de construction, l'expérience et la réflexion s'enrichissent non seulement d'autres modes de pensée, mais aussi de la connaissance de matériaux inconnus de nos régions. Le feng shui, dont les grands principes essentiels sont exposés clairement, illustre la curiosité de l'auteur.

Monique Vincent-Fourrier dresse méthodiquement, des fondations aux revêtements et à la décoration, le bilan des sources de pollutions qui affectent notre proche environnement et présente un inventaire des solutions écologiques à notre portée, en mettant l'accent sur celles que nous pouvons mettre en œuvre à moindre frais. Une maison saine n'est pas financièrement hors de portée de la plupart d'entre nous.

De sa démarche nous retirons cette phrase qui symbolise l'ambition réussie de cet ouvrage : « Penser globalement le bâtiment comme lieu de vie où les habitants doivent être protégés des agressions extérieures mais sans être pour autant coupés de cet environnement. »

A. Verpoort

Créer un lieu où l'on se sente bien relève d'une alchimie entre les matériaux utilisés et l'art d'aménager un intérieur. © Jean Save

Qu'est-ce qu'une **maison écologique ?**

© Régis Daurel

Contemporaine, fonctionnelle, économique à l'usage, simple à vivre, d'une transparence accueillante, telle est la maison du XXIe siècle imaginée par Régis Daurel, architecte à Bordeaux.

La nature a donné à l'homme des produits sains et naturels pour lui permettre de se construire un nid douillet et confortable. Respectueux de la terre qui les nourrissait, les anciens, en bons observateurs de leur environnement, savaient orienter leur maison pour qu'elle ne soit pas sous les vents dominants en hiver, ni trop exposée au soleil en été. Ils construisaient, avec les matériaux naturels trouvés sur place, un bâtiment qui s'intégrait au terroir. En mettant à notre disposition une multitude de produits manufacturés, livrables en tous lieux, l'industrialisation nous a fait perdre ce bon sens élémentaire ; elle nous a entraînés dans une architecture nocive, perturbante et déshumanisée.

Combien de polluants, toxiques pour notre santé, avons-nous introduits ainsi dans nos demeures ?

Cet ouvrage n'a d'autre but que celui de nous aider à redécouvrir les produits sains, naturels, et leurs applications dans le bâtiment. Des fondations à la toiture, du gros œuvre à la décoration, en passant par l'art de maîtriser les dépenses énergétiques ou par celui de trier les déchets, il nous donne toutes les clefs pour construire et habiter, dans des conditions de confort optimum, un lieu non polluant pour l'homme et la planète.

Un environnement plus sain

En quelques décennies, les modes de vie des Français et des Européens en général, se sont considérablement modifiés. Exerçant majoritairement une activité de plein air en zone rurale au début du XXe siècle, les hommes se sont progressivement regroupés autour des villes, formant des agglomérations de bâtiments dans lesquels ils passent, en moyenne, 90 % de leur temps global. La maison et le lieu de travail constituant désormais leur environnement principal, la qualité du bâti conditionne largement leur état de santé physique et psychique. La nature des matériaux de construction, l'orientation du bâtiment, son aptitude à garantir un confort thermique en hiver comme en été, son intégration dans un environnement apaisant... sont devenues des éléments importants pour les pionniers des années 1970 avant d'être prioritaires pour les scientifiques, pour les professionnels de la santé et pour quelques organismes d'État. Un cadre de vie sain et naturel offrant la garantie d'un épanouissement harmonieux pour l'homme, la construction s'est réorientée autour de divers principes et courants. Mais, ne nous y trompons pas, que l'on parle de maison « écologique », « bioclimatique » ou « naturelle », il s'agit, dans tous les cas, d'un habitat sain pour l'homme et respectueux de l'environnement... À ce titre, les matériaux employés pour la construction afficheront un bilan écologique satisfaisant tout au long de leur cycle de vie : pendant leur fabrication, lors de leur mise en œuvre, pendant l'occupation des locaux et en fin de vie au moment de leur recyclage. Ces matériaux devront en outre favoriser une moindre consommation d'énergie.

La démarche organique, entre tradition et modernité

Parmi les architectes et urbanistes mondialement reconnus, David Pearson fut l'un des premiers à s'engager dans une démarche novatrice visant à marier la tradition et la modernité. Le design organique est avant tout une méthode de travail donnant au créateur une totale liberté. Il puise son inspiration dans les formes de la nature pour construire une architecture qui utilise des matériaux recyclables, non polluants, conçus pour minimiser la consommation d'énergie mais dont les caractéristiques principales reposent aussi sur la beauté. La maison n'est plus considérée seulement comme un assemblage de pièces mais devient un lieu de vie équilibré, confortable et bienfaisant. Aux priorités d'ordre écologique et de santé, il ajoute la spiritualité. La maison tout comme l'individu font partie intégrante de la terre, d'où l'intérêt d'une fusion avec la nature. Engagé dans le mouvement Gaïa (qui considère la terre comme une entité vivante), cet architecte britannique a fondé, en 1991, l'*Ecological Design Association*, une association sans but lucratif, qui a pour objectif la sensibilisation à l'environnement des professionnels du design. Auteur du best-seller paru en France chez Flammarion sous le titre *Vivre au naturel : la maison écologique*, il prône une architecture qui contribue à la santé du corps et de l'esprit, une architecture innovante, alliée à la sagesse de la tradition où chacun préserve son identité.

Une maison à l'image de ses habitants

L'homme est un être fragile et sensible. S'il lui faut un toit pour se protéger des intempéries, il est tout aussi important que sa maison soit conçue comme une troisième peau, une enveloppe qui le protège du froid et de la chaleur tout en lui permettant de respirer et d'être en osmose avec les éléments qui l'entourent. Pour la majorité des hommes, une maison écologique est une construction qui utilise des matériaux non polluants pour l'environnement à tous les stades de leur vie (fabrication, transport, mise en œuvre, démolition). Mais plus qu'un simple choix de matériaux, construire une maison écologique implique un mode de vie. C'est une occasion, souvent unique, de s'approprier un espace, de lui donner une âme, de traduire ses sentiments, ses

Dans de nombreux pays, comme ici sur une petite île cubaine, on emploie toujours les matériaux que l'on trouve à proximité. © MVF

peurs. Il s'agit d'organiser son aménagement d'une façon très personnelle, qui garantisse à la fois le confort et la sécurité tout en créant une ambiance sereine et reposante, propice à la réflexion et à l'épanouissement de chacun.

C'est pourquoi il n'existe pas un type de maison écologique universel mais une multitude de possibilités, aussi nombreuses que les candidats potentiels à la construction. Conscient que l'habitat est aussi personnel qu'un vêtement, on comprendra aisément qu'un appartement vendu clef en main ou une maison de promoteur ne peuvent, en aucun cas, répondre à cette exigence. Les habitants de ces logis standardisés ne s'approprient jamais véritablement un environnement, qui n'est pas adapté à leur personnalité, même après moult efforts de décoration pour tenter d'organiser ce qui à l'origine n'a pas été pensé pour eux.

Les courants marins livrant directement sur la plage des blocs de coraux et des coquillages, ce sont eux qui constituent les murs de cette construction. © MVF

Avant d'accepter de prendre en charge la réalisation de votre projet, l'architecte retenu devra donc être en mesure d'écouter et de comprendre chaque membre de la famille pour concevoir un logement où tous se retrouvent. Les uns ont besoin d'espace, les autres d'intimité. Certains privilégient les pièces lumineuses, d'autres les coins « cosy ». Aime-t-on la stabilité ou au contraire préfère-t-on les aménagements que l'on peut modifier à volonté ? Respectueux de l'environnement et sain pour l'homme, l'habitat écologique prend également en compte les aspirations et les desiderata de chacun pour qu'en fin de compte l'ensemble des habitants se sente en parfaite harmonie avec l'univers qui les entoure.

Employée depuis des millénaires, la brique séduit toujours autant pour son confort et son authenticité. © MVF

L'architecture bioclimatique

Bien que les hommes des siècles passés aient été plus attentifs que ceux du XXe siècle à leur environnement (relief, vents dominants, ensoleillement...), le concept de l'architecture bioclimatique, tel qu'on l'entend aujourd'hui, n'apparaît qu'à partir des années 1970, au travers ce que l'on appelait à l'époque les « maisons solaires ».

Construite à Larmor-Plage par l'architecte Bernard Menguy, cette maison en briques monomur est équipée de panneaux solaires assurant le chauffage et la production d'eau chaude sanitaire.
© Bernard Menguy

L'environnement végétal et la pergola assurent une bonne protection solaire. © Bernard Menguy

Cette première et logique dénomination découlait de l'impact extraordinaire du soleil sur notre confort. Propre, disponible en grande quantité, l'énergie solaire est partout, fondamentale, indispensable. Elle est égale à dix mille fois la puissance énergétique installée par l'homme sur terre, mais requiert des installations pour être convertie en chaleur ou en électricité. Naturellement, la terre et les masses d'air n'absorbent qu'environ 9,5 % de cette énergie, la majorité (60 %) étant directement réfléchie par l'atmosphère.

Cependant le rôle de cet astre va bien au-delà. Toutes les énergies actuellement disponibles sur terre reposent sur l'activité solaire.

- Responsable des mouvements des masses d'air qui, par différence de température et de pression, produisent le vent, le soleil intervient sur la production éolienne ;

Construction mixte alliant la brique monomur et une ossature bois. © Bernard Menguy

• Réchauffant la masse terrestre et la maintenant à une température quasi constante, il est impliqué dans la géothermie telle qu'elle est globalement appliquée aujourd'hui (en surface par pose de capteurs à environ 60 cm de profondeur).

• 16 % de son énergie contribuant à l'évaporation des océans, il est à l'origine du cycle de l'eau et de l'énergie hydraulique.

• Sa chaleur peut être interceptée par l'intermédiaire de capteurs solaires et transformée en électricité (photovoltaïque) ou en chaleur (solaire thermique).

L'architecture bioclimatique s'est donnée pour mission d'exploiter au mieux toutes ces énergies gratuites et inépuisables, afin de réduire au minimum le temps de fonctionnement et les coûts de l'éclairage artificiel et du chauffage. Elle utilise conjointement deux méthodes : le solaire passif, qui récupère les calories au travers de baies vitrées, de serres, etc., et le solaire actif, qui nécessite une installation telle que des capteurs pour le chauffage ou des panneaux photovoltaïques. De fait, elle s'intéresse naturellement au relief environnant, à la végétation, au climat, à l'altitude, aux vents, aux étendues d'eau…

Rayonnements solaires variables

Le soleil suit une trajectoire annuelle qui influence l'intensité de son rayonnement au fil des saisons. L'angle du soleil, par rapport à la terre, détermine l'épaisseur de la couche d'air traversée par le rayonnement. À une hauteur de 10°, celui-ci n'est d'aucune utilité. À 30°, il doit encore traverser une masse d'air équivalente à deux fois la valeur de l'atmosphère.

Mais, quelle que soit la saison, ce rayonnement peut être altéré par la nébulosité, elle-même directement liée au relief (notamment aux masses d'eau présentes) ou à la pollution qui peut le réduire d'une manière très importante (jusqu'à 50 % à Mexico). Un ciel bas, couvert, menaçant ne laisse filtrer en moyenne que 20 % du rayonnement alors qu'un ciel clair laisse passer un potentiel de 80 %. L'altitude joue également un rôle essentiel dans les variations du rayonnement et par conséquent des températures.

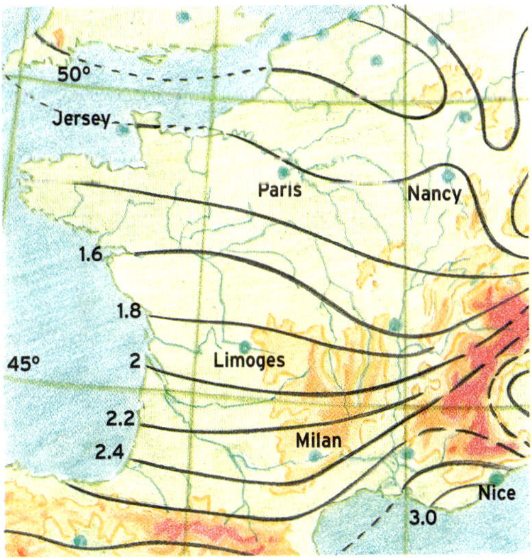

Variations du rayonnement solaire en janvier en fonction de la latitude sur une surface verticale orientée sud inclinée à 30 °, en kWh/m². Source Observ'ER

L'impact de la végétation

Parce qu'elle fait écran au vent dominant et qu'elle rafraîchit l'air par évapo-transpiration, la végétation influence largement le microclimat d'un lieu. Composée le plus souvent de plantations à feuilles caduques, elle permet de profiter en hiver de l'apport du soleil et de se protéger de son rayonnement en été. Son efficacité dépend de la croissance des plantes sélectionnées, qui pourront être à tiges grimpantes ou descendantes, et de l'importance du feuillage. Dans les régions fortement boisées, les arbres interceptent entre 60 et 90 % du rayonnement, ce qui explique la fraîcheur du sol en forêt. Par contre, la nuit, la végétation agit à l'inverse, en empêchant le sol de se refroidir aussi rapidement que dans une zone dégagée.

Elle intervient également sur la qualité de l'air, en filtrant les poussières en suspension et, en captant le carbone par le phénomène de la photosynthèse, elle transforme le gaz carbonique (CO_2) en oxygène. En plus de son indiscutable cachet esthétique, la végétation apporte un réel confort à l'intérieur et à proximité des habitations.

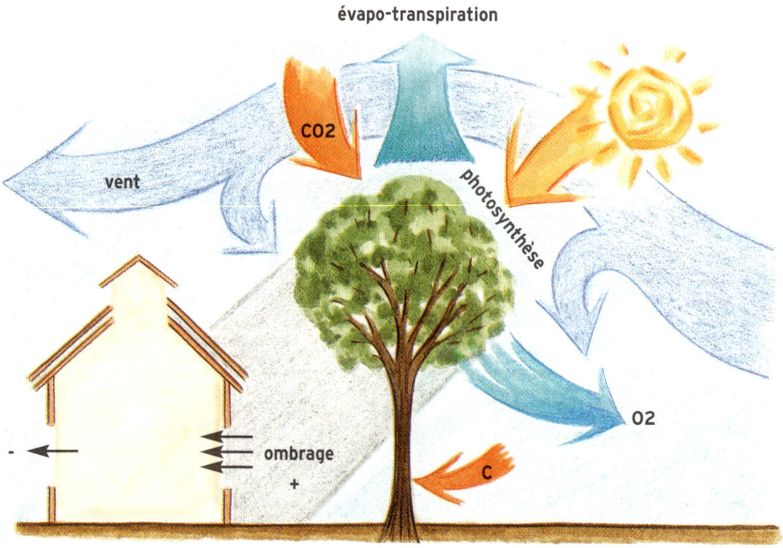

Effet de la végétation à proximité de l'habitat.

Construire avec le climat

Le climat déterminait autrefois l'architecture. On ne bâtissait pas de la même façon en Bretagne qu'au sud de l'Espagne ou en Afrique du Nord. En Europe, deux types de constructions traditionnelles dominaient. Le Sud se protégeait des écarts de température derrière des épais murs de pierres ou de briques, tandis que les pays scandinaves et l'Amérique du Nord privilégiaient les constructions en bois.

Quand le sol le permet, l'habitat troglodyte garantit une fraîcheur naturelle aux habitants, comme ici à Matmata en Tunisie. © MVF

Bâties pour affronter les coups de vent de noroît, les chaumières de l'Argoat n'offraient au regard et au vent qu'une silhouette trapue coiffée d'un épais manteau de chaume. Leurs petites ouvertures orientées au sud ne laissaient que peu de passage aux bourrasques à chaque entrée ou sortie de leurs occupants.

En Espagne, comme à Cuba, dont l'architecture s'inspire largement de celle de ce pays colonisateur, la vie s'organisait autour de patios ombragés et les ouvertures du rez-de-chaussée donnaient à l'ombre d'une galerie.

Lorsque la nature du sol le permettait, la vie dans les pays méditerranéens, comme en Tunisie à Matmata, s'établissait dans un habitat troglodyte aménagé autour d'un

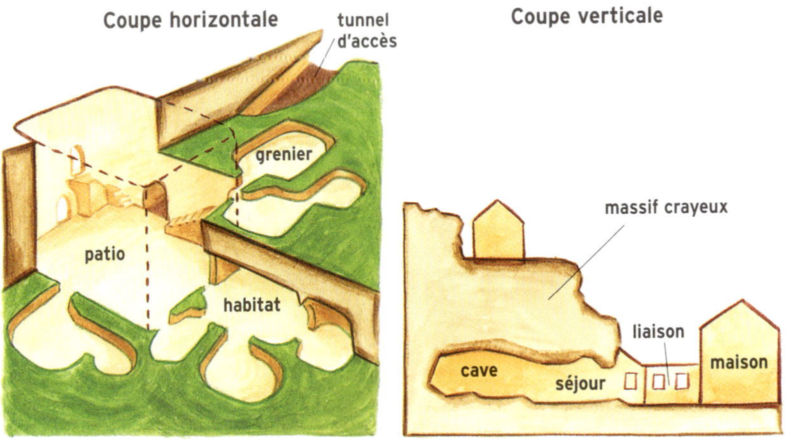

Exemple d'aménagement d'un habitat troglodyte en France. Source Observ'ER

puits central d'une dizaine de mètres de profondeur. L'inertie thermique du sol garantissait une fraîcheur quasi constante à ces habitats, tandis que ce patio central, auquel on accédait par un souterrain, les protégeait du vent et des poussières.

Globalement les murs à forte inertie et les toitures lourdes atténuent les écarts de température entre le jour et la nuit. Ce type de construction convient bien au climat des pays du sud de l'Europe. Les constructions à ossature en bois, qui donnent un haut niveau d'isolation, sont bien adaptées aux hivers plus rigoureux des pays scandinaves ou d'Amérique du Nord.

Un bâtiment autonome en énergie

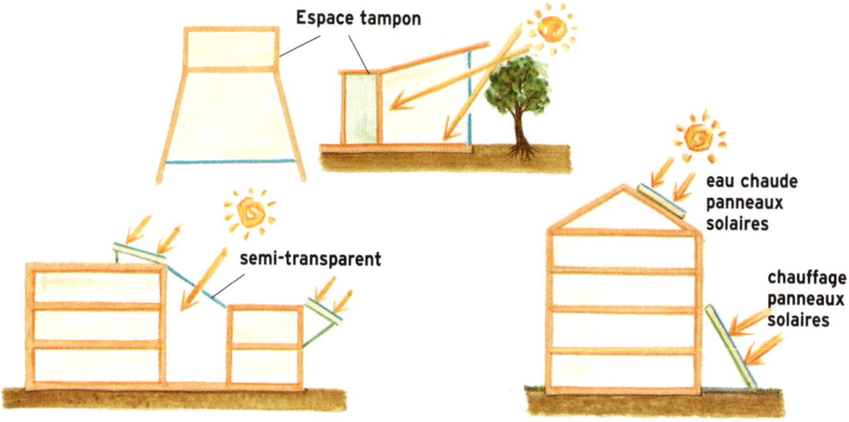

Comment intégrer les énergies solaires dans l'habitation. Source Observ'ER

Les constructions bioclimatiques intègrent l'énergie solaire à tous les niveaux. Cet objectif engendre un surcroît d'études tout comme, souvent, un surcoût des matériaux et de la mise en œuvre, mais l'exploitation de l'énergie est ensuite gratuite et donc facilement amortissable.

- L'énergie solaire passive assure un gain important de chauffage et évite l'installation d'un coûteux système de rafraîchissement. Sous nos latitudes tempérées, la maison bioclimatique est orientée à l'est, au sud-est, au sud, pour récupérer un maximum d'apports solaires. Parallèlement, le dimensionnement des baies est optimisé pour éviter les surchauffes estivales (pas d'ouvertures orientées au sud-ouest ou à l'ouest). Tout en étant située de façon à se protéger des vents dominants de l'hiver, la maison et son environnement sont organisés de façon à bénéficier des brises rafraîchissantes de l'été. Des zones tampons situées sur la partie nord du bâtiment et/ou exposée au vent

Largement ouverte sur un jardin ensoleillé cette maison, située au centre ville de Bordeaux, a obtenu le grand prix « Habitat solaire, habitat d'aujourd'hui » 2003/2004 décerné par Observ'er. Architecte Régis Daurel

dominant (cave, débarras, garage, sas d'entrée…) évitent de se trouver en prise directe avec le froid et facilitent la retenue des calories à l'intérieur des locaux.

• L'énergie solaire active concerne d'une part l'eau chaude sanitaire et le chauffage, dont le développement progresse régulièrement en France depuis une petite décennie. Cette énergie est particulièrement bien adaptée sous les latitudes offrant un bon ensoleillement hivernal pour des besoins qui peuvent être importants.

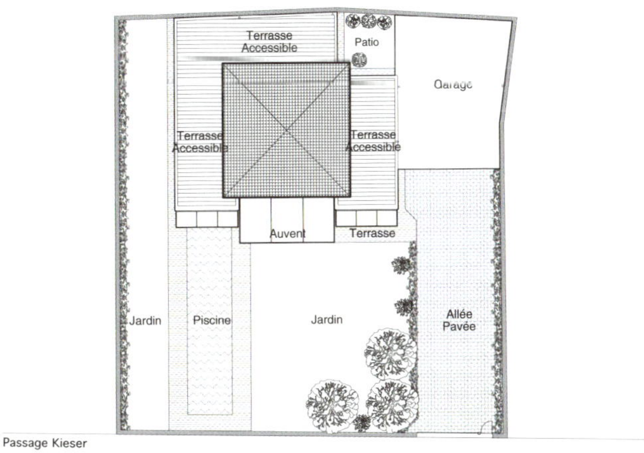

Elle est implantée au fond d'une parcelle orientée plein sud, sur un terrain plat, desservie au sud par une petite voie résidentielle, adossée au nord sur un grand mur de pierres et encadrée de maisons et de jardins à l'est et à l'ouest.

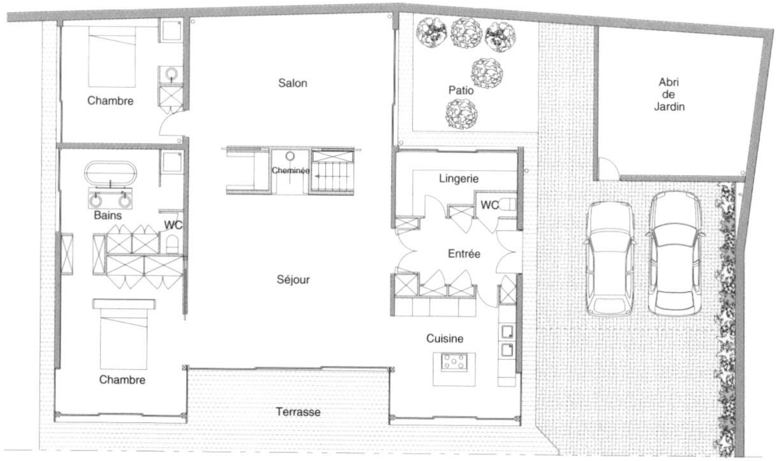

REZ-DE-CHAUSSÉE. Cette résidence principale d'un couple d'actif urbain expérimente les principes d'une maison géobiologique, bioclimatique et fait largement appel à l'énergie solaire active et passive. @ Régis Daurel

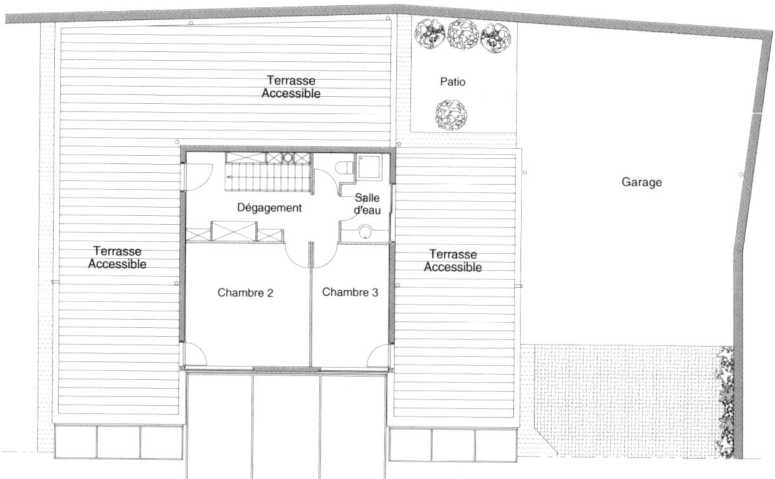

ÉTAGE. La maison n'est majoritairement utilisée qu'au rez-de-chaussée, l'étage ne servant qu'à accueillir les grands enfants. @ Régis Daurel

Les sols de toutes les pièces sont en hêtre brun Junker prolongés par les caillebotis des terrasses en cèdre. @ Régis Daurel

Elle intègre d'autre part l'électricité photovoltaïque, qui convertit la lumière solaire en électricité. Bien que des installations fonctionnent parfaitement (notamment en sites isolés), la percée du photovoltaïque est beaucoup plus lente.

L'architecture bioclimatique permet de vivre mieux en consommant moins d'énergie et en rejetant moins de polluants dans l'atmosphère. Malgré les avantages qu'elle présente, peu d'architectes ont été formés dans ce sens ou ont eu la volonté de s'in former.

Plus sensibles à leur environnement ou simplement plus curieux, certains se sont pourtant lancés avec succès dans ce domaine. Mais ils sont encore trop peu aujourd'hui, par rapport au nombre global d'architectes officiant sur l'Hexagone.

Les pouvoirs publics, toujours prêts à culpabiliser les consommateurs, se sont, eux, longtemps désintéressés du problème ou sont partis à contresens d'un développement durable.

En densifiant la population urbaine et en concentrant les activités dans quelques grandes agglomérations, architectes et urbanistes ont modifié le microclimat de ces zones (températures moyennes plus élevées, modification de la nébulosité et de la pluviométrie…) et engendré des problèmes sanitaires qui s'accroissent sans cesse.

Les sources de pollution

© Eskenazi CSTB

Analyse par chromatologie gazeuse des polluants prélevés sur les matériaux de construction.

À l'aube du XXIe siècle, l'impact du cadre de vie sur la santé est désormais bien établi. Mais le bruit, les matériaux nocifs, la mauvaise qualité de l'air intérieur, les dégradations des paysages, l'épuisement des ressources énergétiques… font encore partie du quotidien de la majorité des habitants des pays industrialisés alors que, parallèlement, les pays dits « sous-développés » ne rêvent que d'égaler nos modes de vie occidentaux.

Pourtant, depuis une quinzaine d'années, actualités aidant (scandale de l'amiante, détérioration de la couche d'ozone, changements climatiques…), des voix de plus en plus nombreuses s'élèvent contre les lobbies industriels et les dangers que leurs produits, commercialisés en abondance sur les marchés, font courir aux populations.

Or construire un habitat sain n'est ni plus difficile, ni plus onéreux, ni plus contraignant que de bâtir des logements dont on sait qu'ils occasionneront, à plus ou moins long terme, des problèmes de santé à leurs occupants et dont l'impact environnemental met en péril l'avenir de la planète. En dehors du sida, aucune pathologie n'a progressé aussi vite que l'asthme durant ces deux dernières décennies (le nombre des sujets sensibles a doublé en vingt ans). La construction est actuellement, avec les transports, l'un des facteurs de pollution les plus importants de la planète. Au niveau mondial, elle consomme chaque année environ 50 % des ressources naturelles, 40 % de l'énergie, 16 % de l'eau et génère 25 % des gaz à effet de serre. Le béton, les isolants tels que les laines de verre et de roche, les peintures, les produits de traitements, les colles… sont extrêmement nocifs à la fabrication, pendant leur mise en œuvre, durant leur temps de vie et au moment de la démolition. Les énergies fossiles telles que le fuel, le gaz et le charbon tout comme la fabrication du ciment arrivent en tête de liste des activités humaines qui engendrent le plus de gaz à effet de serre. L'électricité produite par le nucléaire n'a, certes, aucun impact sur le climat mais les déchets inhérents risquent de poser de sérieux problèmes aux générations futures.

Du fait de la durée de vie d'une construction, l'évaluation de son coût doit être calculée sur le long terme, que ce soit en matière d'énergie ou de son impact sur la santé de ses habitants. Une maison bioclimatique construite en briques Monomur sera, à moyen terme, beaucoup plus économique en énergie et plus saine pour ses occupants qu'un pavillon en parpaings isolé avec une laine de verre ou de roche.

Les dangers de l'effet de serre

L'atmosphère est composée de gaz qui captent l'énergie solaire et permettent ainsi d'avoir une température acceptable (bien que variable) sur l'ensemble de la planète. Ces gaz sont indispensables mais ils doivent être en quantité réduite. Or, depuis le début de l'ère industrielle, leur densité ne cesse d'augmenter, entraînant du même coup une élévation de la température moyenne de la planète, de 0,6 °C sur les cinquante dernières années. Considérant l'état actuel de nos émissions et leur probable croissance, les experts du GIEC (Groupe intergouvernemental d'experts sur l'évolution du climat) estiment que cette augmentation devrait s'accentuer rapidement (de 1,5 à 6 °C sur les cent prochaines années). Sachant qu'une modification de la température des mers de 1 à 2 °C (par rapport aux températures actuelles) ferait disparaître les barrières coralliennes (particulièrement sensibles au réchauffement), qu'avec 2 à 3 °C de plus la calotte occidentale de l'Antarctique fondrait, engendrant une remontée du niveau des océans d'environ 6 m, on ne peut que s'inquiéter pour les villes du littoral ou fluviales comme Paris, Bordeaux ou Nantes qui auraient les pieds dans l'eau !

Principalement mises en cause, les énergies fossiles (pétrole, gaz, charbon) produisent du gaz carbonique (le fameux CO_2), responsable de l'effet de serre, qui s'accumule dans l'atmosphère où il peut stationner très longtemps (une centaine d'années). Les bouleversements climatiques, dont nous commençons à ressentir les premiers effets (El Niño, tempêtes, inondations...), ne peuvent que s'accentuer tant que nous continuerons à consommer des énergies fossiles et donc à produire des gaz à effet de serre. Actuellement, l'approvisionnement mondial en énergies (chauffage, carburant, éclairage) dépend à 85 % de ces énergies fossiles, et notamment du pétrole dont la majeure partie des ressources se situe aux Moyen-Orient, en Russie et dans quelques pays du continent américain. Une telle dépendance ne peut engendrer qu'une issue fatale et l'on comprend mieux les enjeux stratégiques de la politique mondiale actuelle quand on sait que les Américains sont les plus gros consommateurs de pétrole.

Le rapport du GIEC

Mis en place en 1988, à la demande des membres du G7 (Allemagne, Canada, France, Grande-Bretagne, Italie, Japon, États-Unis), le GIEC (Groupe intergouvernemental d'experts sur l'évolution du climat) réunit des scientifiques, toutes disciplines confondues, de quasiment tous les pays membres des Nations unies. Le rapport du GIEC n'est donc rien de moins que le fruit du travail de plus de 2 000 spécialistes (astronomie, aérologie, océanographie, hydrologie, météorologie, géologie...). Leur constat est sans appel : la concentration de CO_2 dans l'atmosphère est plus élevée qu'elle ne l'a jamais été au cours de ces 400 000 dernières années, d'où une augmentation rapide des températures. En tenant compte de notre production actuelle de gaz à effet de serre et de ceux déjà accumulés dans l'atmosphère, le GIEC estime qu'il faudrait stabiliser la concentration à 500 ppmv (parties par million en volume), seuil correspondant à deux fois la concentration préindustrielle, ce qui implique une réduction immédiate des émissions de gaz à effet de serre pour un résultat qui ne sera atteint qu'en 2100.

Des améliorations mal orientées

Pendant des millénaires, la fonction première du logement était d'offrir un abri sûr contre les intempéries et contre d'éventuels assaillants. La prise en compte de l'hygiène coïncide avec la création des premiers réseaux d'égouts. Mais, paradoxalement, les maisons, construites alors avec des matériaux naturels disponibles sur place (terre crue ou cuite, chaux, bois, pierres), ne posaient aucun problème de pollution de l'air. Circulant quasi librement du fait des ouvertures mal jointoyées, l'air n'était pas vicié par des émanations toxiques, les fameux COV (composés organiques volatils) dont il est tant question aujourd'hui.

La destruction massive des bâtiments pendant la Seconde Guerre mondiale propulsa sur le marché des techniques et des matériaux faciles à produire en grande quantité, rapides d'emploi mais dont on n'a, dans l'urgence de l'époque, pas évalué l'impact sur l'environnement et la santé. Le ciment, les matières synthétiques, le métal, les produits de traitement, les peintures, les isolants… furent alors largement employés au point de supplanter pour de longues décennies les matériaux traditionnels. D'apparence inoffensive, certains se sont révélés mortels pour les usagers des locaux ainsi construits. Au manque de recul sur les effets à long terme de ces produits, s'est ajoutée une inertie inacceptable des pouvoirs publics qui laissent perdurer la vente et l'utilisation de matériaux potentiellement dangereux sous la pression de lobbies industriels.

Recrudescence des crises d'asthme, allergies, maux de tête, fatigues chroniques, irritations, nausées, oppressions thoraciques, difficultés respiratoires, irritations des voies nasales et des yeux, impressions de ne plus pouvoir respirer librement (alors que l'air est le premier aliment de l'homme) sont les symptômes les plus répandus chez les victimes du SBM (syndrome des bâtiments malsains). Sachant qu'un adulte absorbe et rejette quotidiennement entre 15 et 18 kg d'air dans le cadre d'une activité normale (bien davantage en cas d'efforts physiques importants), la quantité de COV (composés organiques volatils) absorbée quotidiennement peut être importante !

Les études sur le sujet tardèrent cependant à se mettre en place et, lorsque ce fut le cas, les laboratoires officiels se firent plutôt discrets sur les résultats. Des organismes privés tels que la CRIIRAD (Commission de recherche et d'information indépendantes sur la radioactivité) et des scientifiques tirèrent pourtant la sonnette d'alarme. Mais entre les effets avérés d'une toxicité expérimentale en laboratoire et ceux d'une inhalation à long terme, les maîtres d'ouvrage, les professionnels du bâtiment et les décideurs économiques profitèrent du manque de recul pour repousser aux calendes grecques toute prise de décision alors que, dans le doute, le principe de précaution aurait dû s'appliquer. Inclus dans l'article 5 de la Charte de l'environnement 2004, celui-ci reste peu contraignant, conformément à la volonté des Académies des sciences et de la médecine. « Lorsque la réalisation d'un dommage, bien qu'incertaine en l'état des connaissances scientifiques, pourrait affecter de manière grave et irréversible l'environnement, les autorités publiques veillent, par application du principe de précaution et dans leurs domaines d'attributions, à la mise en œuvre de procédures d'évaluation des risques et à l'adoption de mesures provisoires et proportionnées afin de parer à la réalisation d'un dommage. »

Les COV (Composés organiques volatils) pointés du doigt pour leur dangerosité

En France, la pollution atmosphérique serait responsable de 30 000 décès « anticipés » par an (plus que la canicule en 2003). Au premier rang des accusés, arrive la pollution engendrée par la combustion (industries, centrales thermiques, chauffage, circulation automobile) avec, pour cette dernière, une émission importante de COV (la circulation automobile est responsable de 49 % de l'émission de COV) que l'on retrouve en partie dans nos habitations, notamment dans les agglomérations. Mais les transports ne sont pas les seuls producteurs de composés organiques volatils. Ceux-ci sont également largement présents à l'intérieur de nos logements, diffusés à doses variables et décroissantes au fil des ans par les matériaux de construction utilisés. Sont essentiellement mis en cause : les produits de traitement du bois ; les colles utilisées par l'industrie du bois ou dans l'aménagement et la décoration pour les papiers peints, les moquettes, les isolants ; les vernis, les peintures, les vitrificateurs, les décapants ; les produits d'entretien et de nettoyages, les détachants ; les insecticides, la fumée de cigarettes et même certains produits d'hygiène corporelle tels que les déodorants et les vernis à ongles…

Une émission importante de COV dans un local d'habitation, associée à une mauvaise ventilation, favorise le développement du syndrome des bâtiments malsains (SBM ou *Sick Building Syndrome*, SBS) apparu au début des années 1970. Il est impossible d'attribuer les manifestations de ce syndrome à une cause unique et précise. Les spécialistes font le lien avec la concentration d'une multitude de polluants et une exposition à long terme pour sujets plus sensibles. Les symptômes du SBM peuvent être variés : maux de tête, fatigues, troubles de la concentration, congestion des sinus, irritations des muqueuses, oppressions thoraciques, sensations de brûlures au niveau des yeux, gorge sèche…

SOURCES D'ÉMISSION	PRINCIPAUX COV
Bois traités	Pentachlorophénol (PCP) Lindane Sels CCA (cuivre, chrome, arsenic) Solvants et éthers de glycol (associés aux pyréthrinoïdes de synthèse)
Bois recomposés	Formaldéhyde
Colles	Hydrocarbures aliphatiques (nonane, décane, undécane) Hydrocarbures aromatiques (toluène, styrène, triméthylbenzène) Hydrocarbures halogénés (trichloréthylène) Esters (acétate d'éthyl et de vinyle) Alcools (propanol, isopropanol, butanol) Acétone Formaldéhyde et acétaldéhyde Éthers de glycol (éthylglycol, méthylglycol)
Isolants	Formaldéhyde Styrène Acétone
Peintures en phase solvant	Toluène, benzène, xylène Hydrocarbures aliphatiques Alcools Acétone Acétate d'éthyle
Peintures en phase aqueuse	Alcools Éthers de glycol Formaldéhyde
Cires	Hydrocarbures aliphatiques, aromatiques et halogénés Acétate d'éthyle Acétone et méthylacétone Terpènes (limonène, pinène)
Moquettes	Hydrocarbures aromatiques (styrène) Formaldéhyde Amines (xanol, siloxanes)
Papiers peints	Formaldéhyde

Les textiles d'ameublement, les produits d'entretien et les désodorisants émettent également des COV.

Les produits de traitement du bois

Remplacé par le béton, le métal ou le PVC (polychlorure de vinyle) dans les constructions standardisées de la seconde moitié du XXe siècle, le bois a cependant toujours conservé son auréole de matériau noble et naturel. On l'emploie en restauration, on bichonne les vieux éléments en les badigeonnant de produits divers et variés, oubliant qu'autrefois les poutres et autres appareillages se conservaient parfaitement sans traitement. Or, tous les produits employés « à la louche » – plus se voulant synonyme de mieux – se sont révélés à l'usage extrêmement toxiques.

Le pentachlorophénol (PCP)

Premier de la liste au banc des accusés, le PCP est un fongicide largement commercialisé à partir de 1940 et jusqu'en 1978 en Suède, jusqu'en 1980 en Indonésie, jusqu'en 1988 en Suisse, jusqu'en 1989 en Allemagne et jusqu'en 1991 au Danemark. Cette même année, la directive européenne du 21 mars interdit la mise sur le marché de substances contenant plus de 0,1 % de PCP pour les particuliers tout en maintenant l'autorisation d'utilisation par les industriels à plus forte dose pour le traitement du bois de charpente ou d'ossature. En France, il faudra attendre 1994 pour que soit transcrite en droit français la directive européenne.

Il est aisé de vérifier les émissions en PCP en fixant, pendant 24 heures, un autocollant sur la surface du bois et en l'adressant ensuite dans un laboratoire pour analyse. L'application d'un vernis ou d'une gomme laque permet d'éviter le dégazage du bois traité.

La toxicité du PCP est désormais bien établie d'autant qu'il est souvent associé à des composés de type dioxine et furane, également très nocifs. Céphalées, vertiges, fièvres, sudation importante, accélérations du rythme cardiaque, troubles gastro-intestinaux, irritations de la peau et des muqueuses constituent les troubles les plus fréquemment observés. Ce produit a également été classé cancérigène possible pour l'homme par le CIRC (Centre international de recherche sur le cancer).

Le lindane

Connu comme l'un des meilleurs insecticides, le lindane fait partie de la grande famille des organochlorés (comme le DDT, l'aldrine, l'endrine et l'endosulfan). Souvent associé au pentachlorophénol, il présente une importante toxicité pour l'homme (irritant pour la peau et pour la muqueuse oculaire). Classé dans les cancérigènes possibles, il est interdit aux Pays-Bas à partir de 1979, mais en France il était commercialisé jusqu'en 1992 pour le traitement du bois et jusqu'en juillet 1998 pour son utilisation agricole. C'est également un poison du système nerveux, de la moelle osseuse et il perturbe le fonctionnement du foie. Malgré l'interdiction, il est nécessaire de bien lire l'étiquetage des produits antitermites et des fumigènes qui peuvent encore en contenir jusqu'à 25 % !

Les CCA (cuivre, chrome, arsenic)

Les CCA sont utilisés depuis plus de cinquante ans pour l'imprégnation profonde des bois destinés à l'extérieur, par vide et pression en autoclave. Mélange de 13 % de cuivre (fongicide), 34 % de chrome (agent de fixation), 25 % d'arsenic (insecticide) et 28 % d'eau, ce procédé confère au bois ainsi traité une teinte verdâtre. Bien qu'en théorie, selon le CTBA (Centre technique du bois et de l'ameublement), la fixation des produits soit totale, il apparaît à l'usage que des quantités importantes d'arsenic, lessivé par les eaux de pluie, s'infiltrent dans les sols. Or les bois traités de cette façon entraient notamment dans la fabrication des aires de jeux pour enfants. La directive européenne du 6 janvier 2003 limite désormais l'emploi des bois traités à l'arsenic. Ils ne sont plus admis dans les constructions à usage d'habitation ou pour toute utilisation impliquant un contact avec la peau. Ils restent en revanche autorisés pour les charpentes des bâtiments publics, agricoles, administratifs, industriels, pour les ouvrages d'art, les écrans acoustiques, les clôtures pour animaux, les poteaux de téléphone, les traverses de chemin de fer souterrain. Très toxique à court terme, même à faible concentration, l'arsenic est classé cancérigène par le CIRC.

Les pyréthrinoïdes de synthèse et la cyperméthrine

Représentant actuellement environ 20 % du marché mondial des pesticides, les pyréthrinoïdes de synthèse et la cyperméthrine sont utilisés pour le traitement du bois mais aussi, en faible quantité, dans certains insecticides ménagers en aérosol. Il s'agit de composés chlorés très stables, qui ont une persistance élevée dans le bois mais faible dans l'environnement. Ils sont efficaces à faibles doses et moins volatils et polluants que les procédés précédents. Il est cependant nécessaire de se protéger les yeux et la peau au moment de l'application et de travailler dans un local bien ventilé afin d'éviter picotements et démangeaisons pour la peau, rougeurs pour les yeux, toux, rhinites, vertiges, maux de tête. Attention, cependant, ils peuvent être associés à des solvants dangereux ou parfois à des éthers de glycol.

Produits et colles entrant dans les produits issus du bois

Fabriqués avec les sous-produits issus de l'industrie du bois (déchets de scierie, recyclage, bois d'éclaircie), les panneaux constitués de particules, de fibres, de copeaux longs et le contreplaqué sont agglomérés avec des résines et des colles. Largement utilisées dans la filière bois, ces colles contiennent de nombreuses substances chimiques dont le formaldéhyde (ou aldéhyde formique), les colles vinyliques, le néoprène et les colles thermodurcissables (aminoplastes et phénoplastes). On trouve essentiellement ces colles dans les bois lamellés-collés (BLC), dans les bois massifs reconstitués (BMR) et dans les bois reconstitués (PSL ou LSL).

Le formaldéhyde

Considéré comme l'un des polluants majeurs de l'intérieur des bâtiments à usage d'habitation, le formaldéhyde peut atteindre des concentrations importantes. On le trouve non seulement dans les bois agglomérés mais aussi dans les mousses isolantes urée-formol (MIUF), les laines de verre et de roche, les peintures, les vitrificateurs et autres lasures, les moquettes, les revêtements muraux, les tissus d'ameublement, les désinfectants, les produits d'entretien pour le sol et les cigarettes… Or, dans une pièce de 30 m^2, la valeur limite de 0,12 mg/m^2 recommandée par l'OMS (Organisation mondiale de la santé) est atteinte avec seulement deux cigarettes fumées.

En extérieur, sa concentration est en moyenne de l'ordre de 2 à 3 $\mu g/m^3$ (microgrammes par mètre cube d'air), alors qu'à l'intérieur des bâtiments elle atteint fréquemment 100 $\mu g/m^3$ et peut même dépasser 1 000 $\mu g/m^3$.

L'émission de ce gaz très volatil est favorisée par l'augmentation de la chaleur ou de l'humidité intérieure. Elle varie donc selon les saisons avec des pics en été et au moment de la mise en service du chauffage. Elle diminue avec l'ancienneté des matériaux mais peut perdurer plusieurs années.

Le formaldéhyde est irritant pour les yeux à partir de 0,1 mg/m^3 mais peut facilement être détecté du fait de son odeur piquante. Dérangeant également pour le nez et la gorge, on le soupçonne de favoriser les maladies respiratoires chroniques. Fatigues, céphalées, vertiges, nausées, vomissements, insomnies ou somnolences, troubles de la mémoire et de l'humeur, le formaldéhyde est classé comme cancérigène certain pour l'homme par le CIRC.

Des capteurs (tels que le Bio-chek F) accessibles au grand public et portés sur soi pendant 2 heures permettent de mesurer les teneurs de formaldéhyde à l'intérieur d'une maison.

Les colles

• Sous forme de résines, les **colles vinyliques** sont plus ou moins polluantes suivant le solvant utilisé. Les **colles vinyliques en phase aqueuse** (émulsion) sont peu toxiques lorsque le solvant est de l'eau et qu'elles ne sont composées que d'acétate de vinyle. Elles conviennent essentiellement pour les revêtements de sol, les papiers peints, les textiles, les isolants (polystyrène expansé et liège).

• En revanche, les solvants de type organique (hydrocarbures, esters, cétones...) contenus dans les **colles vinyliques en phase solvant** (en solution) et la nature des résines secondaires incorporées (phénoliques, colophanes...) peuvent engendrer des troubles neurologiques et digestifs. Ces dernières servent essentiellement pour les menuiseries intérieures.

• Employées pour le collage des stratifiés sur les panneaux de particules, les **colles néoprènes** sont à base d'hydrocarbure aliphatique, monomère du caoutchouc naturel. Mais elles contiennent également des résines secondaires (formaldéhyde et butiphénol) ainsi que de nombreux solvants organiques, dont le toluène, engendrant les mêmes troubles que ceux qu'on trouve dans les colles vinyliques et un durcisseur allergisant par contact cutané, irritant pour les voies respiratoires et les yeux.

• Les **colles thermodurcissables** sont surtout toxiques au moment de la manipulation des monomères et des additifs. On distingue deux types de colles thermodurcissables : les colles aminoplastes (urée-formol et mélanine) et les colles phénoplastes. Ces dernières peuvent être à l'origine d'allergies cutanées et respiratoires au moment du collage.

Les solvants dans les peintures, laques, colles...

• Les **hydrocarbures aliphatiques** engendrent des malaises très rapides, après une courte durée d'exposition : irritations des yeux et de la gorge, vertiges, maux de tête, nausées. Une exposition prolongée provoque troubles du système nerveux, fatigue psychique, dépression pouvant aller jusqu'à des troubles de la mémoire et une altération des performances psychomotrices.

Sont en cause les octane, décane, undécane, hexane, isodécane, cyclohexane, heptane, nonane, oentane... utilisés comme carburants, lubrifiants et solvants. Le white spirit, largement employé par les bricoleurs, est issu d'un mélange d'hydrocarbures aliphatiques (environ 80 %) et aromatiques.

• La toxicité des **hydrocarbures aromatiques** est assez proche des précédents. Ils sont notamment irritants pour la peau et les yeux, le benzène est particulièrement toxique pour la moelle osseuse ; des cas de leucémie peuvent se déclarer après plusieurs années d'exposition.

- Composés de l'essence, les benzène, toluène, styrène, xylène, phénol, éthylbenzène et autres sont utilisés comme solvants dans l'industrie et dans les décapants, les laques, les cires, les isolants (polystyrène)… vendus aux particuliers.
- Les **hydrocarbures chlorés** et les **solvants halogénés** sont toxiques pour le foie et les reins. Irritant pour les yeux et les voies respiratoires, le perchloréthylène, largement utilisé pour le nettoyage à sec, engendre fatigues, vertiges, état d'ébriété ou dépressionnaire. Ils affectent également le système immunitaire. Certains, tel le chloroforme (pour son pouvoir anesthésiant), sont employés par l'industrie pharmaceutique.
- Trichloréthylène, tétrachlorure de carbone, PCB, chlorure de méthylène, trichloroéthane, chloroforme, chlorure de vinyle… sont commercialisés sous forme de nettoyants, dégraissants, décapants, désodorisants (pour les cuvettes de toilettes).
- Inhalés à fortes doses, les **esters** sont anesthésiants ; ils provoquent somnolence et asthénie. Ils sont également irritants pour la peau et les yeux. Ils entrent dans la composition des diluants dans les laques, dans la fabrication de polymères et de matières plastiques, dans les colles et les vernis acryliques. On les trouve aussi dans les dissolvants de vernis à ongles, dans les cosmétiques, en parfumerie et dans l'industrie pharmaceutique.
- Les **éthers de glycol** sont dérivés de l'éthylène glycol ou du propylène glycol. Ce dernier ne semble pas dangereux. Par contre, le méthylglycol et l'éthylglycol auraient des effets toxiques sur le fœtus (malformation congénitale) et ralentiraient le développent des globules blancs et rouges. Ces derniers seraient également mis à mal par le butylglycol.

Ils sont employés comme solvants dans les peintures à l'eau, les résines, les encres, les laques et dans certains cosmétiques (produits de décoloration pour les cheveux, dissolvants).

- Irritants pour la peau et les yeux, les **cétones** provoquent également, à fortes concentrations, des troubles digestifs, des maux de tête, des nausées et des vertiges pouvant aller jusqu'au coma.
- Acétone, tutanone, diméthylacétone… forment de puissants solvants utilisés comme nettoyants et dégraissants. Ils entrent aussi dans la fabrication des matières plastiques, des matériaux synthétiques et dans les peintures.
- Les **alcools** sont essentiellement irritants pour la peau, les yeux et les voies respiratoires. Leur action narcotique provoque également maux de tête et vertiges.
- Méthanol, éthanol, butanol, propanol, isopropanol, cyclohexanol entrent dans la composition des colles et des vernis. Ils servent également à fabriquer des matières plastiques et des lubrifiants synthétiques. On trouve le plus toxique, le méthanol, dans les laques, les vernis, les teintures, les encres, les produits de nettoyage pour vitres et comme additif dans l'essence.

Les isolants thermiques employés au détriment de la qualité de l'air

Jusqu'au début des années 1970, on ne se préoccupait pas ou peu de l'isolation des logements. Mais le premier choc pétrolier, qui multiplie par quatre le prix du pétrole entre octobre 1973 et juin 1974, incite aux économies. Pour diminuer la consommation d'énergie, les Français se calfeutrent et réduisent le renouvellement de l'air dans les bâtiments. Conséquence immédiate, la qualité de l'air intérieur baisse d'autant que la solution majoritairement retenue, l'isolation rapportée à l'intérieur des murs, est effectuée avec des matériaux potentiellement polluants (amiante, laine de verre et de roche, mousses isolantes urée-formol, polystyrène, polyuréthane…). L'obturation des entrées d'air engendre une augmentation de l'humidité de l'air, le développement de micro-organismes et l'accumulation des polluants. Dans les zones où la présence du radon dans le sol est importante, cette « mise en dépression » de l'habitation favorise l'aspiration de ce polluant d'origine naturelle.

L'amiante

Démonstration flagrante de l'immobilisme et du laxisme des pouvoirs publics face aux puissants lobbies industriels, l'amiante alimente régulièrement les chroniques des journaux. Il n'est pas un mois où ne se dévoilent de nouveaux cas de professionnels ou de particuliers atteints de maladies dues à une exposition à cet isolant surnommé un temps « magic mineral » en raison de ses multiples utilisations et de son faible coût.

Connu depuis l'Antiquité, l'amiante est un matériau minéral fibreux issu du broyage de roches que l'on trouve essentiellement au Canada et dans l'ex-URSS. On distingue deux familles : le chrysolite ou amiante blanc (le plus répandu) et les amphiboles (amosite et crocilodite) aux fibres plus longues et plus dangereuses.

À usages multiples et vendu à faible prix, l'amiante symbolise à lui seul l'irresponsabilité de nos sociétés industrielles qui mettent sur le marché des produits sans en évaluer les effets à long terme et qui les maintiennent alors que les preuves formelles de leur dangerosité sont établies.

Un demi-siècle d'atermoiements mortels

- En 1945, l'amiante était reconnu et inscrit par ordonnance au tableau 25 des maladies professionnelles.

• À partir de 1955, la cancérogénicité pulmonaire de l'amiante est établie par Richard Doll, un épidémiologiste reconnu.

• Malgré ce constat alarmant, l'amiante envahit les marchés à partir de 1960 : en flocage pour les immeubles ; en isolant thermique pour les fours, fers à repasser, chauffages, grille-pain… ; pour la réalisation de joints en étanchéité des poêles et des chaudières ; dans les vêtements de protection contre la chaleur ; en panneaux de toiture, conduits de cheminée, tuyaux de canalisation d'adduction et d'évacuation d'eau, dalles collées pour le sol, sous-faces de moquette, joints de plomberie, bacs de culture pour les jardins, garniture de frein et d'embrayage pour les voitures… Ininflammable, bon isolant thermique et acoustique, résistant aux agressions chimiques, imputrescible et surtout bon marché, l'amiante fait recette auprès des consommateurs, et les avertissements des spécialistes tombent dans l'indifférence générale.

• En 1977, un arrêté interdit le flocage à base d'amiante dans les locaux d'habitation et un décret instaure la protection des salariés exposés aux poussières dans l'industrie de l'amiante.

• En 1983, l'Islande interdit l'utilisation de l'amiante sur son territoire. Elle est suivie par la Norvège en 1984, le Danemark et la Suède en 1986.

• En 1988, la France réglemente la vente des produits contenant de l'amiante.

• En 1994, elle met en application une directive européenne de 1991, visant à réduire les utilisations de l'amiante, à interdire les produits contenant des amphiboles et à étiqueter ceux proposés à la vente.

• En 1996, un décret oblige les propriétaires à rechercher la présence d'amiante dans les immeubles (mais pas dans les maisons individuelles), à vérifier l'état de conservation des flocages et calorifugeages et à intervenir en fonction du diagnostic. Les travailleurs intervenants dans les immeubles contenant de l'amiante sont également protégés.

• En 1996, l'INSERM (Institut national de la santé et de la recherche médicale) estime le nombre de décès imputables à l'amiante à 1 200 par cancer du poumon et à 750 par mésothéliome.

• En janvier 1997, la France prend enfin des mesures pour interdire la fabrication, la transformation, la vente, l'importation et la mise sur le marché des fibres d'amiante, qu'elles soient incorporées ou non à d'autres matériaux.

• En 1998, le Canada (deuxième producteur mondial d'amiante) attaque la décision française devant l'OMC (Organisation mondiale du commerce). Après trois ans de procédures, l'OMC jugera que le décret français n'est pas contraire aux obligations de l'Union européenne vis-à-vis de l'OMC.

• En 1999, selon une étude épidémiologique britannique à partir des données de sept pays européens, l'amiante sera responsable de 250 000 décès par mésothéliome d'ici 2035.

• En mai 2002, la France étend le champ de recherche de l'amiante à tous les bâtiments y compris aux maisons individuelles (dont le permis de construire à été délivré avant le 1er juillet 1997). En cas de vente, les propriétaires doivent produire un certificat spécifiant la présence ou l'absence d'amiante.

Des fibres minuscules mais redoutables

Le danger vient de la suspension des fibres d'amiante dans l'atmosphère. Des courants d'air, un choc dans une cloison, des vibrations, des travaux de découpe ou de perçage dans une plaque d'amiante-ciment… favorisent la dispersion de ce matériau friable et son inhalation. Toutes les utilisations de l'amiante sont donc potentiellement dangereuses, mais le principal accusé reste le flocage. Jusqu'en 1977, la fibre d'amiante mêlée à un liant était projetée sur les surfaces dont on voulait augmenter la résistance au feu. Souvent masqués par des faux plafonds, par des panneaux de doublage ou recouverts d'enduit, ces flocages se dégradent avec le temps et libèrent des milliers de microfibres, deux mille fois plus minces qu'un cheveu et qui se divisent dans le sens de la longueur en des centaines de fibrilles à tel point qu'il suffit de 1 mg d'amiante en suspension dans l'air pour contaminer une salle de 5 000 m^2.

L'amiante est responsable de l'asbestose (une fibrose du tissu pulmonaire), de la fibrose pleurale (un épaississement de la plèvre), de cancers broncho-pulmonaires. Elle peut également être mise en cause dans les cancers du larynx, digestifs et urogénitaux, mais elle est surtout la seule cause des mésothéliomes, des cancers primitifs de la plèvre et du péritoine. La maladie peut se déclarer entre quinze et quarante ans après l'exposition ; le délai sera d'autant plus long que celle-ci aura été de courte durée.

Recherche et élimination de l'amiante

Tout propriétaire souhaitant vendre un logement construit avant le 1er juillet 1997 doit remettre au vendeur un « constat de recherche d'amiante ». Celui-ci est établi par un professionnel disposant d'une attestation de compétence officielle des pouvoirs publics. On trouve la liste de ces professionnels en préfecture ou sur le site du ministère de la Santé.

En cas de travaux sur des matériaux contenant de l'amiante, la vigilance s'impose !

Le déflocage et le décalorifugeage ne peuvent être effectués que par des entreprises certifiées par le Comité français d'accréditation ou par le Comité européen d'accréditation.

Les produits en amiante-ciment utilisés notamment pour les couvertures et les bardages ne doivent pas être nettoyés au Kärcher, ni au balai-brosse, ni poncés. La démolition des bâtiments renfermant ces matériaux peut engendrer une dispersion importante dans l'atmosphère. Les déchets devront être obligatoirement stockés dans des centres d'enfouissement technique de classe 2 ou 3.

L'élimination des revêtements de sol comportant une sous-couche de carton d'amiante sera confiée de préférence à un professionnel équipé pour réaliser ces travaux en toute sécurité. Il est en effet nécessaire de confiner la pièce pour éviter toute dispersion et de stocker les déchets dans des sacs parfaitement étanches avant de les évacuer.

Concernant les appareils et les produits domestiques (fers et planches à repasser, grille-pain, gants de cuisine...), il n'existe actuellement aucune information permettant aux particuliers de savoir comment et où s'en débarrasser !

Les laines minérales

Parce qu'elles affichent des qualités d'isolation thermique et phonique suffisantes pour répondre aux normes en vigueur et qu'elles sont disponibles en grande quantité sur le marché à un coût relativement compétitif (du fait de leur production en masse), les laines minérales sont actuellement les isolants les plus courants en France. Pourtant, depuis des décennies, des scientifiques s'interrogent sur les risques de cancers liés à l'inhalation des fibres en suspension dans l'air.

Ne reproduit-on pas, une fois encore les erreurs commises avec l'amiante ? Lobbies industriels aidant, l'évaluation des risques et la classification des produits comme cancérigènes possibles pour l'homme se nourrissent d'incertitudes... Les mesures, peu nombreuses, ne sont pas réalisées avec les mêmes appareils et les industriels modifient constamment la composition des produits pour diminuer la biopersistance (rétention des fibres dans les poumons) alors qu'il semble prématuré de n'évaluer la toxicité et la cancérogénèse que sur la biopersistance et la solubilité *in vitro*.

Selon la matière première utilisée, on distingue trois types de laines minérales : les laines de roche sont conçues à partir de basalte et de coke ; les laines de laitier comportent des sous-produits de la sidérurgie ; les laines de verre sont élaborées à partir de sable, de calcaire, de dolomie, de verre (recyclé)... Toutes contiennent plus de 90 % de fibres, 3 à 5 % de liants organiques (résines phénoliques), moins de 1 % d'huile et quelques autres ingrédients indéterminés !

Des produits commercialisés sans études véritables des risques

• En 1987, le CIRC (Centre international de recherche sur le cancer) classait les laines minérales comme cancérigènes possibles pour l'homme dans le groupe B2.

• En décembre 1997, la directive européenne relative à la classification, à l'emballage et à l'étiquetage des fibres minérales les classait en catégorie 3 (effets cancérigènes possibles mais insuffisamment évalués) avec les phases de risque R40 (possibilités d'effets irréversibles) et R38 (irritant pour la peau).

• Un arrêté daté de 1997 et une circulaire émise un peu plus tard transposent en droit français les recommandations de la directive européenne qui prévoit que la classification en catégorie 3 (comme cancérigènes possibles) ne doit pas s'appliquer si la biopersistance des fibres est faible ou si leur diamètre est élevé. S'engouffrant dans la brèche, les industriels font immédiatement évoluer leurs produits pour sortir de la classification.

• En 2001, le CIRC reclasse les laines minérales dans le groupe 3 (inclassables quant à la cancérogénécité pour l'homme). Selon le CIRC, ce déclassement est justifié par les efforts des industriels qui ont mis au point des matériaux moins biopersistants. Parallèlement, l'INRS (Institut national de la recherche et de la sécurité) souligne que les études disponibles ont été réalisées sur des lieux où les niveaux d'exposition sont plutôt faibles et que la toxicité des nouveaux produits n'a pas été complètement évaluée !

D'autres risques certains et répertoriés menacent cependant l'homme

Les laines minérales sont classées R38 (irritantes pour la peau) pour les démangeaisons (avec ou sans dermatoses) qu'elles occasionnent. Les ouvriers du bâtiment sont particulièrement exposés lors de la pose, mais de faibles concentrations dans l'air des logements peuvent également déclencher des dermites irritantes.

Les liants à base de résine phénol-urée-formaldéhyde sont responsables de crises d'asthme.

Perméables à la vapeur d'eau, les laines de verre et de roche perdent rapidement de leur pouvoir isolant (si elles ne sont pas équipées d'un pare-vapeur sur la face située vers l'intérieur du logement) et deviennent un nid favorable aux développements microbiens.

Des travaux à réaliser avec précautions

L'isolation faisant partie des travaux que se réservent souvent les particuliers lors de la construction, un tiers des poseurs de laine minérale ne sont l'objet d'aucune surveillance médicale. Raison de plus pour prendre un maximum de précautions lors de la pose ou de la dépose d'un matériau à base de fibres minérales.

• Avant de commencer les travaux, penser à l'équipement de protection : des vêtements exclusivement réservés à cette opération et lavés séparément pour ne pas diffuser les fibres ailleurs, des gants, des lunettes de protection, une casquette et un masque spécifique marque CE, norme N 149 de classe d'efficacité P1, P2, P3 (en ordre croissant de protection). Les masques de chirurgien souvent utilisés par les bricoleurs n'assurent aucune protection contre les microfibres des laines minérales.

- En cas de découpe, mieux vaut prendre un outil manuel, style cutter, produisant moins de poussières qu'une scie électrique. On évitera également de déchirer le produit à la main.
- Les précautions doivent être accrues en cas de dépose d'un matériau ancien (dont la biopersistance est plus longue que celle des nouveaux produits). Humidifier le produit avant l'intervention limite la dispersion des fibres. Il est également utile de maintenir le lieu de travail propre en aspirant régulièrement le sol (éviter de balayer).

Une fois la pose achevée et la laine minérale encastrée entre le mur extérieur et la cloison intérieure ou entre la toiture et le doublage, on peut penser que les risques de dispersion sont limités, voire nuls. Sans doute, à condition que les parois soient parfaitement hermétiques au niveau des équipements fixés au plafond ou sur les cloisons (lustres, prises électriques, tableaux, canalisations), que les isolants ne soient pas en contact avec la ventilation, que les ouvertures et les fermetures de portes ne créent pas une dépression dans les pièces habitables, qu'il n'y ait pas de courants d'air favorisant la dispersion… Autant dire que l'ensemble de ces dispositions sont rarement effectives.

Les isolants synthétiques

Interdites dans de nombreux pays à partir des années 1980 mais seulement réglementées en France par décret du 6 mai 1988, les mousses isolantes urée-formol (MIUF) sont constituées directement sur le chantier à partir de résine urée-formol, d'un agent gonflant et d'air comprimé. En France, la réglementation impose seulement que les concentrations, dans les bâtiments ainsi isolés, restent inférieures à 0,2 ppm (parties par million) alors que l'OMS recommande de ne pas dépasser 0,1 ppm. L'émission de formaldéhyde est importante les premiers jours qui suivent la mise en œuvre et perdure au fil du temps, surtout si la MIUF est en contact avec l'humidité, auquel cas elle se dégrade rapidement.

Peu onéreux, le polystyrène se présente sous forme de panneaux de deux types : le polystyrène expansé (PSE) et le polystyrène extrudé (PSX).

Le PSE est obtenu par polymérisation du styrène en utilisant le pentane comme agent d'expansion. L'émission de i-pentane est importante pendant sa mise en œuvre, elle décroît progressivement au fil du temps jusqu'à devenir négligeable.

Le PSX est produit à l'aide de solvants et de gaz d'expansion (CFC, HCFC et HFC). Interdits en 1995, les CFC (chlorofluorocarbures, destructeurs de la couche d'ozone) ont été remplacés par les HCFC (hydrochlorofluorocarbures) et les HFC (hydrofluorocarbures) qui sont, eux, de puissants gaz à effet de serre !

En cas d'incendie, les polystyrènes sont responsables d'importants dégagements de gaz carbonique et de monoxyde de carbone.

Disponible en panneaux ou projeté en mousse, le polyuréthane est constitué à partir de trois composants : un polyol, un isocyanate (toluène diisocyanate, TDI), un agent d'expansion (HCFC ou CO_2) avec des catalyseurs (amines aliphatiques ou aromatiques). Il est également nécessaire d'ajouter un retardateur de flammes, des organophosphates halogénés ou non.

Le polyuréthane libère d'importantes quantités d'isocyanates au moment de sa mise en œuvre. Irritantes pour la peau, les yeux et les voies respiratoires, ces émissions s'estompent lorsque le produit est durci.

En cas d'incendie, cet isolant libère une quantité importante de monoxyde de carbone, d'isocyanates et surtout d'acide cyanhydrique (reconnaissable à son odeur d'amande amère). Ce dernier entraîne céphalées, vertiges, oppressions thoraciques, coma pouvant évoluer vers la mort en quelques minutes.

Le radon

Le radon est un gaz radioactif, incolore et inodore provenant de la chaîne de désintégration du radium, issu lui-même de l'uranium. Le radon est naturellement présent dans les granits, les schistes argileux, le phosphate et la pechblende. On le trouve dans les déchets d'exploitation des mines de phosphates et d'uranium et dans les moellons de construction des maisons traditionnelles de Bretagne ou du pays limousin. Sa présence en faible quantité à l'air libre n'est pas dangereuse mais dans les maisons calfeutrées, les concentrations peuvent devenir importantes et occasionner des cancers. Le radon serait à l'origine de 10 % des cancers du poumon soit entre 2000 et 3000 cas.

Aucune étude ne permet actuellement de constater une augmentation des risques au-dessous de 100 becquerels. Par contre, au-dessus de 200 becquerels, il est recommandé de prendre des mesures pour assainir l'habitation.

Les propriétaires de maisons situées dans les zones à risques peuvent aisément contrôler eux-mêmes la densité présente dans leur maison. La CRIIRAD (Commission de Recherche et d'Information Indépendante sur la Radioactivité) et la société Algade commercialisent des dosimètres faciles à utiliser. Attention cependant si vous devez effectuer ces mesures ! La densité de radon est plus importante l'hiver, quand toutes les ouvertures sont fermées et quand le chauffage fonctionne.

Des solutions existent pour assainir l'habitation. Dans le cadre d'une construction neuve, il est aisé de limiter les concentrations en prévoyant un vide sanitaire bien aéré. Dans une maison ancienne, il importe de recenser tous les points d'entrée potentiels (fissures, joints, matériaux poreux...). On peut étancher aisément les parties mal jointoyées et réduire les apports par le sol en installant une membrane étanche, en aérant le sous-sol et le vide sanitaire, en ventilant les pièces... Mais attention, en mettant la maison en dépression, les extracteurs d'air augmentent la concentration de radon.

Bien que leurs performances aient été jugées très faibles au regard des exigences actuelles, les isolants minces réfléchissants opaques sont toujours employés, notamment en restauration, lorsque l'espace est limité. Composés de plusieurs couches de feuilles d'aluminium ou aluminisées et de couches intermédiaires diverses (mousse souple, feutre d'origine animale, végétale ou de synthèse, polyéthylène à bulles), le tout assemblé par collage, soudure ou couture, ces produits peuvent, en outre, causer des désordres lorsqu'ils sont utilisés sous toiture (condensation due à leur forte étanchéité à la vapeur d'eau). Les poussières produites sont irritantes et les matériaux composés de feuilles d'aluminium sont conducteurs électriques.

Champs électriques et électromagnétiques

Sachant que notre cerveau contient 5 millions de petits noyaux de magnétique (aimants), que se passe-t-il quand nos petites cellules grises se trouvent au milieu d'un champ magnétique alternatif ? Elles réagissent comme les aimants, elles se mettent à vibrer… L'individu soumis à ce traitement plusieurs mois, voire plusieurs années risque fort de développer quelque pathologie ! Or, les occasions de se trouver dans des champs électromagnétiques sont multiples. Combien de maisons sont construites à proximité ou même sous les lignes à haute tension ? Or des études ont prouvé que le 50-60 Hz (hertz) avait des effets copromoteurs sur la cancérogénèse, notamment chez les enfants.

Subodorant ces risques, il serait logique d'appliquer le principe de précaution. À ce sujet, la France fait encore figure de mauvais élève…

Les maisons éloignées de pylônes EDF ou de lignes de TGV sont-elles pour autant exemptes de toutes pollutions électromagnétiques ? Lorsque la prise de terre est installée dans de bonnes conditions et vraiment opérationnelle (ce qui est loin d'être toujours le cas), les déperditions sont minimes. Par contre, les risques viennent d'une lampe de chevet dont le mince fil court le long de la tête du lit, des lampes halogènes équipées d'un petit transformateur, des ordinateurs, des téléviseurs laissés en veilleuse… sans oublier les téléphones portables. Bref, nous vivons dans un environnement saturé d'ondes mais qu'il est possible de réduire, simplement en débranchant les appareils ou en installant dans les chambres un système de télérupteur alimenté par une basse tension continue. Ce système ne maintient qu'une intensité de 24 V (volts) qui permet à l'utilisateur de remettre sous tension normale en cas de besoin, mais ne perturbe pas le dormeur. Quant aux appareils tels que téléviseurs, magnétoscope, chaînes hi-fi… rien n'oblige à les laisser en veilleuse. Ce mode est étonnamment dispendieux en électricité et génère un champ électromagnétique important.

Feng shui et
géobiologie

© MVF

Le relief naturel influence le Feng shui des maisons. On dit que l'eau qui coule sur le devant est généralement favorable à ses habitants mais le sens du courant est déterminant.

Parce que l'on ressent, plus ou moins confusément, une impression de bien-être dans certains lieux ou *a contrario* de malaise dans d'autres, il est impossible de nier l'influence de notre environnement sur notre moral, sur notre énergie et sur notre santé. En dehors du bon sens qui primait bien souvent chez nos anciens et sans doute grâce aussi à une capacité à ressentir les choses et à les analyser, certaines sciences permettaient d'identifier les lieux les plus agréables à vivre, d'orienter et d'aménager une maison et un jardin pour qu'ils soient porteurs d'énergies positives. C'est le cas du feng shui (une science millénaire) et de la géobiologie (qui fait appel à des techniques anciennes et à des appareils de mesures sophistiqués), deux approches sur lesquelles on a écrit beaucoup de choses et autour desquelles gravitent des gens sérieux, parfaitement dignes de confiance, et à d'autres qui le sont moins... De quoi s'agit-il au juste ?

Le feng shui

À l'instar des philosophies orientales, le feng shui est à la mode et, de fait, souvent sujet à des interprétations plus que douteuses. Ce n'est pas une raison suffisante pour discréditer son influence sur la vie quotidienne.

Cette science, originaire de Chine, repose sur plus 3 500 ans d'histoire. Le feng shui, qui signifie « vent et eau », peut se définir comme l'art d'aménager l'espace afin de laisser les flux d'énergies tranquilles, qui flottent entre la terre et le cosmos, circuler librement au gré des vents et des courants, en harmonie avec l'environnement, pour apporter bonheur et prospérité.

Longtemps réservé aux seuls initiés, des grands maîtres de l'Empire chinois qui mettaient leurs connaissances au service de l'empereur, le feng shui s'est démocratisé, notamment par le biais de la littérature abondante existant désormais sur le sujet mais aussi parce que sa pratique a été « exportée » par les communautés chinoises installées à Hong Kong et à Taiwan. Selon la rumeur, le ministre de Singapour Lee Kuan Yew aurait eu recours au feng shui pour favoriser la croissance économique de la république en faisant d'abord fabriquer des vignettes automobiles en forme du *pa kua* puis, quelques années plus tard, en faisant imprimer un dragon dans le coin gauche du billet de cinquante dollars Singapour. De là à penser que ce n'est pas un hasard si ces lieux sont aujourd'hui si prospères...

Même si la pratique du feng shui est toujours imprégnée d'un certain mysticisme, cet art de vivre et d'organiser son espace, souvent frappé de bon sens, peut être mis en œuvre par tout un chacun, sans faire appel à un expert. Il en existe d'éminemment sérieux, mais la mode (et l'appât du gain) a aussi engendré la venue sur le marché d'un nombre croissant de charlatans. Il serait utopique de penser et de croire que le feng shui fait des miracles, qu'il permet de gagner aux jeux de hasard ou autres chimères de ce genre... Que nenni ! Le feng shui crée simplement une énergie favorable, partout où il est appliqué (à la maison, au bureau, dans les grandes sociétés, chez les commerçants...), qui aide à saisir les opportunités quand elles se présentent et réduit les effets de la malchance.

À ce titre, il s'intègre dans le cycle des trois chances que chacun reçoit à sa naissance selon la philosophie du *tien*, *ti* et *ren* (le ciel, la terre, l'humanité). On ne peut rien modifier à la chance céleste (*tien chai*), c'est notre destin que certaines sciences divinatoires (variables selon les cultures) tentent de décrypter. La chance terrestre (*ti chai*) est largement influencée par notre environnement et peut de fait être renforcée par un feng shui propice. Mais, aussi favorable soit-il, celui-ci ne pourra rien s'il n'est pas aidé par la chance de l'homme (*ren chai*), qui correspond au potentiel humain de chacun, à la capacité de celui-ci à tirer le meilleur parti d'un bon feng shui... En clair : « Aide-toi, le feng shui t'aidera ! »

Principes essentiels du feng shui

Le feng shui, tel qu'il est pratiqué aujourd'hui, s'appuie sur des textes anciens conservés par les maîtres et par la diaspora des riches Chinois qui se sont installés à Hong Kong et à Taiwan après la révolution de 1946. Il fait essentiellement appel à deux enseignements : l'école chinoise des formes et l'école traditionnelle de la boussole, qui sont complémentaires et de fait souvent pratiquées conjointement. Les deux ont en commun le concept du *chi*, celui du yin et du yang et celui des cinq éléments.

Connue sous le nom de *chi* (prononcer « ki ») ou encore de « souffle cosmique du dragon », l'énergie peut être positive ou négative. C'est une force invisible et intrinsèque mais omniprésente et puissante qui vibre, circule, se disperse et qui pourtant échappe au rationnel comme aux techniques de mesures scientifiques. On ne voit pas ces flux d'énergie, pas plus que les ondes radio mais contrairement à ces dernières, que nous entendons, nous avons perdu l'habitude d'être à l'écoute de notre environnement et de cette puissante énergie. Tout l'art du feng shui consiste à capter puis à accumuler le bon *chi* et, en même temps, à dissoudre, à dévier ou à détruire le *shar chi* (*chi* mortel). Que l'on y croit ou non ne change rien à son efficacité !

Mais comme le vent et l'eau ont façonné des collines, des rivières et des paysages plutôt harmonieux, le feng shui crée une ambiance agréable, simplement en jouant sur les formes, les couleurs, l'emplacement de la maison dans son environnement, celui des objets à l'intérieur... Il prend en compte la terre, les montagnes, les cours d'eau, leurs formes, leurs dimensions, leur direction et s'appuie sur une vision de l'univers selon laquelle tout ce qui existe se rattache à cinq éléments fondamentaux : le feu, le métal, la terre, l'eau et le bois, qui peuvent chacun avoir des propriétés yin ou yang !

Le yin et le yang

L'équilibre entre le yin et le yang domine toute la théorie du feng shui. Toutes les énergies, tous les éléments sont de nature yin ou yang, à la fois diamétralement différents mais complémentaires et mutuellement dépendants.

L'énergie yin descend, elle est calme et reposante. L'énergie yang monte, elle est active et bruyante. La recherche de l'équilibre entre les deux résume le *tao* (la voie) et régit tout le système de la pensée philosophique chinoise.

Le yin, c'est l'ombre, la femme, la nuit, l'hiver, le froid, l'eau, la terre, la lune, la matière, l'ouest, les nombres impairs, l'inconscient, les émotions, l'intuition, l'introversion, le carré, le noir, la mort.

Le yang, c'est la lumière, l'homme, le jour, l'été, le chaud, le feu, le ciel, le soleil, l'énergie, l'est, les nombres pairs, la conscience, la logique, la raison, l'extraversion, le cercle, le blanc, la vie.

Autrefois, le feng shui était surtout utilisé dans les demeures yin, les sépultures des ancêtres. On attachait beaucoup d'importance à la tombe du patriarche qui influençait l'avenir des descendants. Ce type de feng shui est encore pratiqué à Taiwan mais on s'intéresse plutôt désormais aux demeures yang, c'est-à-dire aux maisons des vivants. Cela ne signifie pas pour autant que le yin en soit exclu. Au contraire, sa présence est indispensable pour l'harmonie, plus ou moins dosée suivant les lieux. Entre une chambre et un salon, les équilibres seront inversés. La première sera plutôt yin (incitant au repos), le second plutôt yang (dynamisant).

Les cinq éléments

Au cœur des règles qui régissent le feng shui, le concept des cinq éléments relie tout ce qui existe (énergies, saisons, couleurs, directions…) à l'un des cinq éléments : le bois, le feu, la terre, le métal ou l'eau. De l'harmonie ou de la discordance entre ces éléments découle un bon ou un mauvais feng shui. Chacun peut être activé, suivant son emplacement sur la grille du *lo shu*, dans chaque secteur de la maison. « L'énergie est la matière et la matière est de l'énergie », disait Einstein. Chaque élément faisant partie d'un cycle de création ou de destruction, leur voisinage immédiat n'est pas sans effets.

- **Dans le cycle de création** : l'eau fait pousser le bois qui alimente le feu, lequel produit la terre qui engendre le métal lequel à son tour produit l'eau…

Cycle de la création.

• **Dans le cycle de destruction** : l'eau détruit le feu qui fait fondre le métal, lequel coupe le bois qui épuise la terre, laquelle détruit l'eau…

Cycle de la destruction.

• Les couleurs noires et bleues, la mer, les fleuves, les rivières, les fontaines, les aquariums, le nord, le chiffre 1, la tortue noire, le fils cadet, l'hiver, les formes en vagues… représentent l'eau.

• Le bois est évoqué par les couleurs vertes et turquoise, les plantes, les arbres, la forêt, les fleurs, l'herbe, les meubles et les objets en bois, le dragon vert, le vent, le sud-est (petit bois), l'est (grand bois), le rectangle, le chiffre 3, le fils et la fille aînés, le printemps, le lièvre.

• Le feu, qui est le seul élément que l'on crée, s'exprime dans le rouge, le bordeaux, l'orange foncé, le violet prune, le soleil, l'été, les lumières (électricité, bougies, lampes à pétrole…), la cheminée, le triangle, le sud, le phénix rouge, le cheval, la fille cadette, le chiffre 9.

• La terre est symbolisée par le jaune, l'ocre, le marron, l'orange clair, les objets en terre cuite, la céramique, le cristal de roche et toutes les pierres précieuses ou semi-précieuses, les cailloux, la forme carrée, les chiffres 2 et 8, le sud-ouest (grande terre) et le nord-est (petite terre), le globe, la mère, le benjamin, la montagne et les demi-saisons.

• Les teintes métalliques, le blanc, les objets et le mobilier en métal, l'or, l'argent, le cuivre, les voitures, les avions, la sphère, le nord-ouest (grand métal) et l'ouest (petit métal), les chiffres 6 et 7, le ciel, le père et la benjamine, l'automne, le tigre blanc représentent le métal.

Connaissant ce principe, l'harmonie d'un lieu passe par des positionnements judicieux des objets en tenant compte de l'élément qu'ils représentent et par un savant dosage des couleurs. Lorsqu'un élément domine trop fortement un lieu, on pourra soit l'affaiblir en plaçant à proximité l'élément qu'il produit, soit le contrer en introduisant celui qui le détruit. On peut également réduire le nombre des objets, des mobiliers ou des couleurs représentant cet élément.

L'école des formes

Partant du principe que l'environnement joue un rôle très important pour la circulation du *chi* et de la chance qu'il apporte à la famille, le plus ancien des enseignements, l'école des formes, recherche une configuration de paysage naturel, bénéfique pour la construction de la maison. Le meilleur emplacement est défini par le symbolisme des quatre créatures célestes.

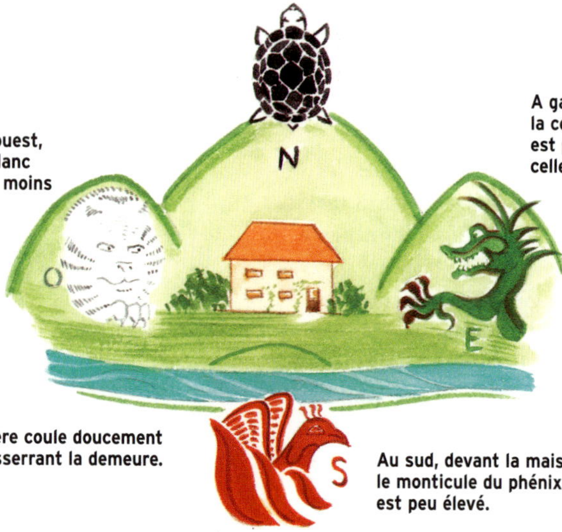

*Positionnement idéal d'une maison
par rapport à son environnement.*

- La tortue noire représente les reliefs situés à l'arrière (au nord) de la maison. Elle est synonyme de bonne fortune et de protection contre la malchance. C'est rassurant d'avoir le dos bien calé contre quelque chose de solide, comme dans un fauteuil !
- Les collines du dragon vert (plus basses que celles symbolisées par la tortue) seront situées à l'est, donc à gauche de la maison.
- Celles du tigre blanc devront encore être moins élevées que celles du dragon vert et se situeront à droite de la maison, donc à l'ouest.
- Un petit monticule, celui du phénix, est également bienvenu au sud de la maison.

Enfin, si une rivière, au cours lent mais non stagnant, enserre la demeure, le lieu représente la configuration idéale, pour peu que le cours d'eau respecte les principes du sens de l'écoulement du dragon d'eau. Si la porte est orientée vers le nord, le sud, l'est ou l'ouest, la rivière doit passer de la gauche vers la droite, par rapport à celle-ci.

Si cette porte est orientée vers le nord-est, le nord-ouest, le sud-est ou le sud-ouest, la rivière doit s'écouler de la droite vers la gauche.

Trouver aujourd'hui un tel emplacement naturel, tel que décrit ci-dessus, relève quasiment de la mission impossible, surtout en ville ! Mais le feng shui est une science adaptable aux exigences de l'urbanisation : les immeubles voisins peuvent symboliser les différentes hauteurs de collines et la route représentera la rivière. Enfin, s'il est impossible d'arriver à une telle configuration, il suffit d'adopter une tortue (une seule) ou de placer une représentation en céramique ou en bronze de cet animal au nord de la maison. Idem pour le dragon vert et le phénix (ce dernier pouvant être remplacé par un coq). Par contre, mieux vaut s'abstenir d'introduire une représentation de tigre à l'intérieur d'une maison, peu de demeures semblant aptes à supporter la force de ce symbole. Dans tous les cas, ces animaux seront installés de préférence dans le salon.

L'école de la boussole

Le Pa Kua Yin, placé à l'extérieur de la maison et au-dessus de la porte d'entrée, est utilisé comme protection.

Alors que l'école des formes est fondée sur la lecture et sur l'interprétation des paysages, l'école traditionnelle de la boussole s'intéresse au *chi* des personnes qui vivent dans cet environnement. Elle applique les principes de l'école des formes avec les quatre animaux mythiques mais en développant une concordance avec le destin des hommes. Cet enseignement est basé sur des formules qui prennent en compte le sexe et la date de naissance de chaque individu. Pour ce, les maîtres de l'école de la boussole ont inventé le *luo pan*, une boussole géomantique dont l'interprétation est réservée à quelques initiés. Une approche plus concrète, interprétable par tout individu sachant se servir d'une boussole, utilise le *pa kua* et le carré *lo shu*.

Octogone symbolique, représentant les huit trigrammes du *I Ching* (livre des Mutations qui est le livre de référence du feng shui), le *pa kua* permet d'interpréter le bon et le mauvais feng shui, en fonction des directions de la rose des vents. Mais les symboles et les références sont différents suivant qu'il s'agit d'un *pa kua* yin (ciel antérieur) ou d'un *pa kua* yang (ciel postérieur).

Symbole de chance, le dragon vert est situé du côté Est du salon. Ajouter un ruban rouge augmente son pouvoir bénéfique. © MVF

Le premier sert exclusivement à l'extérieur des maisons et avec, en son centre, un miroir convexe de façon à renvoyer les énergies négatives. On l'accroche au-dessus d'une porte pour dévier ou repousser un souffle mortel hostile (carrefour, rue en T, angle de toit ou d'immeuble… arrivant face à la porte d'entrée).

Placée au sud-ouest du salon,
la pivoine active la chance en amour. © MVF

Le *pa kua* yang indique les principes directeurs pour activer ou concentrer le *chi* propice au bon endroit, selon les huit directions de la boussole attribuées à chaque trigramme. La compréhension de ces trigrammes est essentielle et donne tout son sens à la pratique du feng shui. Ceux-ci sont composés de trois lignes continues ou discontinues qui, prises ensemble, constituent la trinité de l'univers : la terre (le trait le plus bas), l'homme (celui du milieu), le ciel (celui du haut). Chaque trigramme intègre chacun des huit membres d'une famille [le père, la mère, les trois fils et les trois filles : aîné(e), cadet (te), benjamin(e)], la représentation d'un élément, le caractère yin et yang, l'évolution cyclique des saisons…

Mais la signification des symboles du *pa kua* n'a d'intérêt qu'avec l'ordonnancement de celui-ci sur la grille magique du *lo shu*. Cette figure composée de neuf carrés égaux numérotés de 1 à 9 est ordonnancée de telle façon qu'en additionnant les nombres de chaque ligne on obtient toujours 15. Elle représente les huit directions de la rose des vents et met en évidence les rapports entre les directions et les cinq éléments (le sud et le feu, le nord et l'eau, l'est et le bois, l'ouest et le métal…).

Superposé au plan de la maison selon les directions relevées avec une boussole, ce carré magique permet d'établir les relations entre les individus, les directions et les éléments ; il aide à comprendre l'interaction entre les forces en présence, en sachant que chaque direction de la rose des vents correspond à une des huit aspirations de l'homme : le bonheur conjugal, la réputation, la richesse, les relations familiales, la carrière, les aides (mentors), la connaissance, les enfants. C'est grâce à lui que vous harmoniserez chaque pièce et l'ensemble de la maison en utilisant à bon escient les symboles du feng shui. On placera un bouquet de pivoines au sud-ouest pour rencontrer l'âme sœur ; une lampe, une bougie, des fleurs rouges ou des chevaux au sud lorsqu'on recherche la célébrité ou tout simplement une bonne réputation. La richesse et la prospérité seront optimisées au sud-est par une belle plante ou par un aquarium avec des poissons toujours en nombre impair. Les relations familiales et la santé des grands-parents seront florissantes si elles sont activées par un beau paysage à l'est. Le nord favorise la carrière en y installant un ordinateur ou un objet métallique. Un carillon éolien en cuivre à six branches ou un cristal de roche placés au nord-ouest permettront de trouver de l'aide ou un guide. L'éducation et la connaissance seront activées au nord-est par un bon éclairage ou une roche de cristal. Enfin, on aidera un enfant à réussir un examen en plaçant une roche de cristal à l'ouest.

Pas la peine de tout changer

Harmoniser les énergies, laisser le *chi* circuler librement et favoriser les zones qui semblent importantes en fonction des aspirations de chacun n'impose pas de modifier complètement la décoration et l'organisation de la maison en faisant table rase du passé. Cette méthode serait même contraire aux principes du feng shui. Mieux vaut procéder par petites doses, expérimenter soit même les recommandations et ressentir l'influence des nouvelles énergies, positives ou négatives, qui se dégagent, avant de poursuivre. Il suffit parfois de peu de chose pour modifier l'atmosphère d'un lieu. Une entrée bien dégagée, accueillante, suffisamment éclairée favorise la circulation du *chi*, et la famille ressentira une impression de « bienvenue » en pénétrant dans la maison. Un coin salon encadrant une table basse encourage mieux la conversation qu'une banquette seule alignée le long d'un mur. Des couleurs harmonieuses créent une ambiance plus agréable qu'un excès de teintes agressives ou au contraire trop froides… Et, dans tous les cas, souvenez-vous qu'aucun aménagement intérieur, aussi bon soit-il, ne remplacera l'influence positive d'un environnement extérieur favorable. Alors, avant de louer, d'acheter ou de construire, choisissez l'emplacement qui répond le mieux aux principes de l'école des formes et vérifier qu'aucune flèche empoisonnée (carrefour, angles de toit ou de maison…) ne soit située directement pointée en face de la porte d'entrée !

La géobiologie

Comme pour le feng shui, les esprits rationnels sont, avec la géobiologie, mis à rude épreuve, la tendance de notre époque privilégiant les explications scientifiques et logiques, faisant fi du ressenti ou des coïncidences troublantes.

La géobiologie relève certes du paranormal mais, de la même façon qu'il existe un domaine médical et un domaine paramédical, il semble raisonnable de considérer la géobiologie comme une science complémentaire qui apporte un éclairage différent mais tout aussi intéressant.

D'ailleurs, dans le domaine médical, de plus en plus de professionnels prennent conscience que les soins donnés au corps ne suffisent pas s'ils ne s'intéressent pas également aux origines du problème, c'est-à-dire aux souffrances de l'âme.

Une science contradictoire

En présentant la géobiologie comme une méthode empirique pour se construire un nid confortable, on oublie souvent de préciser qu'elle fait appel à une multitude de connaissances (biologie, géologie, physique, électronique), à des appareils sophistiqués et un peu à la sensibilité de l'homme de l'art.

Pour réaliser une étude, le géobiologue utilise un géomagnétromètre qui signale les anomalies du champ magnétique terrestre, un compteur de détection des champs électromagnétiques, un mesureur de champs électrostatiques, un telluromètre, un compteur de détection des champs hertziens, un détecteur Geiger-Müller de radioactivité et quelques outils plus controversés comme une antenne de Lecher, un pendule, des baguettes de sourcier… D'un côté, ses constats relèvent de la fiabilité des appareils de mesure contemporains courants et ne sont aucunement contestables. De l'autre, il fait appel à des techniques que nos ancêtres maîtrisaient parfaitement mais que nous remettons trop rapidement en cause tout simplement parce que nous ne possédons plus les connaissances qui nous permettraient de maîtriser ces domaines subtils. Cette double interprétation devrait pourtant apparaître comme un élément accroissant l'intérêt de cette science. Il est fort dommageable que nos connaissances d'aujourd'hui effacent celles de nos ancêtres. Les deux ne sont-elles pas complémentaires ? Alors que nous admirons les cathédrales, que nous sommes surpris par l'agencement des pierres levées de Carnac ou d'ailleurs, nous doutons de ces techniques, qui étaient déjà employées par les hommes de la préhistoire. À quoi servaient donc ces menhirs ? Les bâtisseurs de cathédrales et autres lieux de culte pourraient sans doute nous répondre, eux qui ont construit ces édifices précisément à l'emplacement des mégalithes dont on dit aujourd'hui qu'ils fonctionnaient comme de véritables centrales d'énergie. La cathédrale de Chartres représente le témoignage parfait des connaissances que l'on possédait autrefois et de l'utilisation identique qui a été retenue par toutes les religions ou philosophies. Bâtie sur les ruines d'un ancien temple gallo-romain, la cathédrale de Chartres se situe au croisement de réseaux telluriques et de courants d'eau souterrains. Les menhirs étaient, eux-mêmes, posés sur ces points pathogènes de façon à polariser une énergie négative au départ, en énergie positive. Les chrétiens, qui détruisirent bon nombre de ces pierres levées, bâtirent leurs églises aux mêmes emplacements. L'implantation des stupas des bouddhistes se fait sur le même principe… Mais personne ne vivrait en ces lieux conçus pour l'élévation de l'âme !

Pour être bien et en bonne santé, le corps a besoin d'un environnement dont le taux vibratoire est à environ 6 500 unités Bovis. Si celui de notre habitation est au-dessous de ce seuil, elle « pompe » notre énergie. Au-dessus, jusqu'à 7 000 à 8 000 unités Bovis, le corps se trouve dynamisé. Mais point trop n'en faut ! Nul ne vivrait non plus dans des lieux hautement chargés tels que Louxor en Égypte, où des géophysiciens ont relevé entre 28 000 et 30 000 unités Bovis. Nul doute que les bâtisseurs égyptiens savaient aussi reconnaître et utiliser ces énergies !

Le biomètre de Bovis

Deux chercheurs, Somoneton et Bovis, ont mis au point un tableau servant à mesurer l'énergie de la cellule. Il est divisé en deux zones, de 0 à 6 500 et de 6 500 à 10 000, en sachant que 6 500 représente le taux vibratoire moyen de l'être humain et qu'à 1 000 unités Bovis on enregistre la mort physique.

Une connaissance millénaire

Les Chinois, qui interdisaient, au travers des manuels de feng shui, de bâtir les maisons sur les « veines du dragon » (les cours d'eau souterrains), se référaient aux mêmes connaissances que les géobiologues aujourd'hui

Alors que l'ère industrielle et la multiplication des technologies nous faisaient perdre ces connaissances millénaires, des scientifiques s'intéressaient aux ondes cosmotelluriques.

En 1880, la découverte de la piézo-électricité par Pierre et Marie Curie permet de créer un détecteur sensible aux ondes cosmiques. En 1947, le Dr Peyré se passionne pour les ondes issues de la terre et affirme que le globe est quadrillé dans le sens nord-sud et dans le sens est-ouest de rayons nocifs pour l'homme, au niveau des croisements. Les Drs Hartman puis Curry prennent ensuite la relève en déterminant des quadrillages plus précis, au centre desquels il n'y a aucun risque pour la santé mais dont les lignes sont sources d'ondes négatives et les croisements considérés comme des zones pathogènes. Ce sont entre autres les positions de ces réseaux que déterminent les géobiologues lorsqu'ils interviennent pour harmoniser une maison déjà construite ou pour déterminer un emplacement idéal sur un terrain.

Le lit, les fauteuils, le bureau… devront être installés entre les lignes des réseaux Hartman et Curry mais jamais au-dessus et encore moins à leur croisement, surtout si celui-ci est également chevauché par un cours d'eau souterrain. À l'intersection de ces réseaux, dits points pathogènes, les armoires (sans glace), la bibliothèque, une commode… trouveront leur place, sans nuire aux occupants.

Peu à peu, les scientifiques contemporains comprennent que nous sommes au centre d'un système d'ondes, avec d'un côté un énorme atome en fusion (la terre) et de l'autre le cosmos. C'est l'équilibre de ces forces qui détermine le bien-être ou le mal-être de l'individu dans un lieu donné. La qualité de l'habitat dépendra donc largement de ses capacités à laisser passer les rayonnements naturels sans les entraver, de la même façon qu'il doit protéger ses occupants sans les couper de l'extérieur, d'où l'intérêt d'une maison qui « respire » ou « perspire ». Ces termes employés par certains architectes spécialisés dans les constructions bioclimatiques et naturelles signifient simplement que la maison intervient comme une troisième peau (si l'on considère que la seconde est constituée par les vêtements). Elle facilite l'échange d'air entre l'intérieur et l'extérieur, elle est perméable à la vapeur d'eau tout en étant étanche et elle laisse passer les rayonnements naturels.

Longtemps parallèles, les deux plus anciennes sciences du monde, la médecine et l'architecture, se rejoignent enfin pour convenir que la santé dépend largement du cadre de vie et qu'en la matière mieux vaut anticiper et choisir un terrain, une maison, une orientation, un type de construction, des matériaux qui créent un environnement bénéfique pour l'homme.

Un minimum d'observation

Comment croire que ces ondes que l'on ne voit pas et que la majorité d'entre nous ne ressentent pas influent sur notre quotidien au point, parfois, de mettre à mal notre santé ? Pour comprendre et être convaincu, il suffit de regarder la nature et d'observer le comportement des animaux. Les jardiniers ont tous un jour été confrontés à un problème insoluble d'arbres ou d'arbustes qui, planté à un emplacement précis, dépérissent systématiquement les uns après les autres, poussent pratiquement couchés ou présentent quelques protubérances inesthétiques. D'autres auront remarqué un coin de jardin où le persil ne pousse jamais… Tous ces végétaux se trouvent simplement sur un point pathogène (croisement de réseaux avec un court d'eau ou faille) qui les perturbe. Les yuccas mais aussi les orties apprécient par contre ces lieux !

Ceux qui possèdent des animaux (chien ou chat) savent que ceux-ci ont leur coin de prédilection pour dormir. Les chiens détectent les zones génératrices d'ondes négatives. Si le canapé où il avait l'habitude de s'installer dans l'appartement précédent se trouve sur un point pathogène (appelé aussi « nœuds ») dans votre toute nouvelle maison, il viendra vous faire une brève visite mais ne s'installera pas à vos côtés.

Les chats, au contraire, adorent les points géopathogènes, de même que les fourmis, qui y installent leur fourmilière.

Comment faire lorsqu'on ne possède pas de pendule pour détecter l'emplacement des nœuds dans une maison ? Un transistor allumé ou une boussole feront l'affaire. Il suffit de se promener dans les pièces en marchant du nord vers le sud pour que le transistor grésille ou que l'aiguille de la boussole s'agite à chaque fois que l'on passe sur un nœud. Si ces ondes perturbent aussi facilement notre technologie, il y a fort à parier qu'elles agissent de la même façon avec nos cellules…

Une question de bon sens

Faire appel à un architecte géobiologue revient sans aucun doute à mettre toutes les chances de son côté pour optimaliser la construction ou la restauration d'une maison. Mais chacun est en mesure de « dégrossir » le travail en s'informant simplement sur le passé des terrains ou des maisons repérés auprès des voisins ou mieux encore des anciens occupants et en observant l'environnement immédiat. Certains emplacements sont à fuir absolument.

- Les anciens marécages asséchés, les décharges municipales reconverties en terrains à bâtir (cela existe !), les terrains situés sur un réseau d'égouts, sur une ligne de métro, sur une ancienne champignonnière, sur une nappe phréatique, sur une grotte, sur une mine ou encore sur un ancien puits que l'on a bouché… sont synonymes de problèmes.
- Mieux vaut éviter également la proximité d'un étang aux eaux stagnantes. Outre l'humidité ambiante, des infiltrations et des passages d'eau souterrains ne sont pas exclus. Même à faible débit, le frottement des molécules d'eau entre elles crée une différence de potentiel néfaste pour l'homme.
- La géologie du sous-sol est aussi importante. Une étude devant être faite avant chaque construction, profitez-en pour vérifier que deux terrains de natures différentes (par exemple sable et argile) ne se chevauchent pas. Cette configuration génère des ions positifs néfastes à l'homme. Les terrains dans lesquels se trouve un gisement de minerai radioactif sont également à fuir.
- Si les anciens occupants de la maison convoitée sont en parfaite santé au moment de leur départ, le milieu est à coup sûr parfaitement sain, mais si la famille au complet est visiblement mal en point, perturbée, en conflit… méfiance !

Les professionnels de l'immobilier, qui voient régulièrement revenir à la vente certaines maisons, s'intéressent au feng shui et à la géobiologie pour tenter de comprendre les raisons qui poussent les propriétaires successifs à quitter rapidement les lieux, dans les deux ou trois ans qui suivent leur installation. La question est d'autant plus importante que la vente du bien va souvent de pair avec un divorce ou d'autres problèmes tout aussi récurrents. De là à penser que l'emplacement ou l'orientation de la maison ont quelques responsabilités dans l'affaire… il n'y a qu'un pas !

Fondations, sols
et planchers

© PBM

Certes un peu onéreux à l'achat mais un plancher en chêne français brut demeure un produit d'exception tant au niveau de sa beauté que de sa pérennité.

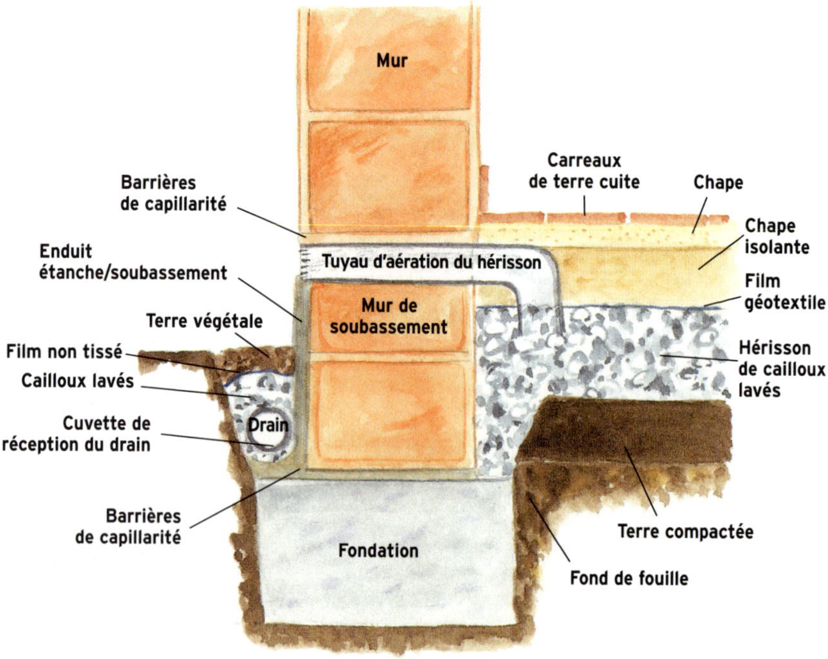

d'après *L'isolation écologique* de Jean-Pierre Oliva. Ed Terre Vivante

Isolation sur terre-plein

Garantes de la stabilité du bâtiment, les fondations sont conditionnées par la nature du sol et du sous-sol ainsi que par le poids de la construction. Depuis un peu plus de cinq décennies, elles sont généralement en béton, armé ou non. Mais cette technique ne présente aucun caractère obligatoire. Les bâtisseurs des siècles passés ne connaissaient pas le béton de ciment et pourtant leurs constructions font preuve d'une grande résistance au temps et aux intempéries, souvent mieux que les immeubles de béton et de parpaings ! L'alternative proposée se nomme « béton cyclopéen ». Sans ciment, il est composé de chaux naturelle, de graviers, de pierres et d'eau.

Pour éviter les infiltrations d'eau, il est indispensable de positionner la maison (et les fondations) loin des sources (ce que faisaient nos anciens) et de prévoir une pente suffisante au terrain pour faciliter les écoulements. Dernier critère à prendre en compte, le climat, et notamment les risques de gel, sera déterminant pour calculer la profondeur des fondations : 0,60 m pour une température descendant jusqu'à - 4 °C, 0,80 m lorsque le thermomètre s'affiche régulièrement entre - 5 et - 10 °C, 1 m pour les températures plus basses.

Sols et planchers du rez-de-chaussée

Autrefois, la dalle du plancher bas était coulée directement sur le fond des fouilles, soit après un simple compactage, soit sur un remblai de cailloux et de graviers « tout venant ». La terre conservant une température quasi constante toute l'année (environ 12 °C), elle diffusait sa fraîcheur en été et ses calories en hiver, agissant comme un régulateur de température d'autant mieux qu'elle n'est qu'un médiocre conducteur de chaleur.

Lorsque la maison était construite sur un terrain sain et sec, ce type de dalle était et reste toujours la solution la moins onéreuse, surtout en cas de rénovation d'un bâtiment où l'isolation n'est pas toujours justifiée et impliquerait une surélévation du niveau des sols, parfois incompatible avec la hauteur sous plafond. Dans une construction neuve, si l'on n'envisage pas de plancher chauffant et que l'on souhaite profiter au maximum de l'inertie des murs et des sols, cette solution peut être retenue.

Si l'on envisage un plancher chauffant, l'isolation est obligatoire. © Construire en chanvre

Planchers sur terre-plein avec isolation sous dalle

L'isolation sous dalle est aisée à mettre en œuvre dans une construction neuve et peut également s'accommoder d'une rénovation lourde. Elle est indispensable lorsqu'on prévoit l'installation d'un plancher chauffant par le sol (plancher solaire direct, géothermie basse température) ou lorsqu'on veut stocker les calories dans une verrière bioclimatique.

Le principe de base reste identique. Sur un fond de fouilles préalablement compacté, un hérisson fait de cailloux lavés et ventilé en périphérie (environ tous les 4 m) évite que la couche isolante soit en contact d'humidité par remontées capillaires.

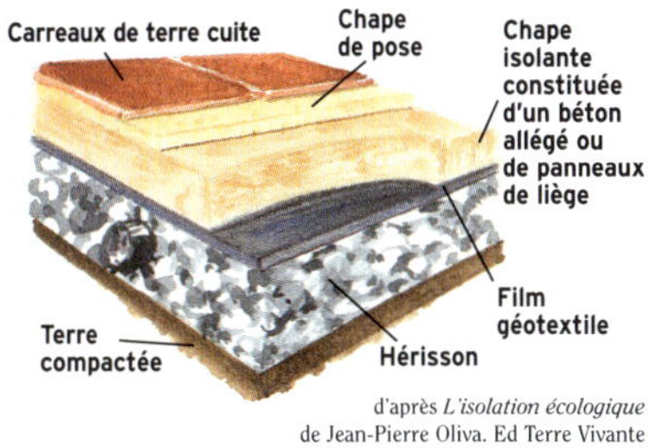

d'après *L'isolation écologique* de Jean-Pierre Oliva. Ed Terre Vivante

Plancher sur terre-plein, isolation sous dalle.

Elle est constituée d'un matériau isolant, obligatoirement incompressible qui peut être une chape de béton allégé (chaux et chanvre, liège expansé en vrac, perlite ou granules de bois) ou des panneaux de liège expansé ou encore des billes d'argile expansée. Ces matériaux qui « respirent » limitent les fuites de chaleur par le sol, mais ce plancher conserve un volant thermique appréciable et assure toujours son rôle de régulateur hygrométrique.

Planchers sur terre-plein avec isolation sur dalle

Cette technique peut être employée pour les chantiers en neuf, mais elle convient surtout pour la restauration. La couche d'isolant se situe soit directement sur la dalle (construction neuve), soit sur le sol existant (parquet bois, carrelage…). L'isolation sera fonction des possibilités de surélévation (cette technique s'adapte bien en restauration où il est impératif de conserver une hauteur minimale sous plafond).

- Si l'épaisseur de l'isolation doit être réduite au minimum, elle sera réalisée directement sur le sol existant avec, par exemple, des panneaux de laine de bois sur lesquels pourra être posé le revêtement final (linoléum ou autre…).
- Si l'on dispose d'un espace suffisant, une isolation sur lambourdes de 4 x 6 cm ou de 6 x 8 cm pourra être envisagée. Elle sera posée directement sur la dalle, sur un panneau de laine de bois bitumée ou éventuellement sur une couche de ragréage. Un isolant en vrac (chanvre, liège expansé, perlite, granules de bois stabilisés, laine de cellulose ou de mouton…) assurera l'isolation entre les lambourdes. Un parquet ou des panneaux d'aggloméré sur lequel est posé un carrelage constituent ensuite le sol ou le support de finition.
- Enfin, les panneaux de sol (destinés à être carrelés ou à recevoir un linoléum) peuvent être posés sur une chape sèche de 6 à 10 cm d'épaisseur, formée de granulés autobloquants (perlite, chènevotte…).

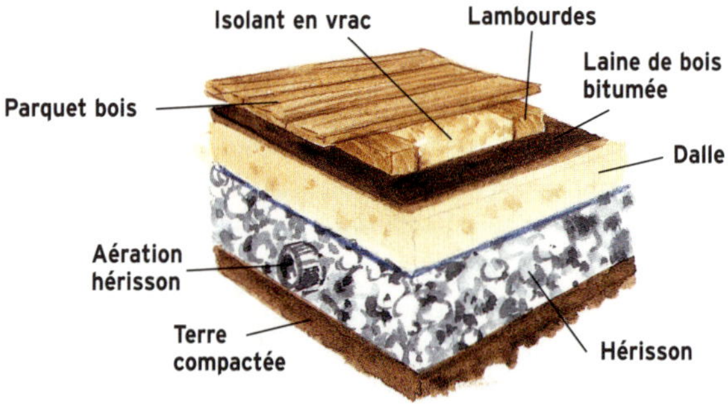

d'après *L'isolation écologique* de Jean-Pierre Oliva. Ed Terre Vivante

Plancher sur terre-plein, isolation sur dalle.

Planchers sur vide sanitaire ou locaux non chauffés

Plusieurs raisons peuvent conduire à faire le choix d'une construction sur vide sanitaire ou sur un sous-sol utilisable en cave ou en zone de rangement sans chauffage. Dans les régions riches en granit, où la concentration de radon est élevée, un vide sanitaire ventilé permet d'éliminer ce gaz avant qu'il ne pénètre dans l'habitation. Il sera toutefois indispensable de veiller à réaliser une bonne étanchéification et une excellente isolation du plancher. Si le terrain est en pente, il peut être intéressant d'aménager un sous-sol en cave ou de le conserver en zone de rangement. Cette zone de transition sera une source de déperdition importante si elle n'est pas isolée du reste du bâtiment.

Plusieurs points critiques sont à prendre en compte. La plupart des déperditions se faisant par la partie des fondations située juste au-dessus du niveau du sol, le plus simple consiste à isoler extérieurement cette zone périphérique, dans le cas d'un sous-sol.

Mais cette solution ne peut pas être retenue pour un vide sanitaire, dont l'intérêt est de créer une circulation d'air avec l'extérieur. Les soubassements peuvent être isolés avec un béton allégé (argile expansée ou vermiculite) et une étanchéité ou avec du verre cellulaire. Le plancher séparant le vide sanitaire ou le sous-sol du reste de la maison doit, lui aussi, être parfaitement isolé.

En dehors des planchers en béton avec treillis soudés utilisés dans les constructions contemporaines, deux techniques plus écologiques peuvent être retenues : les planchers isolants avec des hourdis de terre cuite et les structures bois.

- Les planchers isolants en maçonnerie sont essentiellement utilisés dans le cadre d'une construction neuve, sur un sous-sol non chauffé ou un vide sanitaire. Des hourdis de terre cuite sont disposés entre les poutrelles de béton armé. Les entrevous de terre cuite (6 cm d'épaisseur) supportent un isolant qui peut être du liège expansé ou un béton allégé.

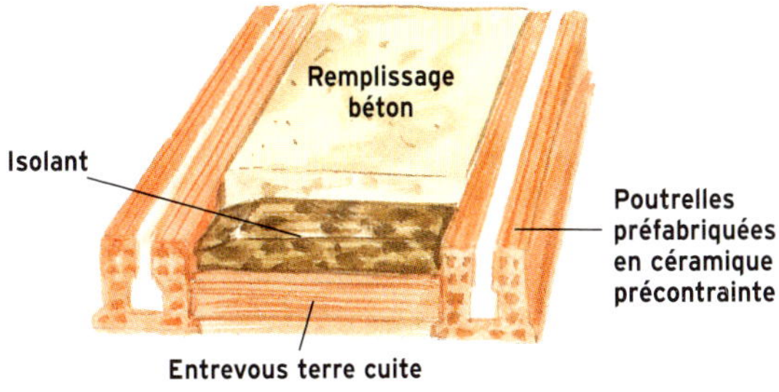

d'après *L'isolation écologique* de Jean-Pierre Oliva. Ed Terre Vivante

Plancher isolant maçonné.

• Les planchers isolants sur structure bois conviennent bien aux constructions neuves mais peuvent également s'adapter aux lourdes rénovations. L'isolation se fait entre les solives. Elle consiste soit à déverser un isolant en vrac (chènevotte de chanvre, cellulose, laine de mouton…) sur toute la hauteur de celle-ci, soit à couler un béton allégé (chanvre, granules de bois…) dans les caissons. Le plafond est le plus souvent fait de plaques de plâtre. Le sol peut naturellement être un parquet mais aussi un linoléum ou du carrelage posé sur panneaux de particules. Ce plancher est parfaitement écologique à condition de n'employer que des bois non traités et de vérifier les produits utilisés (notamment la colle) pour les panneaux agglomérés.

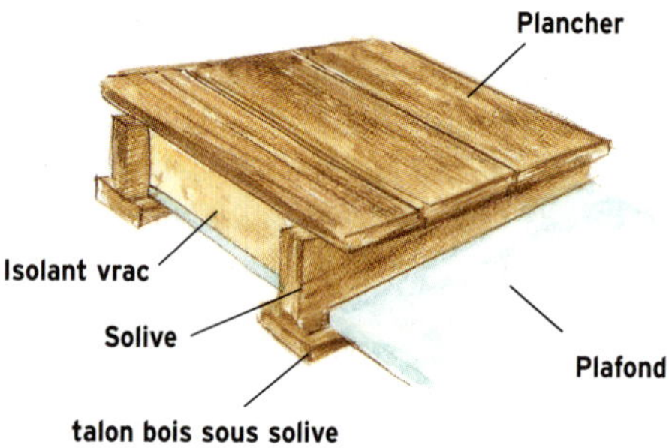

d'après *L'isolation écologique* de Jean-Pierre Oliva. Ed Terre Vivante

Plancher isolant, bois.

Planchers d'étage

L'idéal pour une maison saine est évidemment un plancher constitué à partir d'une structure bois. Si celui-ci se trouve, comme c'est souvent le cas, entre deux niveaux chauffés, la difficulté ne viendra pas de l'isolation thermique mais du bruit quasi inévitable. Cependant, une bonne isolation atténue largement les inconvénients pour ne laisser aux propriétaires que l'agrément d'un beau plancher et d'une atmosphère saine dans toute la maison.

Deux types de bruits sont susceptibles de créer des nuisances : les bruits d'impact et les bruits aériens. L'un et l'autre ne se diffusent pas et ne se combattent pas de la même façon.

- Les bruits d'impact sont engendrés par un objet qui tombe sur le sol, ou par le pied que l'on pose un peu lourdement sur le plancher… et se transmettent par vibrations des matériaux avec lesquels ils entrent en contact. Pour les arrêter, il suffit de désolidariser le plancher et le plafond. Le plancher reposera donc sur un lambourdage posé flottant (non cloué) sur des panneaux de laine de bois. On prendra soin, également, de désolidariser par un feutre les cloisons et le parquet.
- Les bruits aériens (pas seulement les avions mais aussi la voix, les voitures…) se propagent dans l'air mais ils sont ralentis par une succession de matériaux de densités différentes (la fameuse loi masse-ressort-masse). Reprenant la disposition précédente, il suffit d'ajouter, entre les lambourdes, un lit de sable.

Cette isolation phonique (intervenant au-dessus des solives) peut être renforcée par une isolation thermique (béton allégé ou isolant déversé en vrac entre les solives).

Le plafond est constitué de plaques de plâtre ou, si l'on souhaite un décor plus sophistiqué, d'entrevous de terre cuite.

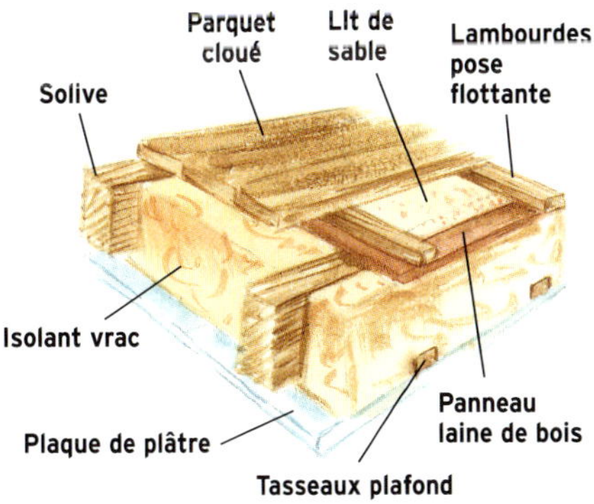

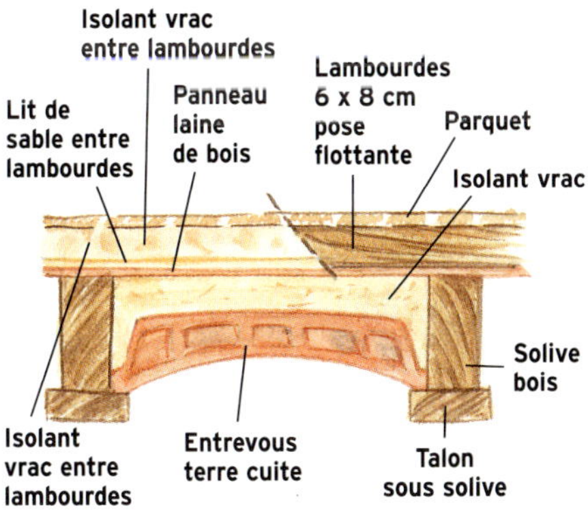

d'après *L'isolation écologique* de Jean-Pierre Oliva. Ed Terre Vivante

Plancher isolation phonique et thermique.

Plancher phonique, plafond terre cuite.

Chaux et sables

© D'Ocres décoration

Un temps abandonnée au profit du ciment, la chaux revient en force du fait de ses incomparables qualités.

La beauté d'un enduit comme la résistance d'un béton de chaux dépendent de plusieurs éléments mais entre autre du type de chaux et des agrégats utilisés, l'un jouant le rôle de colle, l'autre celui d'armature. Réussir un mortier ou un bel enduit implique de choisir les bons matériaux et de réaliser les bons dosages. Bien que la chaux et le sable soient employés depuis les temps les plus reculés, la majorité des artisans avaient oublié qu'ils étaient, ensemble, aussi performants dans le bâtiment. Mise à l'index par l'invasion du ciment sur le marché, la chaux est revenue progressivement chez les négociants. Sous l'impulsion de quelques passionnés, les particuliers, les architectes et les artisans redécouvrent enfin que l'association de ces deux éléments, complètement naturels, permet de réaliser des constructions qui ont traversé les siècles et des enduits dont on ne cesse de vanter la beauté.

La chaux

Pour maçonner, enduire, jointoyer, décorer

La chaux est un produit entièrement naturel, issu de la cuisson d'une roche calcaire. Selon le gisement et sa teneur en silice, on obtient, après extinction, des chaux aériennes ou des chaux hydrauliques. Les premières sont issues de calcaires quasiment purs, contenant 2 % à 4 % maximum de silice. Elles carbonatent au contact de l'air et de fait conviennent pour les enduits de surface et les badigeons. Les secondes

Naturelle, la chaux laisse respirer les vieux murs de pierres. @ Jean Save

provient d'un calcaire ne titrant pas plus de 92 %. Elles durcissent au contact de l'eau par cristallisation des silicates, puis à l'air par carbonation de la partie calcique. Elles sont utilisées en maçonnerie (montage des murs, jointoiements, injections, chapes…).

Fabrication

Aérienne ou hydraulique, le procédé de fabrication est identique. Extraite de carrières à ciel ouvert ou souterraines, la roche calcaire est concassée et criblée avant d'être acheminée vers des fours verticaux où elle est introduite en alternance avec le combustible (du charbon). Déshydratée pendant la période de préchauffage, la roche monte en température au fur et à mesure qu'elle descend dans les fours, qui fonctionnent en continu, pour atteindre entre 900 et 1 200 °C selon la qualité de chaux souhaitée. Récupérées en bas, après cuisson, les pierres de chaux vives sont hydratées. Le produit en extinction est stocké pendant 24 à 48 heures dans des silos de maturation avant d'être sélectionné : les pierres fines sont séparées des blocs qui sont concassés de façon à obtenir une granulométrie homogène. Mise en silos de stockage, la chaux est ensuite commercialisée en vrac ou en sacs, naturelle ou adjuventée, en fonction de l'utilisation à laquelle elle est destinée.

À Saint-Astier, on bénéficie de l'expérience de générations de chaufourniers. @ MVF

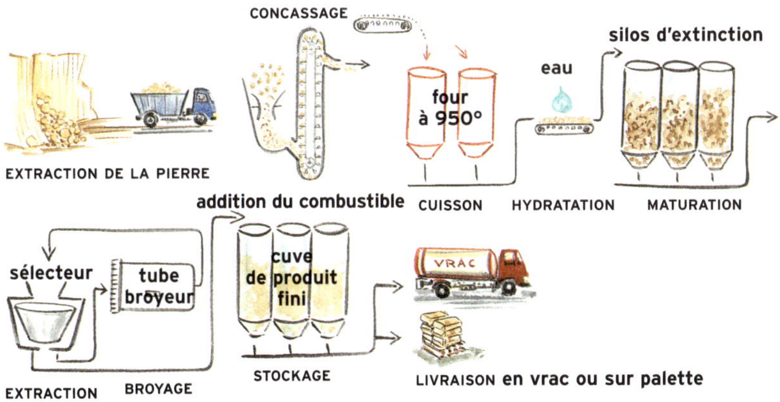

Fabrication des chaux naturelles. Source CESA Saint-Astier

Que disent les normes ?

Depuis janvier 1996, les chaux hydrauliques naturelles et aériennes éteintes se définissent selon la norme AFNOR : NF P 15-311.

Quel que soit le fabricant, deux appellations définissent la chaux hydraulique naturelle : NHL (pour *Naturel Hydraulic Lime*) garantit une chaux hydraulique naturelle pure, une résistance à 100 bars et une constance des qualités (plasticité, rendement, souplesse, respiration…) ; dans la seconde appellation, NHL Z, la lettre Z indique que des matériaux pouzzolaniques ou hydrauliques (jusqu'à 20 %) ont été ajoutés à la chaux.

Ces deux produits sont ensuite classés selon leur résistance à 28 jours NHL 5 (pour une résistance à 5 bars), NHL 3 ou NHL 2. Idem pour les NHL Z.

Un produit millénaire

La chaux est, avec le gypse, l'un des matériaux les plus anciens et les plus universellement utilisés dans la construction. Les Égyptiens l'employaient, alliée ou non avec du plâtre, pour monter les pyramides. On la retrouve également dans les civilisations mésopotamiennes, phéniciennes, chez les Incas et chez les Mayas.

Lorsque, à la demande du roi, Fourcroy de Ramecourt répertorie, en 1766, les fours à chaux susceptibles de fournir un produit apte à la construction, il en dénombre environ 600 répartis sur quasiment l'ensemble de l'Hexagone.

Avant d'être un cimentier, Lafarge était un chaufournier. L'histoire commence en Ardèche avec Léon Pavin de Lafarge qui y construit ses trois premiers fours. L'entreprise ne s'intéressera au ciment que beaucoup plus tard, en 1887.

Avec la découverte du ciment, la chaux perd de sa prédominance dans le bâtiment. Les fours disparaissent les uns après les autres, les artisans perdent le précieux savoir-faire acquis depuis des générations, jusqu'à ce que l'on redécouvre, dans les années 1980, ses incomparables vertus.

Avantages

Ils sont multiples mais le plus important est sans doute sa perméabilité à la vapeur d'eau qui évite les condensations, contribuant ainsi au confort intérieur de l'habitation.

Imperméable au ruissellement, elle protège le gros œuvre des intempéries d'autant que son élasticité et sa souplesse lui permettent de s'adapter à tous les supports et limitent les risques de fissures. Contrairement à d'autres revêtements, elle vieillit bien et sa patine donne un cachet incomparable aux façades.

Associée à d'autres matériaux (chanvre ou lin), elle favorise une isolation aussi bien thermique que phonique, tout en assainissant les supports grâce à ses vertus bactéricides.

Les sables

La qualité du sable joue un rôle primordial dans la réussite d'un enduit.
© CESA Saint-Astier

Que l'on parle de sables ou d'agrégats, les termes désignent des matériaux issus de la désagrégation de roches calcaires (sables calcaires), de roches volcaniques, granitiques ou de grès (sables siliceux), d'un mélange des deux (sables silico-calcaires) ou de matières minérales comme les pouzzolanes, les argiles… Les sables peuvent être extraits des lits des rivières et des fleuves (naturels) ou provenir de carrières et être obtenus par broyage et concassage (artificiels).

- Polis par le courant au fil des siècles, les sables de rivière sont de meilleure qualité. De forme ronde et régulière, les grains de tailles différentes s'imbriquent parfaitement les uns dans les autres. Laissant peu de vide lorsqu'ils sont liés avec de la chaux, ils nécessitent moins d'eau au gâchage.
- Broyés et concassés par des machines, les sables de carrière présentent des formes irrégulières et anguleuses qui contrarient le serrage des grains et engendrent des vides d'air. L'enduit est moins onctueux et les risques de fissures sont plus importants.
- Il existe également quelques carrières de sables sédimentaires (donc identiques aux sables de rivière et naturels).
- Les sables marins sont à bannir. Même lavés, ils conservent plus ou moins de sel qui occasionne des efflorescences sur les murs exposés à l'humidité.
- Les argiles améliorent la plasticité des enduits en leur conférant souplesse et onctuosité.
- Les pouzzolanes, intégrées au mortier de chaux, donnent une meilleure hydraulicité au mélange ; elles augmentent la résistance mécanique et l'imperméabilité. Elles sont utilisées dans les enduits des murs exposés à l'humidité et aux intempéries ou encore pour réaliser des mortiers romains.

Choisir un bon sable

L'appellation « sable » des produits commercialisés aujourd'hui est réservée à des matériaux dont la taille varie de 0,08 mm à 5 mm. Dans le bâti ancien, il était fréquent d'utiliser des sables allant jusqu'à 10 mm. Au-dessous de 0,08 mm, les particules se nomment « fines ». Elles sont présentes, en plus ou moins grande quantité, dans les sables non lavés. Elles augmentent la résistance de l'enduit chaux et facilitent sa mise en œuvre, mais leur dosage doit être soigneusement étudié : trop crée des désordres, trop peu aussi !

Il est relativement aisé de sélectionner un bon sable. Celui-ci doit crisser dans les mains et s'écouler facilement, ne pas rester aggloméré ou laisser de dépôts sur les doigts même après serrage, être propre et ne jamais contenir plus de 5 % d'impuretés, ne pas être trop humide. Les matières organiques retardent la prise du mortier, elles peuvent provoquer des phénomènes de faïençage ou des moisissures. Le choix du sable est d'autant plus important qu'il entre pour environ 80 % de la masse d'un mortier d'enduit.

Les murs

© MVF

Désormais, trop onéreuse à mettre en œuvre en construction neuve, la pierre est détrônée par la brique monomur, le bois et les murs de remplissage dans le cadre de bâtisses saines avec des matériaux naturels.

Les murs peuvent être porteurs ou de remplissage. Les murs porteurs soutiennent le poids de la charpente et de la toiture (pierres, briques Monomur, bois massif...). Les murs de remplissage (paille, bois et isolant, banchage...) n'ont pas d'autre fonction que celle de protéger les habitants des agressions extérieures, le reste étant assuré par une ossature porteuse qui peut être en bois ou en métal. Nous ne parlerons pas de ce dernier matériau qui se déforme et dont les structures s'écroulent comme des châteaux de cartes en cas d'incendie (World Trade Center ou collège Édouard-Pailleron à Paris).

Les murs d'une habitation à ossature porteuse sont constitués d'un isolant coincé entre des panneaux sandwichs ou en utilisant la technique du banchage.

Après la toiture, les murs sont les parois qui offrent le plus de contacts avec l'extérieur et engendrent le plus d'échanges thermiques. Dans le Sud, les murs qui présentent une forte inertie seront privilégiés pour conserver la fraîcheur de la nuit pendant la journée. L'habitat de type troglodyte que l'on rencontre dans la région des Baux-de-Provence ou en Tunisie à Matmata en est un parfait exemple.

Les épais murs de pierres des maisons d'autrefois avaient également une inertie importante mais l'on peut obtenir le même résultat en banchage à condition de bien tasser le matériau de remplissage. Par contre, les propriétés isolantes du banchage sont moindres.

L'inertie joue un rôle capital dans l'architecture bioclimatique en atténuant les variations de température entre l'heure la plus chaude du jour et l'heure la plus froide de la nuit. En dehors des murs de pierres où elle est importante (du fait de leur épaisseur), les murs à isolation répartie (Monomur en briques, en blocs allégés, en bois massif ; murs à ossature bois banchés terre-fibre et chaux-chanvre ou en remplissage paille) possèdent cette capacité de stockage thermique.

La pierre

Les épais murs de pierres des constructions d'autrefois sont réputés pour leur inertie mais en dehors de cette qualité et de son cachet, la pierre n'est pas répertoriée parmi les meilleurs matériaux de construction. Elle offre de bien piètres qualités d'isolation, son emploi est très onéreux et la teneur en radon de certaines roches (notamment le granit mais aussi les schistes) peut être importante et nocive pour les habitants.

Les beaux murs de pierres ne manquent pourtant pas de charme et certains n'y résistent pas. Il faut cependant savoir que la mode des pierres apparentes est propre à notre époque. Laisser les pierres visibles, en extérieur, était autrefois un signe de pauvreté... Les anciens savaient qu'un mur recouvert d'un enduit à la chaux est autrement plus étanche qu'un mur simplement jointoyé ! À l'intérieur des bâtiments,

Apprendre à utiliser la pierre peut être utile dans le cadre d'une restauration comme ici lors d'un stage organisé par l'association Tiez Breiz. © Tiez Breiz

outre les remontées d'humidité liées à l'absence de fondations, la pierre engendre souvent une sensation de froid due au matériau lui-même qui réfléchit sa faible température. Sur un mur d'une épaisseur de 50 cm, voire plus, il n'est pas nécessaire d'ajouter un isolant (qui annulerait l'inertie naturelle de ce type de construction) mais un enduit de chaux seule, ou mélangée avec du chanvre, ou bien un enduit terre supprimera cet inconfort. Dans tous les cas, mieux vaut savoir que la pierre ne fait pas bon ménage avec le ciment, qui enferme l'humidité dans les murs et empêche la pierre de respirer… Tous les travaux de rénovation et les enduits seront donc impérativement effectués avec les matériaux utilisés autrefois, la chaux ou la terre.

Naturelle et chaleureuse, la brique constitue un habitat sain. © MVF

La terre cuite

Naturelle, inaltérable, la terre cuite résiste au temps. On la trouve déjà dans l'Antiquité et elle fait la beauté de certaines villes comme Albi dans le Tarn ou Bruges en Belgique. Contrairement à la France où elle n'était employée que dans les régions argileuses, les pays du Nord et de l'Est, plus froids, y avaient volontiers recours pour le confort thermique qu'elle procurait. Leurs murs pouvaient atteindre 50 cm, voire 60 cm d'épaisseur.

Dans la brique « S » l'isolant incorporé peut être du liège expansé.

Matériau minéral et non organique, la terre cuite ne contient pas d'éléments nutritifs favorisant le développement des moisissures. C'est un matériau facile à mettre en œuvre qui produit peut de poussière si l'on prend soin de se procurer un matériel adapté pour sa découpe ou de l'humidifier au préalable.

Les briques de terre cuite se déclinent en une multitude de variantes, de tailles, de formes, d'épaisseurs, de conceptions (pleines, alvéolés, ou encore en « S » avec la possibilité d'incorporer un isolant…).

La brique Monomur

Pour bâtir des murs porteurs naturellement isolés

Remplaçant progressivement depuis deux décennies les briques classiques alvéolées horizontalement, la brique Monomur est à la fois plus résistante que les précédentes du fait de ses alvéoles verticales de petites dimensions et autosuffisante thermiquement à condition d'inclure un dispositif de rupture de pont thermique dans les joints horizontaux. Le principe est simple : il repose sur une disposition en quinconce d'alvéoles remplies d'air qui assurent l'isolation, l'air étant le plus performant et le plus naturel de tous les isolants.

À partir de dix-neuf rangées d'alvéoles (mais on peut aller jusqu'à vingt-neuf) et d'une épaisseur variant de 37 à 42 cm, la brique Monomur assure à la fois la construction des murs porteurs et l'isolation. Elle ne nécessite qu'un enduit à l'extérieur et à l'intérieur.

Avec un minimum de formation (souvent assurée par les fabricants) elle peut être mise en œuvre par les particuliers eux-mêmes ou par les entreprises de maçonneries conventionnelles, d'autant plus que les fabricants ont prévu des briques spécifiques, adaptées pour les linteaux, les angles, les chainages verticaux et horizontaux.

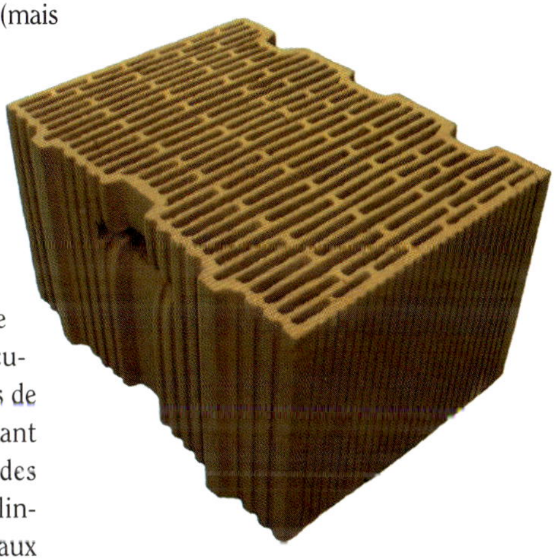

La brique monomur assure à elle seule le confort thermique de la maison, sans qu'il y ait besoin d'ajouter un isolant supplémentaire.
© Bouyer Leroux

Une démarche Qualité Santé

Sous la houlette de Briques de France, les fabricants de Monomur ont été les premiers à entreprendre une Analyse Qualité Santé et à obtenir du CESAT (Comité Environnement et Santé de l'avis technique) l'intégration des caractéristiques environnementales et sanitaires dans les avis techniques définissant l'aptitude à l'emploi d'un produit innovant.

Avantages

Ponts thermiques

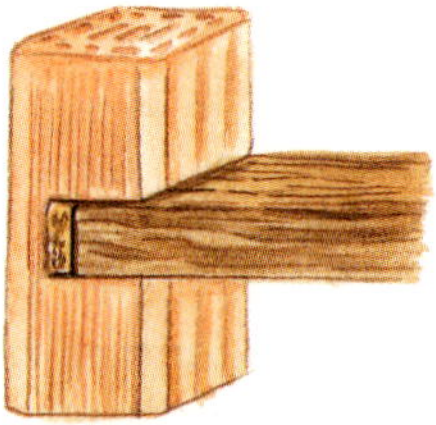

Monomur terre cuite

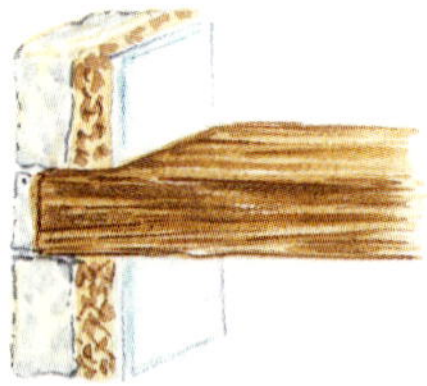

Maçonnerie isolée par l'intérieur, déperdition six fois supérieure

Ses multiples et petites alvéoles verticales optimisent au maximum le pouvoir isolant de l'air, d'où une performance thermique d'autant plus importante que l'épaisseur de la brique permet d'éliminer les ponts thermiques aux liaisons mur-plancher, mur-refend, etc. Ces qualités évitent la condensation que l'on trouve habituellement sur les « points froids » des murs isolés par l'intérieur.

La brique Monomur est un excellent régulateur thermique du fait de son inertie, elle accumule la chaleur du soleil le jour pour la restituer dans l'habitation la nuit. Elle aide à réguler la puissance de chauffage sans à-coups, diminuant ainsi la consommation énergétique. Les études réalisées sur une maison de 100 m² montrent une économie moyenne de 10 % (qui peut varier en fonction de l'orientation de la maison, du climat et de l'ensoleillement).

En été, grâce à son inertie, le Monomur apporte une bioclimatisation naturelle. L'intérieur est plus frais d'environ 4 °C par rapport à une construction basique.

Variation du flux thermique intérieur.
Source Briques de France

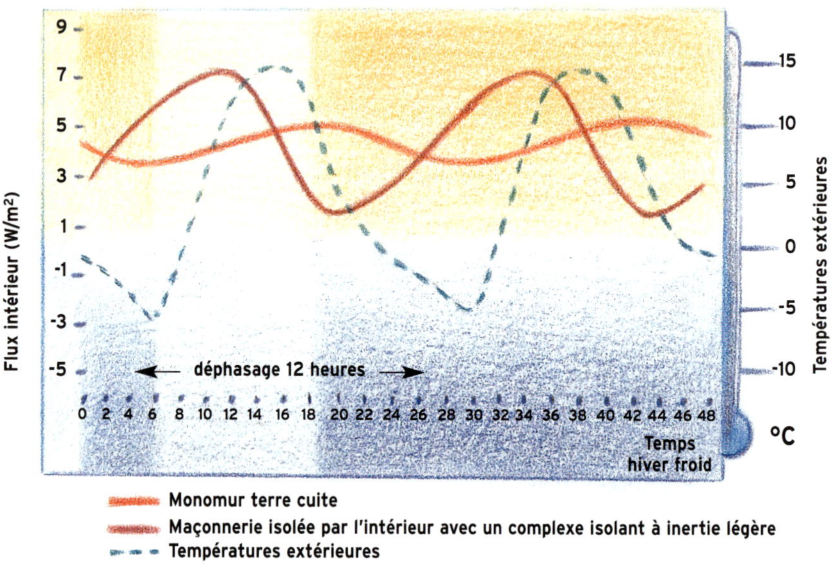

Véritable barrière hygrométrique, le Monomur absorbe très peu l'humidité contenue dans l'air. En hiver, il accumule cinq fois moins d'eau qu'un mur de parpaings isolé par l'intérieur. Les risques de condensation sont beaucoup plus faibles du fait de la répartition de la température dans son épaisseur.

Ce matériau minéral et non organique ne contient pas d'éléments nutritifs, qui favorisent la croissance microbienne. L'Analyse Qualité Santé démontre qu'il ne renferme ni métaux lourds, ni fibres, ni radon, ni composés organiques volatils. Exempt de polluant, il respecte la santé des habitants.

L'entretien d'un Monomur se résume à une couche d'enduit extérieur et un revêtement intérieur. Il gardera son pouvoir isolant pendant toute sa durée de vie.

Impact environnemental

Pour sa fabrication, la brique Monomur nécessite principalement de l'argile, une ressource non renouvelable mais disponible en grande quantité. Les carrières à ciel ouvert modifient momentanément le paysage mais elles sont réaménagées au fur et à mesure de l'exploitation.

Son impact sur l'environnement est dû essentiellement à la production de CO_2 lors de la cuisson (à 1 000 °C pendant 8 heures) et à l'énergie dépensée pour son transport, d'où l'intérêt de choisir le fabricant le plus proche du lieu de construction.

Un calepinage préalable et une utilisation d'accessoires appropriés permettent d'éviter les transports superflus, de limiter les découpes et les déchets sur le chantier. À la fin des travaux ne restent plus que les emballages, qui peuvent être triés et recyclés. Les quelques chutes de briques sont classées comme déchets inertes. En fin de vie de la construction, après démolition, les briques peuvent être recyclées sous forme de poudreuse pour la confection de sols en terre battue ou en renfort de liants hydrauliques.

La terre crue

L'utilisation de la terre crue en pisé, en torchis, en adobe et en bauge remonte à la nuit des temps. C'est sans aucun doute le matériau le plus usité dans le monde, sur tous les continents et à toutes les époques. On estime que 30 % des habitations de la planète sont en terre crue. En France, environ 15 % des maisons rurales sont construites avec ce matériau, notamment en Normandie (maisons à colombages), en Picardie, dans le Gers, dans les Landes et dans la région toulousaine. Les constructions en terre crue sont parfaitement pérennes, à condition d'être toujours protégées des intempéries. Un large débord de la toiture et un enduit de terre ou de chaux suffisent à garantir leur longévité. Les murs de terre doivent également toujours être élevés à partir d'un soubassement maçonné (en pierres).

En Bretagne, la bauge était autrefois largement employée dans la construction. ici, l'artisan trique la terre pour la compacter et créer un sillon qui facilite la coupe de parement.
@ Globetroterre

La terre crue sert à fabriquer les murs extérieurs, les cloisons intérieures, le remplissage de colombages et les enduits... Le matériau admet plusieurs formes de mise en œuvre qui définissent son appellation.

- Les murs en pisé sont conçus par tassage entre des banches d'une terre extraite à proximité du chantier de construction. Elle ne doit être ni trop sableuse, ni trop argileuse, ni trop humide (juste ce qu'il faut pour être tassée aisément avec un pilon).
- Le torchis entrait fréquemment dans le remplissage des murs à pans de bois des maisons à colombages. La terre était alors mélangée à de la paille, du foin, des pierres, des morceaux de briques, des copeaux de bois... de façon que l'ensemble soit aussi léger que possible.
- La fabrication de briques de terre crue, l'adobe, induit l'utilisation d'une presse pour compresser la terre, qui peut être stabilisée en ajoutant un peu de chaux (3 à 5 %). Avant d'être maçonnées, les briques de terre crue sont mises à sécher, sous abri, pendant plusieurs mois.
- Mélange de terre argileuse et de paille (ou de toute autre fibre ligneuse), la bauge est mise en œuvre sous forme de levée de terre. Une découpe verticale permet d'obtenir ensuite un mur parfaitement d'aplomb.

Les murs de terre crue maintiennent la demeure fraîche en été et conservent la chaleur intérieure en hiver. Ils régulent l'humidité, assainissent l'air, assurent l'isolation phonique et thermique. En plus de fournir un habitat sain où l'on se sent naturellement bien, la terre crue autorise toutes les audaces architecturales et présente un des meilleurs

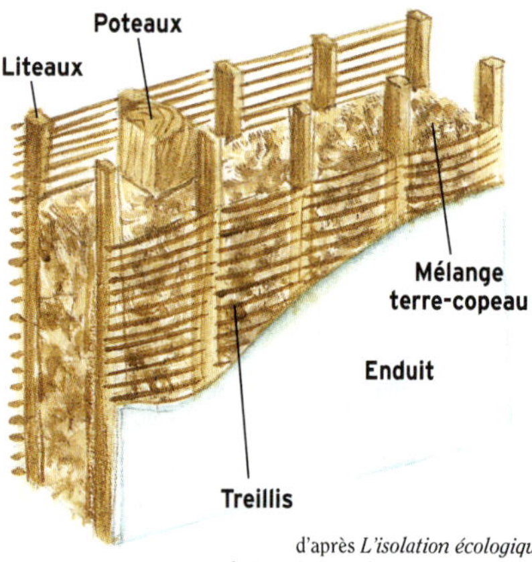

d'après *L'isolation écologique* de Jean-Pierre Oliva. Ed Terre Vivante

Treillis de roseaux maintenant un mélange terre-copeau dans un mur de remplissage.

Lorsqu'ils sont bien protégés des intempéries, les murs de briques de terre crue peuvent résister pendant des siècles aux affronts du temps. © CESA Saint-Astier

bilans écologiques. Elle ne dénature pas le sol. Il suffit de repositionner la terre végétale à l'endroit de son extraction. Elle ne nécessite aucune énergie pour sa mise en œuvre et très peu d'eau. Après son utilisation, qui peut perdurer pendant longtemps (des constructions de terre crue affiche allégrement douze siècles), elle retourne à la terre...

Le bois

Matériau de construction traditionnel, abondamment utilisé par le passé, le bois a vu ses parts de marché chuter au cours de la seconde moitié du XXe siècle au profit du béton, du métal et du PVC. La recherche de confort et de matériaux naturels, ajoutée à la nécessité de donner la préférence à des matières premières renouvelables et non productrices de CO_2, le propulse de nouveau sur le devant de la scène. Dans le cadre de la lutte contre l'effet de serre, la part du bois dans le marché de la construction devrait atteindre 12,5 % à l'horizon 2010, soit une progression de 2,5 %. À cela une raison : en fin de vie, le bois ne libère pas plus de CO_2 pendant sa combustion qu'il n'en a consommé durant sa croissance.

De plus, à la fois rigide et solide pour créer des ossatures porteuses, le bois est aussi suffisamment souple pour autoriser de multiples formes et favoriser la fantaisie architecturale.

Sous prétexte d'encourager son emploi, il ne faut pas, cependant, faire n'importe quoi ! Le bois est un matériau qui réagit fortement aux variations d'humidité ou à la chaleur excessive. On évitera donc l'excès de bois sous certains climats, notamment dans le midi de la France où le mistral et le soleil engendrent des retraits importants.

Naturel, le bois s'intègre parfaitement dans l'environnement. © MVF

De plus, le nouvel engouement pour le bois incite les industriels à employer des bois moins durables qui n'étaient pas utilisés autrefois dans le bâtiment. Traités, collés… ces bois dégagent des toxiques et ne conviennent pas pour construire une maison saine et naturelle. Les bois exotiques, dont l'exploitation complètement anarchique se fait la plupart au détriment des forêts primaires et des populations locales, ne sont pas conseillés non plus. En plus de leur prix, relativement élevé, ils ne présentent pas plus d'intérêt que les essences locales connues pour leur résistance au temps.

Quel bois choisir ?

- Pour les bardages et les ossatures porteuses, les résineux (Douglas, mélèzes, cèdres rouges, pins...) résistent mieux à l'humidité à condition d'avoir été débarrassés de l'écorce et de l'aubier. Les bois qui poussent sous les climats plus froids sont aussi plus résistants. Un pin du Nord ou qui s'est développé dans une vallée ombragée des Pyrénées sera de meilleure qualité qu'un pin des Landes. Ce dernier, n'étant pas assez résistant pour être employé dans les constructions et les charpentes, est soumis à des traitements nocifs pour la santé.
- Les feuillus sont réputés pour leur dureté. Le chêne est particulièrement apprécié pour les parties les plus sollicitées d'un bâtiment : l'ossature et la charpente. Le frêne, le charme, le hêtre affichent également de bonnes qualités structurelles et le châtaignier offre, de plus, une résistance naturelle aux insectes.
- Sensible à l'humidité, le peuplier est plutôt employé à l'horizontal pour les planchers ou le montage des murs en bois cordé.
- Poids plume toutes catégories, le cèdre rouge est très intéressant à mettre en œuvre. En plus, il se coupe facilement et sans éclats. On peut le creuser, le tailler, le poncer ; il ne se déforme pas, résiste à l'humidité et aux intempéries au point qu'il est qualifié d'imputrescible. Mais tant de qualités font qu'il a été exploité à outrance dans les seuls pays producteurs (États-Unis et Canada). Enfin, la pollution induite par son transport n'en fait pas un bois à utiliser en priorité lorsqu'on se veut respectueux de l'environnement !

Le bois massif

Les murs peuvent être réalisés soit en rondins de bois, soit en madriers empilés les uns sur les autres et encastrés par des assemblages sur mesure. Cette technique de construction, qui nous vient des pays froids (Finlande, Scandinavie, Canada), est également employée dans les Alpes. Elle est intéressante à utiliser dans les régions de production, sauf dans celles à fortes amplitudes thermiques et hygrométriques (mistral dans le sud de la France). Les essences les plus courantes sont le sapin de Douglas, l'épicéa, le pin, le cèdre rouge, le mélèze, le châtaignier, le chêne… mais qui sont des isolants moyens (néanmoins bien meilleurs que le béton à épaisseur de parois égale). Au risque d'augmenter considérablement les conditions de manipulation et la quantité de bois nécessaire, il est cependant inutile de réaliser des parois de plus de 20 cm d'épaisseur.

Autrefois assurée par de la mousse, l'étanchéité à l'air et à l'eau est obtenue par une entaille en « V » sur toute la longueur des rondins ou par un système de rainurage et de languette pour les madriers. Pour parfaire l'étanchéité, il suffit d'introduire dans cet interstice de la laine de cellulose ou de lin. En se tassant au fil des ans, le bois renforcera de lui-même cette barrière. Par contre, il est important de prévoir ce tassement et de ménager des espaces au-dessus des ouvertures pour que celles-ci ne se retrouvent pas écrasées et bloquées par les troncs supérieurs.

Considérée financièrement comme l'une des maisons les plus intéressantes en autoconstruction, cette technique requiert un minimum d'apprentissage (la lecture des livres seuls ne suffisant pas). Des stages sont régulièrement organisés et ceux qui hésitent à se lancer peuvent faire appel aux charpentiers spécialisés ou se faire livrer la maison en kit.

Employés dans les pays aux hivers rigoureux, les murs en rondins connaissent un regain d'intérêt par un public friand de naturel et séduit par la chaleur du bois. © Annick Caron-Jacquet/Tiez Breiz

• Si l'on veut améliorer les performances thermiques d'un mur de rondins, mieux vaut opter pour un système d'isolation extérieure en ajoutant un bardage bois et en incorporant entre les deux un isolant. Dans l'ordre, on aura donc de l'intérieur vers l'extérieur : le mur de rondins, un film pare-vapeur, l'isolation (laine de cellulose), un panneau de laine de bois bitumé, une lame d'air et le bardage bois. Inconvénient de cette technique, les rondins seront invisibles à l'extérieur ! Mais une isolation par l'intérieur réduirait les performances naturelles de régulation de la chaleur et de l'humidité affichées par le bois (sauf si l'on utilise des isolants tels que le chanvre banché ou l'argile expansé).

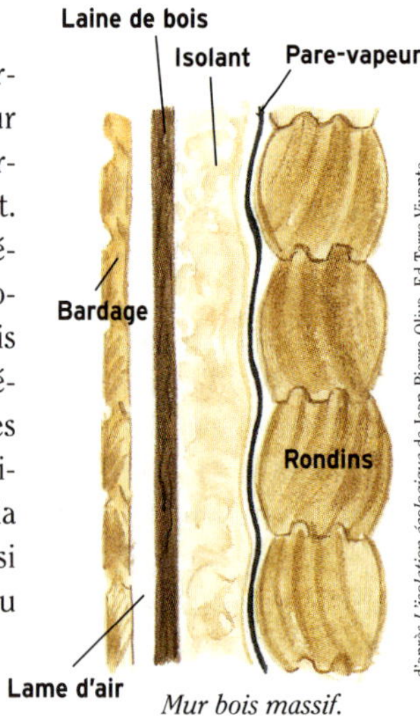

Mur bois massif.

Impact sur la santé et l'environnement

La ressource est renouvelable à l'infini à condition de maintenir une gestion intelligente et durable de nos forêts (reboisement, entretien…). En dehors du carburant dépensé par la tronçonneuse pour débiter le bois, le coût énergétique et la pollution sont nuls. Seules les maisons livrées en kit par quelques importateurs scandinaves engendrent (du fait du transport sur de longues distances) un peu plus de pollution.

Si l'on choisit des essences naturellement résistantes, le bois n'a besoin d'aucun traitement (le sel de bore employé parfois par les autoconstructeurs est délavé par les eaux de pluie). Réputés pour être des pièges du CO_2, une maison en rondins réduit l'effet de serre en stockant (pour 100 m² habitables) environ 25 t de carbone.

Le bois ne dégage aucun toxique (quand il n'est pas traité), ni radioactivité, ni poussière, et c'est un excellent régulateur hygrométrique. En cas d'incendie, il ne brûle que très difficilement et très lentement, sans dégagement toxique. Mais, pour limiter les risques, il est plus judicieux de ne pas installer une cheminée ouverte dans une maison en rondins ! Enfin, le bois est totalement recyclable après usage ; on peut même s'en servir pour alimenter un bon feu de cheminée. Mais, là, il faudra attendre un peu… Une maison en rondins bien conçue et bien entretenue peut afficher quelques siècles d'existence.

Le bois cordé

D'origine canadienne, la technique du bois cordé est aussi implantée dans les pays scandinaves. En France, elle n'est apparue qu'à partir des années 1980 et l'on compte aujourd'hui une centaine de réalisations. Dans les régions forestières, elle permettait d'employer les chutes de fabrication des maisons en rondins et les branches, qui n'avaient que peu de valeur économique. Le bois utilisé peut être du sapin de Douglas, du peuplier, du charme, du châtaignier, du chêne… en sachant que le tanin de ces deux dernières espèces crée des coulées peu esthétiques sur les façades. Le mieux est de se tourner vers les essences que l'on trouve à proximité du lieu de construction, en évitant toutefois les bois qui absorbent facilement l'humidité comme le bouleau ou l'aulne.

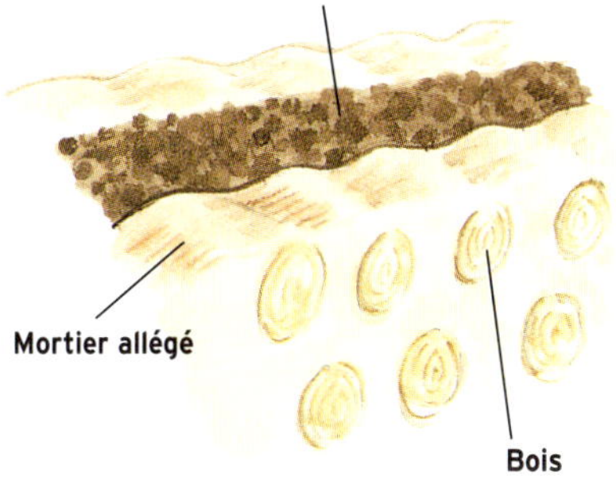

Mur en bois cordé.

Le bois doit être coupé avant la remontée de la sève dans l'arbre (c'est-à-dire en novembre, décembre ou janvier) et être mis à sécher pendant trois ou quatre ans. Employer un bois bien sec est indispensable pour éviter le retrait, qui provoque des fissures entre les bûches et le mortier. La longueur des tronçons sera fonction du niveau d'isolation souhaitée. Sous nos latitudes tempérées, il est courant d'utiliser des bûches de 40 cm de long. Le bois est coupé et les sections trop grosses, éventuellement refendues avant d'être mises à sécher. Le bois est généralement écorcé, mais certaines essences comme le peuplier ou le charme sont exploitables avec l'écorce.

Mise en œuvre

La construction de murs en bois cordé n'est couverte par aucun avis technique ; elle est donc théoriquement réservée aux autoconstructeurs, mais quelques rares artisans se sont néanmoins lancés dans l'aventure, souvent après avoir expérimenté la technique en construisant leur propre demeure.

Les bûches sont posées en cordes (ou en boutisses, nom qui désigne une ancienne unité de mesure pour le bois de chauffage), exactement de la même façon que lorsqu'on empile le bois, en croisant les bûches aux angles. Elles sont fixées de chaque côté du mur par un mortier allégé composé de chaux, de sable et de chanvre (ou des copeaux de bois) en prenant soin de ménager, au centre du mur, un vide qui sera comblé avec un isolant en vrac (chènevotte, granules de liège…). Pour parfaire l'isolation et éviter les passages d'air, qui se créent lors du retrait (souvent minime mais quasi inévitable) du bois, il est conseillé de finir la maçonnerie par un enduit intérieur ou extérieur, en fonction du côté où l'on souhaite conserver l'aspect décoratif du bois cordé. Un enduit extérieur garantira l'étanchéité à l'eau et à l'air. Un enduit intérieur pourra renforcer les qualités thermiques du bâtiment s'il s'agit d'un enduit chaux et chanvre.

Un confort et un bilan écologique plus que convenables

Cette construction à base de matériaux naturels régule la chaleur et l'humidité intérieure, procurant ainsi un confort appréciable à ses habitants. Elle utilise des matériaux renouvelables, facilement recyclables et qui ne nécessitent que peu d'énergie. Elle est parfaitement saine (à condition de ne pas employer de bois traités) et ne dégage pas de fumées toxiques en cas d'incendie.

La paille

Produit secondaire de l'agriculture, la paille n'entrait que modérément dans le bâti des maisons françaises : un peu dans les torchis de remplissage des maisons à colombages et sur les toitures de chaume. Les colons américains découvrirent, eux, rapidement les atouts de ce matériau disponible à proximité de leur lieu de construction et à volonté. Les premières bâtisses en paille ont été édifiées au Nebraska, au début du XIXe siècle, juste après l'invention de la presse à ballots. Alors qu'elles étaient prévues pour servir d'habitat temporaire, il fut très vite constaté qu'elles résistaient bien aux hivers rigoureux, qu'elles dépassaient largement la durée de vie prévue et qu'en plus elles étaient très agréables à vivre. Mais l'arrivée massive sur le marché américain de produits industriels fit oublier les atouts majeurs de ce matériau dont on ne retrouva la valeur que vers la fin des années 1970, puis sous l'impulsion d'un Québécois, Louis Gagné, qui mit au point un système de construction dont les murs porteurs étaient réalisés avec des ballots maçonnés. Du Canada au Nouveau-Mexique en passant par la Californie et l'Arizona, la paille suscita un véritable engouement. Des architectes renommés s'intéressèrent à ce nouveau matériau et imaginèrent des bâtiments de plus en plus sophistiqués. Le savoir-faire des uns ajouté à la passion des autres engendra une multiplication des techniques de construction et un développement dans le monde entier. En Norvège, en Australie, au Chili, en Israël, en Afrique du Sud, en Arabie Saoudite…, la construction de paille gagne du terrain même si son emploi se heurte parfois à la législation de certains pays. En France, hormis aux yeux de quelques pionniers, l'intérêt pour ce matériau a été plus tardif, notamment pour des raisons d'image : en plus de souffrir du syndrome « des trois petits cochons », la paille restait un produit à bas prix, utilisant des techniques simples, initialement employé pour construire des bâtiments sommaires en milieu rural. Elle n'avait donc pas l'aura des matériaux manufacturés. Mais, en même temps qu'ils redécouvraient la beauté des maisons à colombages, le charme de celles en pisé, le confort du torchis, un petit noyau de Français s'aperçut que la paille offrait de multiples possibilités architecturales tout en garantissant un confort inégalé aux occupants des premières maisons ainsi construites.

Tests

Deux maisons pilotes construites à Montholier, une petite commune du Jura, ont permis d'évaluer, sous la houlette de la Fédération française du bâtiment, l'intérêt de ce matériau. Il s'agissait de structures porteuses en bois, avec un remplissage en bottes de paille comprimée pour l'une et un remplissage en béton de chanvre pour l'autre. Les tests effectués sur les deux maquettes ont prouvé que la paille résistait bien au feu. La tenue de l'enduit sur ce matériau est également excellente. Les performances acoustiques mesurées (entre 48 et 57,3 dB), sont donc parfaitement conformes à la norme française qui demande un isolement supérieur à 30 dB (décibels). Les essais montrent également que le pouvoir isolant de la paille est maintenu en présence d'humidité. Concernant l'effet de cette dernière sur la pérennité du matériau, un suivi est actuellement en cours.

Un produit multiple et présent sur l'ensemble du globe

Le terme de « paille » désigne la partie sèche des graminées, comprise entre le rhizome et l'épi. La paille, que l'on nomme « chaume » dans la construction, peut donc provenir des céréales telles que blé, seigle, avoine, orge ou sorgho, mais aussi houblon, lin, roseau, tournesol, riz, lavande… Résistante au déchirement, isolante du fait de sa structure creuse, elle est constituée de cellulose, de lignite et de silice et recouverte d'une fine couche de cire légèrement hydrofuge.

Pour la construction, elle est mise en petits ballots de dimensions variées, la plus courante étant 50 x 34 x 75 cm, avec les presses agricoles des années 1980, dites de moyenne densité. Étant réalisé après la récolte des épis contenant les grains, le ballot ne contient plus aucun élément susceptible d'attirer les rongeurs et les bactéries.

Caractéristiques de la paille

Les qualités du ballot et son pouvoir isolant varient selon le type de paille utilisé, sa densité, son humidité et sa disposition dans le mur (posé horizontalement ou sur le chant). Le pouvoir isolant de la paille λ approche les 0,045 W/m^2 °C (watts par mètre carré et par degré Celsius) pour une densité de 100,8 kg/m^3, ce qui, comparativement, en fait un isolant défiant toute concurrence dans un rapport qualité/prix. Son bilan environnemental est également des plus performants. Alors qu'il faut 6 000 MJ (mégajoules) d'énergie pour fabriquer 1 t de béton, seulement 115 MJ sont suffisants pour obtenir 1 t de paille.

Après le feu, ce sont les rongeurs qui inquiètent le plus souvent les éventuels constructeurs. Or la paille n'entre pas dans leur régime, les seuls êtres vivants capables de digérer la cellulose étant les termites (qui préfèrent néanmoins le bois quand ils ont le choix !). D'autre part, les ballots étant comprimés et recouverts d'un enduit, les risques d'installation de rongeurs dans les murs sont limités (si l'enduit est parfaitement jointif).

S'il est un point qui ne supporte aucun approximatif, c'est bien l'humidité, surtout dans le cas de murs porteurs. Lorsqu'on travaille à partir d'une ossature porteuse, le toit peut être réalisé avant les murs de façon à protéger les ballots avant et pendant la construction. Dans le cas de murs porteurs, ceux-ci sont montés sans protection autre qu'une éventuelle bâche (et en prenant soin de positionner celle-ci pour qu'elle n'engendre pas de condensation). La construction devra être rapide, d'où l'intérêt de bien préparer le chantier avant la livraison. Pour éviter toute remontée capillaire, les ballots ne doivent pas être en contact avec le sol. Une barrière d'étanchéité est indispensable entre les fondations ou le mur maçonné (qui sert de base à la construction). Cela peut être des palettes de bois posées, des traverses de chemin de fer (ou tout autre madrier de bois imputrescible) ou enfin un coffrage rempli de pierres bloquées à la chaux hydraulique, l'une ou l'autre de ces solutions reposant toujours sur un lit de graviers compactés.

Maison en paille construite en Californie par Kelly Lerner et Blythe Campbell pour le couple Debrae Lopez et Michelle Landsberger.
© Centre de formation Maison en paille

Écologique et naturelle, la paille est un matériau financièrement intéressant en autoconstruction.
© Centre de formation La maison en paille

Différentes techniques de construction

Depuis le retour de la paille en tant que matériau de construction, architectes, experts, artisans, autoconstructeurs ou simples stagiaires ont développé et parfois combiné plusieurs techniques de construction.

- Dans les murs porteurs simples, les ballots sont posés à plat, horizontaux et montés comme des briques mais sans liant. Leur tenu et la rigidité des murs sont assurés par des tiges (bois, bambou) fichées dans les bottes. Ces murs achevés, il faut prévoir environ cinq à six semaines pendant lesquelles ils vont se tasser.
- Les murs porteurs précontraints se montent de la même façon que les précédents, mais le tassement est effectué mécaniquement à l'aide de sangles, de chaînes ou de tiges filetées.
- Dans les murs maçonnés, les ballots sont posés les uns sur les autres, sans décalage et liés entre eux, sur les quatre faces, par de gros joints de mortier.
- Dans les murs de remplissage (banchage), la paille n'est qu'un isolant que l'on empile entre les poteaux en bois de l'ossature porteuse. Des pièces de bois ou des câbles assurent le contreventement.
- En remplissage, les ballots peuvent également être rentrés en force dans un cadre de bois.

Pose selon la technique de Louis Gagné.

En remplissage, à partir d'une ossature bois et d'un soubassement en pierres.

d'après *L'isolation écologique* de Jean-Pierre Oliva. Ed Terre Vivante

Les murs de remplissage

Rapide à mettre en œuvre et peu onéreux, le remplissage des murs à ossature bois porteuse peut être réalisé avec un mortier allégé (paillettes de chènevotte et chaux) ou avec un mortier de terre et fibres (paille ou copeaux) banché. Ces murs affichent de bonnes performances thermiques, acoustiques et sont également d'excellents régulateurs hygrométriques.

Ossature bois avant remplissage d'un béton chaux et chanvre. © Laurent Goudet

Maison en remplissage terre copeau. © MVF

Les mortiers terre-paille ou terre-copeaux

L'Allemagne et les pays nordiques ont déjà adopté ces deux techniques. En France, n'étant couvertes par aucun avis technique, elles ne sont mises en œuvre que par les autoconstructeurs. Et pourtant, le comportement au feu et à l'humidité du mélange terre-paille est connu depuis longtemps. Il brûle difficilement, dégage peu de fumée et il s'avère comme l'un des meilleurs systèmes d'isolation massive assurant un confort d'été et d'hiver équivalents et une excellente régulation de l'hygrométrie avec des murs de 30 à 35 cm d'épaisseur.

Le mélange terre-paille ou terre-copeaux est préparé en malaxant la paille ou les copeaux avec une barbotine de terre argileuse dans un dosage variant selon l'isolation, la résistance et la densité souhaitées. Les deux techniques sont mises en œuvre à partir d'un soubassement (pierres ou autre). Le mélange terre-paille est compacté entre les coffrages ou entre un treillis de roseaux posé sur linteaux pour le mélange terre-copeaux de bois. Une fois le banchage effectué, deux à quatre mois de séchage sont nécessaires (suivant la saison et l'hygrométrie) avant d'enduire les parois intérieures (argile sable ou plâtre) et extérieures (chaux sable).

Ces techniques permettent de valoriser les sous-produits (agricole ou bois) qui sont renouvelables à l'infini et de faible coût.

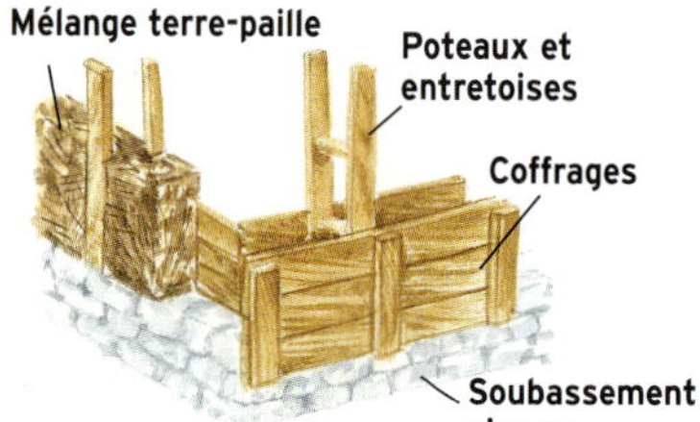

d'après *L'isolation écologique* de Jean-Pierre Oliva. Ed Terre Vivante

Mélange terre-paille en remplissage de murs à ossature bois.

Les mortiers chaux et chanvre

Expérimenté depuis les années 1980, le mur en chanvre banché arrive désormais à maturité. Les dosages et la mise en œuvre sont bien rodés d'autant qu'un des principaux producteurs de chanvre en France s'est associé avec un fabricant de chaux pour concevoir un liant et un enduit parfaitement adaptés.

Avec des murs de 25 à 30 cm d'épaisseur réalisés entre les poteaux de l'ossature porteuse, le mélange affiche une conductivité thermique de $\lambda = 0{,}09$ W/m² °C pour une masse volumique de 330 kg/m³. Associé à des enduits chaux-sable ou encore à un bardage bois, le chanvre banché assure une ambiance intérieure saine et confortable. Matière renouvelable, le chanvre est une plante peu exigeante qui ne nécessite ni arrosage ni engrais et qui, de plus, assainit la terre de ses précédents excès.

Murs à ossature bois et blocs préfabriqués

Cette technique utilise les mêmes matériaux que les deux précédentes (chaux-chanvre ou terre-paille), mais sa mise en œuvre est beaucoup plus rapide et supprime le délai de séchage. Côté performances, les blocs préfabriqués affichent des qualités thermique, acoustique et hygrométrique identiques à celles des murs banchés.

Autres techniques

Monomur en blocs allégés

Moins intéressants au niveau de leur bilan écologique, parce qu'ils nécessitent une ressource non renouvelable et qu'ils engendrent une consommation d'énergie plus importante pour leur fabrication, les blocs allégés sont parfois proposés comme des alternatives intéressantes face au « tout-béton ».

Ils sont fabriqués à partir de granulats légers (billes d'argiles expansées, granules de pierre-ponce) et d'un liant à base de ciment. Ces blocs moulés permettent de monter des murs porteurs, mais ils peuvent aussi être conçus pour des planchers d'étage et des cloisons. Ils sont assemblés par un ciment-colle très fin, de manière à réduire les ponts thermiques. La fabrication des blocs à base de bille d'argile expansée exige une énergie élevée, mais la ressource est disponible en quantité illimitée. La pierre ponce n'est, elle, pas renouvelable et sa teneur en isotopes radioactifs peut être élevée. Attention également à la pierre ponce issue de résidus (douteux) de l'industrie sidérurgique, dite « pierre ponce de laitier ».

La toiture

La toiture signe la fin du gros œuvre, c'est également un élément capital dont dépend la pérennité de la maison. Cette toiture en bardeaux de mélèze purgés d'aubier a été fabriquée et posée par Ambiance bois.

Industrialisation des produits, abandon de certains matériaux… le paysage architectural de la France a perdu, au fil des décennies, ses toits traditionnels qui faisaient l'originalité des régions au profit d'autres matériaux ou de produits manufacturés, pas toujours plus performants mais souvent moins chers parce que fabriqués en grande quantité. Nous ne parlerons pas des toitures en amiante-ciment, un matériau dont chacun connaît aujourd'hui les méfaits sur la santé et qui ne possède pas les qualités esthétiques et la pérennité des matériaux traditionnels.

Ne disposant autrefois que de charrettes pour acheminer les matériaux de construction, les couvreurs réalisaient les toitures avec ce qu'ils trouvaient au plus près : ardoises, lauzes, chaume, bois ou tuiles, tout en tenant compte des caractéristiques du climat. En Brière, où le roseau était omniprésent, les maisons étaient coiffées d'un toit de chaume. Dans la région du Ségala (dans le Quercy), les toits à quatre pentes étaient recouverts de lauzes de schiste. Les ardoisières d'Angers-Trélazé peuvent s'enorgueillir de chapeauter les plus beaux châteaux de la Loire, tandis qu'en Bretagne des petites carrières telles que celle de Maël-Carhaix fournissaient une ardoise plus épaisse, capable de résister aux coups de noroît, aux embruns et aux bourrasques. À Paris, l'élégance des immeubles s'accordait mieux avec des ardoises fines de 3 mm d'épaisseur. Dans les pays montagneux tels le Jura ou les Alpes, on utilisait le tavaillon ou le bardeau, taillés dans de l'épicéa ou du mélèze. À faible pente, les toitures des maisons provençales étaient recouvertes de tuiles canal et bordées de génoises. Plus banale que les matériaux locaux mais disponible en grande quantité et peu polluante à sa fabrication, la tuile plate s'est imposée dans de nombreuses régions.

Quelle que soit la couverture retenue, elle devra répondre à trois obligations principales : éviter toute infiltration, limiter les échanges thermiques et être esthétique. À côté des solutions les plus usitées (ardoises naturelles et tuiles), quelques alternatives comme les toitures végétalisées ou les bardeaux de bois méritent une attention particulière, tant leurs qualités sont importantes.

Les toitures végétalisées

Dans les villes, le bâti crée de véritables déserts biologiques d'où la vie naturelle est quasiment absente. Et ce ne sont pas les quelques rares jardins, trop bien organisés, qui changent véritablement les choses ! En rendant une partie des surfaces à la nature, les toitures végétalisées favorisent la vie de milliers d'être vivants (oiseaux, rongeurs, insectes…). L'idée ne date pas d'hier. Les jardins suspendus de Babylone constituent un des plus beaux exemples de réussite en la matière !

Ce mode de couverture n'est pas encore très répandu sur l'Hexagone, mais il est traditionnellement présent dans plusieurs pays scandinaves et au Canada. Au Japon, la ville de Tokyo exige que tous les bâtiments occupant plus de 10 000 pieds carrés soient couverts de végétaux sur au moins 20 % de leur surface. En Allemagne, durant la dernière décennie, 10 % des toits ont été végétalisés et plus de 40 % des villes incitent financièrement les constructeurs à utiliser ce type de couverture.

De nombreux avantages dont il serait dommage de se priver

- D'un point de vue purement esthétique, un bâtiment rural recouvert d'une toiture végétale s'intègre complètement à l'environnement. En ville, les plantes redonnent au paysage urbain les couleurs de la saison, leur feuillage et leur floraison variant au fil de celles-ci.
- Alors que les toits d'ardoises, de tuiles ou de tout autre matériau imperméable laissent directement filer les eaux de pluie à l'égout, provoquant engorgements et inondations, les toitures végétalisées retiennent entre 50 et 100 % des eaux pluviales. Et même si elle n'absorbe pas tout, la toiture joue un rôle de tampon, le surplus s'écoulant lentement dans le substrat avant d'arriver dans la couche drainante et d'être évacué.
- À l'instar des parcs qui créent un îlot de fraîcheur au milieu de la ville, une concentration de toitures végétalisées améliore le climat urbain. Une étude environnementale, réalisée au Canada pour la ville de Toronto, estime que végétaliser 6 % de la surface des toits de la ville pourrait faire descendre le thermomètre de 1 à 2 °C les jours de canicule et, de fait, engendrer une baisse substantielle de la consommation électrique utilisée pour la climatisation et la réfrigération.
- Les toitures à végétation intensive (qui sont en fait de véritables jardins) offrent, en plus, un espace de plein air agréable et apprécié pour peu que les propriétaires se passionnent pour l'art du jardinage. Le toit-terrasse-jardin ajoute une plus-value en cas de vente ou de location.
- Les toits végétalisés assurent une bonne isolation thermique (été comme hiver) et acoustique. Un substrat de 12 cm d'épaisseur réduit de pratiquement 40 dB les bruits aériens.
- Les végétaux fixent les polluants atmosphériques et les poussières, contribuant ainsi à l'amélioration de la qualité de l'air dans les villes.

Des inconvénients très relatifs

Le poids engendré par le substrat impose certaines contraintes. Il est impératif que les fondations et les structures porteuses soient adaptées au type de végétalisation choisi. Cette obligation induit (surtout dans le cas d'une végétalisation intensive) un coût plus important.

Opter pour un toit végétalisé engendre de l'entretien, qu'un passionné de jardinage assurera avec plaisir mais qui peut être perçu comme une corvée par d'autres. Il est donc important de choisir un type de végétalisation qui correspond à vos goûts et à votre savoir-faire. Une végétation de type intensive exige le même entretien qu'un jardin d'agrément. Une végétation de type extensive ne requiert qu'une intervention annuelle.

Dans tous les cas, la toiture végétalisée nécessite une parfaite étanchéité, garante de la pérennité et de la salubrité du bâtiment. Elle devra être particulièrement soignée et c'est sans doute aussi le seul point qui ne pourra pas être véritablement écologique. Seuls les matériaux synthétiques assurent un maximum de sécurité en la matière (à base de bitume, de PVC ou d'aluminium). Or certains PVC (polychlorure de vinyle) sont parfois associés à des adjuvants à base d'arsenic pour éviter la prolifération des racines. Le produit qui assure le meilleur compromis – sécurité de l'étanchéité et respect de l'environnement – semble le plastomère bitumeux.

Ne négliger aucun élément d'une toiture végétalisée

Du support au choix des végétaux, chaque élément de la toiture est important. Sur le support, on trouvera donc dans l'ordre : un pare-vapeur, une couche isolante possédant une résistance à la compression compatible avec les surcharges (polyuréthane, verre cellulaire, billes d'argile expansée, plaque de liège, laine minérale, polystyrène), la membrane d'étanchéité, la couche de drainage qui sera elle-même recouverte d'un géotextile pour ne pas être obstruée par les infiltrations du substrat. L'épaisseur de celui-ci varie en fonction du type de végétalisation choisi : extensive, semi-intensive ou intensive. La terre seule est lourde et elle se compacte en évacuant l'oxygène nécessaire aux plantes. Pour éviter cet inconvénient, il faut alléger le substrat en utilisant un compost de feuilles et d'écorces mélangé à des agrégats de pierres légères et absorbantes d'un diamètre allant de 3 à 12 mm (pierre volcanique, argile expansée ou tout simplement des débris de briques récupérés sur un chantier de démolition). L'ensemble de ces agrégats peut représenter de 40 à 70 % du substrat de culture suivant son épaisseur et surtout le type de végétation retenu. Enfin, la couche végétale sera constituée de plantes vivaces et indigènes, résistantes aux températures extrêmes et présentant une croissance rapide de façon à couvrir dans les meilleurs délais la surface du toit.

Les toitures à végétation extensive sont celles qui requièrent le minimum de substrat (de 4 à 10 cm, soit un poids de 30 à 100 kg/m^2) et d'entretien. Elles conviennent à une toiture dont la pente n'excède pas 35°. Elles utilisent des couvre-sols très rustiques qui n'exigent pas d'arrosage (sauf en cas de sécheresse extrême). Ces plantes étant peu gourmandes, le substrat pourra être allégé avec jusqu'à 70 % d'agrégats poreux. On y sème une végétation à base de mousses ou de sédums rapidement très couvrants et qui réduisent l'installation des mauvaises herbes.

Les toitures à végétation semi-extensive nécessitent une épaisseur de substrat de 15 à 30 cm d'épaisseur (dont 50 % d'agrégats poreux) qui induit une charge de 120 à 350 kg/m² et une pente de toit pouvant aller jusqu'à 35°. Elles nécessitent un entretien régulier et sont généralement équipées d'un système d'arrosage au goutte à goutte s'effectuant par de petits conduits situés sous le substrat de façon à éviter l'évaporation. Ce type de végétation mélange des plantes couvre-sols et des végétaux à fleurs ou à feuillage de faible hauteur.

Les toitures à végétation intensive s'apparentent à un jardin classique. Elles sont élaborées sur une dalle apte à supporter un substrat d'au moins 30 cm (jusqu'à 500 kg/m²) et dont la pente ne doit pas excéder 4°. Le volume des agrégats poreux ne doit pas dépasser 40 % du volume du substrat de façon à conserver suffisamment d'éléments nutritifs. Un système d'arrosage automatique est indispensable pour assurer la survie des végétaux. Les plus grands sont haubanés pour résister aux vents. Conçus comme un espace à vivre, ces toits demandent le même entretien qu'un jardin d'agrément.

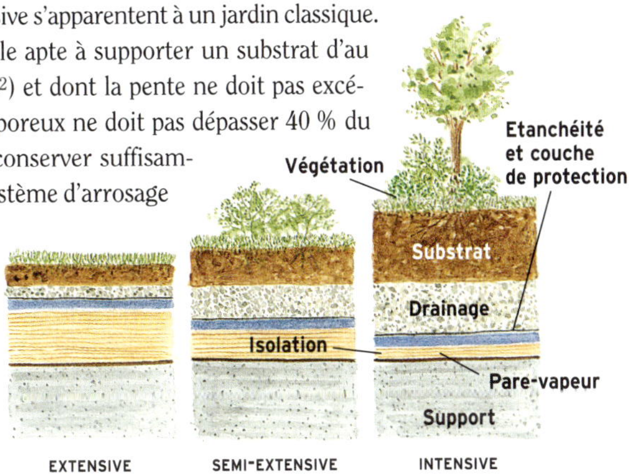

Différents types de végétation toiture.

L'ardoise et la lauze

Utilisée vraisemblablement depuis le XIe siècle, l'ardoise est appréciée pour son naturel, sa robustesse, son incombustibilité et sa beauté changeante. Mate sous le soleil, brillante les jours de pluie, elle se décline dans une multitude de teintes allant du bleu le plus sombre au mordoré et s'adapte à toutes les spécificités régionales. En forme d'écailles en Alsace, elle s'harmonise avec les colombages et les toits pentus ; rustique sous forme de lauze dans les Pyrénées ou en Corrèze, elle est capable de supporter de lourdes charges de neige ; légère, elle habille avec grâce les immeubles haussmanniens de la capitale, alors qu'en Bretagne leur petite dimension et leur épaisseur plus importante leur donnent l'apparence de carapaces résistantes au vent, sur

Aux reflets changeants, l'ardoise coiffe les plus beaux châteaux de France. © MVF

les maisons qu'elles recouvrent. Fabriquées à l'ancienne, l'ardoise comme la lauze présentent un bilan écologique très positif : ni rejet, ni pollution, surtout lorsqu'elles sont employées à proximité de leur lieu d'exploitation, ce qui est souvent le cas pour les ardoisières traditionnelles (de moins en moins nombreuses en France) mais beaucoup moins pour celles qui viennent d'Espagne.

Choisir le produit en fonction de sa classification et de la région

Le choix du produit (taille, épaisseur, qualité) sera donc obligatoirement adapté à la région de pose d'autant que cette dernière acceptera ou non certains défauts. Une norme, la NF P 32-302, créée en 1989, classe les ardoises en trois catégories : A, B ou C, en fonction de critères qualitatifs d'ordre géométrique, physique, chimique, et notamment la résistance à la rupture, le taux de carbonate de calcium, la présence ou non de pyrite oxydable, la masse volumique et l'absorption d'eau. Pour être classées en A, c'est-à-dire de premier choix, les ardoises doivent répondre aux normes minimales de tous ces paramètres. Mais il est possible d'avoir un bon rapport qualité/prix en choisissant un produit de classe B à condition de pouvoir consulter la fiche des contrôles pour connaître la raison du classement en second choix et vérifier que le défaut ne présente pas d'inconvénient majeur dans la région où l'ardoise sera posée.

- Des ardoises qui contiennent trop de carbonate de calcium se désagrègent et le produit devient gélif. Elles ne devront donc pas être utilisées en montagne ou dans une zone fortement polluée. Par contre, elles seront parfaitement satisfaisantes sous le climat du Val de Loire !
- Des ardoises dont le taux d'absorption à l'eau est important ne conviendront pas non plus dans les zones où les risques de gel sont fréquents.
- Si le produit est classé en B parce qu'il contient de la pyrite de fer, mieux vaut éviter de l'exposer à l'air marin.
- Une ardoise qui affiche une moindre résistance pourra être satisfaisante dans une taille plus petite et une épaisseur plus importante.

Cette norme ne concerne pas les ardoisières, qui affichent plus de trois cents ans d'existence, car elles travaillent selon des méthodes ancestrales et interviennent pour les Bâtiments de France.

Traditionnellement les ardoises se posaient au clou mais cette méthode n'a quasiment plus été adoptée dans l'Hexagone à partir des années 1950 (sauf dans la restauration de bâtiments anciens). Elle a encore cours en Grande-Bretagne, en Irlande, en Allemagne ou en Belgique. En France, elle a été remplacée par le crochet inox, moins esthétique mais plus pérenne.

La pente des toitures et la taille des ardoises s'adaptant aux conditions climatiques de chaque région (pluie, neige, vent), la pose et notamment la surface de recouvrement varient en fonction du lieu où se situe la demeure.

Les tuiles

C'est l'un des plus anciens matériaux de couverture utilisés sous toutes les latitudes. Les Romains mais aussi les Grecs ou encore les Chinois fabriquaient des tuiles de terre cuite pour couvrir leurs habitations.

Leurs diverses formes s'adaptent aux caractéristiques climatiques de chaque région. Si les tuiles canal se rencontrent essentiellement dans le sud de la France, où les toits sont peu pentus, c'est à cause de leur faculté à évacuer très vite les eaux de pluie en cas d'orage. De forme tronconique, la tuile canal sert de courant et de couvert. Elle est également utilisée pour les génoises et les corniches. La pose s'effectue sur volige, sur bardeaux de terre cuite ou sur chevrons triangulaires.

Au nord de la France, là où la pente des toitures est importante, on préfère les tuiles plates. Comme pour les ardoises, la pose s'effectue en partant de la base de la toiture et l'étanchéité est assurée par recouvrement partiel de la tuile aval par la tuile amont. Elles peuvent être clouées, mais, le plus souvent, elles s'accrochent sur liteaux par un système de butées ou de crochets situé à leur extrémité supérieure.

La tuile fait partie intégrante des paysages du Midi de la France. © MVF

Il existe une grande variété de tuiles (canal, rectangulaires, écaille...), tant par la forme que par la taille, les coloris, le mode de fabrication et l'usage auquel elles sont destinées.

Résistantes aux intempéries, insensibles au gel et aux agressions acides, les tuiles garantissent une bonne étanchéité du toit (à conditions de ne pas laisser les mousses s'y développer) et sont pérennes.

Saines et naturelles pendant leur durée de vie, elles s'éliminent facilement ensuite en retournant à la nature ; elles peuvent aussi servir à remblayer ou encore à alléger un substrat. Par contre, selon l'énergie nécessaire à leur fabrication, leur bilan écologique peut être plus ou moins bon (les moins favorables sont cuites au charbon, au pétrole ou au gaz). L'industrialisation allant de pair avec des transports importants pour approvisionner les négoces, mieux vaut privilégier les petits fabricants locaux, sans doute un peu plus cher mais qui proposent aussi des produits plus diversifiés et souvent plus compatibles avec la restauration des bâtiments anciens.

Le chaume

C'est l'un des matériaux de couverture le plus ancien, mais le chaume n'est plus guère employé que sur quelques régions comme ici en Brière.
© Jean Save

Le chaume fut longtemps le matériau le plus employé. Couvertures du pauvre, qui utilisait les végétaux qu'il trouvait au plus près, les toitures de chaume étaient confectionnées par les paysans eux-mêmes. Elles reposaient sur de solides mais rustiques charpentes conçues avec les arbres, pas toujours droits, qui poussaient à proximité.

Le chaume possède de nombreux avantages, entre autre celui d'être présent absolument partout sous forme de roseau, de genêt, de typha, de paille de seigle, de blé ou de sarrasin. Bon isolant thermique et phonique, il satisfait à la fois ceux qui privilégient les constructions traditionnelles et ceux qui recherchent des matériaux sains (à condition que la culture du blé, du seigle ou du sarrasin réponde aux normes biologiques).

Suivant les régions, plusieurs techniques de pose peuvent être adoptées.

En Normandie, les bottes de roseaux sont placées en bandes horizontales en allant du bas vers le haut du toit. Elles sont serrées entre des liteaux et fixées par des tiges métalliques. En Brière, les bottes sont placées verticalement et ligaturées directement sur les liteaux. Plus longue à mettre en œuvre, cette technique semble mieux résister à l'usure du temps. En Brière, il n'est pas rare de trouver des toitures toujours étanches après un siècle de bons et loyaux services d'autant que l'on y pratique le repiquage, une technique de réfection qui s'appuie sur une partie de l'ancienne toiture. Pour ce faire, le couvreur arase l'ancien chaume de 10 à 15 cm. Les nouvelles bottes de roseaux sont divisées en trois « bouchons » que l'artisan va encastrer dans la couverture. En neuve ou en rénovation, la toiture s'achève par un faîtage de terre pavé de gazon (la méthode la plus écologique et la plus esthétique) ou au mortier de ciment sur grillage.

Le bois

On le nomme « bardeau de bois » en Aquitaine, « tavaillon » dans le Jura, « essis » dans les Vosges, « essendole » en Chartreuse, « anselle » en Franche-Comté… Dans tous les cas, il s'agit d'une planchette de bois débitée à la main, dans le sens du fil. Utilisés en toiture ou en bardage extérieur, les bardeaux sont positionnés de manière

Parce qu'il utilise une matière première renouvelable à volonté, le bardeau de bois offre une alternative intéressante et esthétique. © Ambiance bois

Au centre d'exposition de l'association Pégase-Périgord CREEE, les travaux sont souvent inachevés pour permettre au public de visualiser toutes les étapes de la mise en œuvre. @ MVF

à se chevaucher puis ils sont cloués ou simplement retenus par des perches de bois lorsque le toit a une inclinaison très faible : de 20 à 30°. Matériau traditionnel s'il en est, employé sous les climats les plus rigoureux (souvent en montagne), le bardeau était souvent fabriqué et posé par l'autoconstructeur. Ne nécessitant aucun traitement, il est naturellement solide, étanche, résistant aux intempéries, respirant, isolant ; il absorbe la vapeur et il présente en outre un bilan écologique exceptionnel. On le trouve partout, donc nul besoin de transport et, de plus, il est compostable en fin de vie. Le plus souvent conçu dans un bois résineux (épicéa ou mélèze), le bardeau peut aussi être issu du chêne ou du châtaignier.

Esthétique épi de faîtage

Ce n'est qu'un détail architectural mais qui compte ! Point de jonction des différents éléments d'une toiture en croupe, d'un donjon ou d'une lucarne, il protège le poinçon. Il pourrait n'être qu'un simple pot retourné mais outre le fait qu'il fut réservé aux demeures seigneuriales jusqu'à la Révolution, l'épi de faîtage est également chargé de symboles. Il est à la fois le moyen d'expression d'un statut social et un objet au travers duquel les potiers signent leur savoir-faire, la production d'épis n'étant bien souvent qu'anecdotique par rapport à la fabrication des autres éléments de la toiture, comme les tuiles…

Les plus anciens épis remontent au XIe siècle mais leur usage se développe surtout à partir du Moyen Âge, quand les croisés ramènent d'Orient la technique de la glaçure qui permet aux épis en terre cuite de mieux résister aux intempéries.

En fonction des époques et des régions, les épis sont en métal, en pierre, en bois ou en terre cuite. Le fer blanc est surtout utilisé dans l'est de la France, dans les régions productrices de minerai. La terre cuite coiffe les demeures situées à proximité d'importants centres potiers, notamment en Bretagne, en Saintonge, dans le Berry, dans le Limousin, en Champagne, en Bourgogne et dans le Nivernais.

Abandonné après la guerre, au moment où la France se désintéressait de ses traditions pour parer à l'urgence de la reconstruction, l'épi de faîtage revient progressivement sur le marché à partir des années 1970.

Nostalgie d'un temps révolu ? Pas seulement. Pour certains professionnels, l'épi contribue à l'harmonie des formes, à la finition d'une toiture. Situé entre ciel et terre, l'épi parachève la construction.

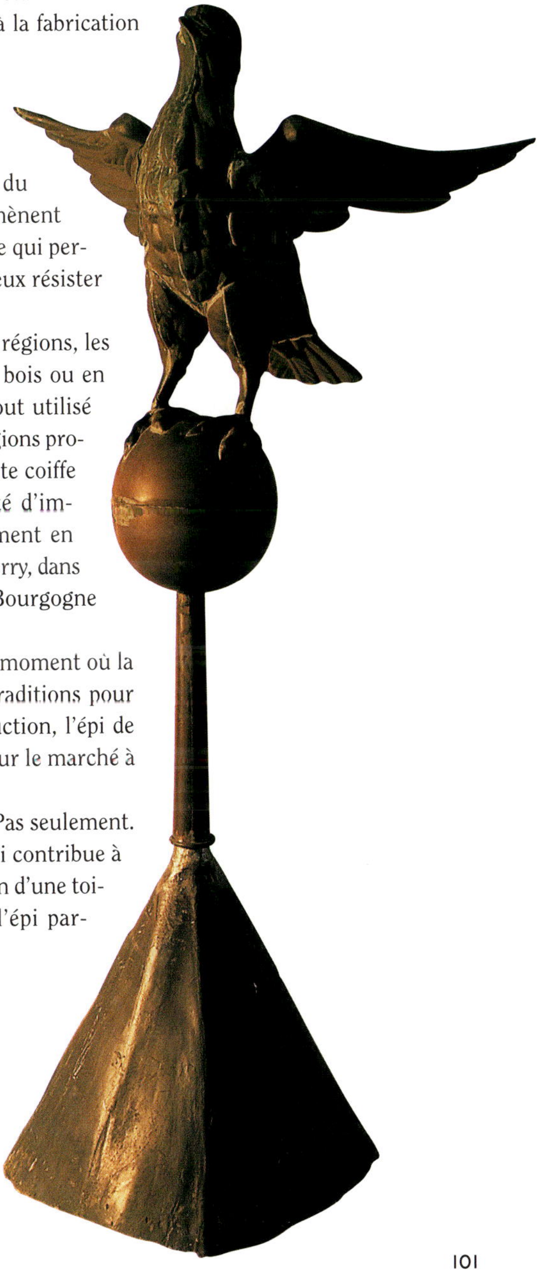

Utile pour protéger le poinçon, l'épi de faîtage est aussi un élément décoratif et hautement symbolique.
© Jean Save

Ouvertures et fermetures

© MVF

Suivant la disposition des ouvertures, la pièce sera éclairée uniformément ou en contraste, ombre et lumière.

Fenêtres étroites et portes basses ne laissaient autrefois passer qu'un minimum de lumière. © Jean Save

Les ouvertures nous permettent de recevoir le soleil et la lumière à l'intérieur de nos demeures tout en nous abritant du froid et des intempéries. Elles sont à la fois ouvertes sur le monde pour accueillir les amis, la famille, et facteur de sécurité pour s'isoler ou se protéger des intrus. Bref, les ouvertures et leur pendant, les fermetures, sont plus que de simples accessoires, que ce soit pour le confort matériel ou pour le bien-être psychologique.

On a tous à l'image certaines bâtisses du passé, tassées sous un épais manteau de chaume et seulement ouvertes sur le monde par des portes où il est nécessaire de se courber pour entrer et des fenestrons qui ne laissent pénétrer qu'une lumière tamisée. Au demeurant charmantes, ces maisons sont souvent humides et empreintes d'une certaine nostalgie qui favorise le *cocooning*. On y rêve de soirées au coin du feu entre amis ou à proximité d'une bibliothèque sciemment garnie...

Autre regard, autre vision, celle d'une maison aux larges baies ouvertes sur un environnement verdoyant, avec une vue imprenable sur les coteaux environnant ou sur un océan d'embruns... La lumière naturelle inonde son séjour au point de ne plus savoir si l'on est à l'intérieur ou déjà un peu au dehors.

On comprendra aisément, à ces deux exemples, que la création des ouvertures traduit une tournure d'esprit liée au vécu de chacun. Il faudra s'en accommoder pour organiser au mieux la distribution et l'orientation des ouvertures, afin qu'elles jouent leur rôle de diffuseur de lumière et de calories solaires tout en prenant en compte les tendances prédominantes à l'introversion ou à l'extraversion. Avant de se pencher sur sa table à dessins ou de se mettre devant son ordinateur, l'architecte devra pouvoir répondre à cette question : « La maison et, en conséquence, les ouvertures sont-elles envisagées par les futurs habitants comme un moyen de s'ouvrir sur le monde ou au contraire comme un refuge au sein duquel on s'abrite ? »

Éclairage naturel et confort visuel

La lumière perçue à l'intérieur d'un bâtiment varie d'intensité suivant les conditions climatiques (ciel couvert ou temps clair), la taille, l'orientation, le positionnement et le nombre des ouvertures. Elle est également tributaire de la réflexion de l'environnement extérieur et de la clarté des parois intérieures. Concrètement, cela signifie que l'aménagement et la décoration joueront un rôle important dans le confort visuel d'un lieu. Les murs et les plafonds devraient être plutôt clairs et mats pour répartir les luminances, tandis que les sols seront plutôt sombres pour éviter une réflexion gênante. Les surfaces brillantes sont à limiter (réservées aux portes) et les couleurs vives doivent être utilisées avec précaution et par petites touches. Le confort visuel intervient quand les occupants d'un lieu peuvent voir sans difficulté les objets qui les entourent, c'est-à-dire quand la lumière est répartie harmonieusement dans l'espace, sans ombre gênante mais également sans éblouissement. Les formes nous étant révélées par la lumière, celle-ci peut influencer et transformer notre perception des surfaces. Le relief d'un objet est accentué par un éclairage directionnel. Par contre, pour mettre en valeur le modelé du même objet, il devra être éclairé sous divers angles de manière à obtenir une luminance variable.

Nombre, taille, type et emplacement des ouvertures

La taille des ouvertures ainsi que leur emplacement ont une grande influence sur la quantité et la qualité de la lumière diffusée à l'intérieur des bâtiments. Les fenêtres peuvent être verticales ou zénithales.

Les fenêtres verticales assurent un meilleur confort thermique. © MVF

L'été, les rayons solaires pénètrent directement par les fenêtres de toit, engendrant une surchauffe. Des volets roulants sont indispensables. © Bubendorf

• Les ouvertures verticales (en façade) captent mieux les rayons du soleil en hiver et limitent leur pénétration en été.

• Les ouvertures zénithales (en toiture) favorisent la pénétration d'une lumière diffuse, plus homogène que les fenêtres verticales. Mais elles captent mal les rayons solaires d'hiver alors qu'elles laissent pénétrer en force ceux d'été, d'où un très mauvais rendement thermique.

L'apport de lumière peut être unilatéral et laisser une zone d'ombre sur une partie de la pièce. @ MVF

L'importance et le nombre des ouvertures varient en fonction de la taille de la pièce engendrant un éclairage qui peut être :

• unilatéral, c'est-à-dire qu'il ne proviendra que d'une seule des parois verticales, créant de forts contrastes dans l'espace intérieur ;

• bilatéral, quand la lumière entre par deux côtés opposés, d'où une meilleure pénétration dans l'ensemble de la pièce ;

Avec un éclairage bilatéral, la lumière est mieux répartie. @ MVF

- multilatéral, lorsque l'espace est éclairé par plusieurs ouvertures d'orientation différentes, indispensable dans un bâtiment profond si l'on veut obtenir une lumière uniforme.

Plus rares, l'atrium et le puits de lumière sont employés dans des configurations bien spécifiques.

- Large espace vitré fermé, l'atrium peut être situé au centre d'un bâtiment ou permettre de rejoindre divers espaces sans passer par l'extérieur. Il peut ne constituer qu'un simple espace de circulation ou être aménagé en coin détente agréable pour les humains comme pour les plantes.
- Le puits de lumière est utilisé généralement pour les locaux qui n'ont aucun accès sur l'extérieur. Situé en toiture et éventuellement dans le plancher intermédiaire, il intervient efficacement dans un escalier et se combine parfois avec un environnement très décoratif en plancher translucide.

Favoriser l'entrée de la lumière

La lumière ne pénètre qu'à une distance égale à environ une fois et demie la hauteur du linteau de la fenêtre par rapport au sol, d'où l'intérêt des fenêtres plus hautes que larges qui équipent les maisons anciennes et que nous avons un temps tenté d'élargir sans résultat probant sur la lumière intérieure.

Cependant la lumière peut atteindre deux fois la hauteur du linteau lorsque la fenêtre est équipée d'un *lightshelf* et l'éclairage sera encore plus important et mieux réparti si celui-ci est combiné à un *clerestory*.

- Le *lightshelf* est un auvent dont la surface supérieure réfléchissante dirige la lumière naturelle vers le plafond et plus profondément dans la pièce, tout en protégeant les occupants d'un éclairage trop direct.

- Autre variante du *lightshelf*, les appuis de fenêtre peuvent également être réfléchissants et accentuer le niveau d'éclairement naturel. Il suffit d'augmenter le seuil de réflexion par des miroirs ou par une surface très polie et une peinture brillante.

- On appelle *clerestory*, ou bandeau lumineux, toute fenêtre située au-dessus du niveau de l'œil. Seul, ce bandeau ne permet pas de voir à l'extérieur ; il est donc préférable de le coupler à une fenêtre, de façon à éclairer le local plus en profondeur et plus uniformément.

- Le lumiduc est un conduit solaire qui sert à transmettre la lumière au cœur d'un local sans entrée directe. Il est composé de trois éléments : un collecteur extérieur mobile (généralement placé sur le toit) qui réfléchit la lumière à l'intérieur du conduit, un système de conduit qui dirige les rayons vers la pièce à éclairer et enfin un luminaire qui distribue la lumière.

Châssis et vitrage influent également sur la pénétration de la lumière

La forme de la fenêtre mais aussi les matériaux employés augmentent ou réduisent la vue extérieure et la diffusion de la lumière à l'intérieur. Un châssis fixe sera toujours plus mince que celui des fenêtres qui s'ouvrent et qui sont indispensables au confort de l'habitation. Les châssis fixes ne seront donc employés que ponctuellement, par exemple sur un mur donnant sur le jardin du voisin (et avec l'accord de celui-ci). Les châssis réduisent et absorbent la lumière du jour mais certains sont mieux conçus (plus minces) et avec des matériaux plus écologiques.

Le châssis bois est, sur ces deux plans, plus intéressant qu'un cadre en aluminium à rupture thermique ou qu'un châssis PVC. Par contre, le bilan écologique du bois varie d'un industriel à l'autre. Certains exploitent sans vergogne les forêts primaires. D'autres, plus respectueux, pratiquent une véritable politique de reboisement. L'achat d'une ouverture ou d'un volet en bois exotique exige de s'informer, au préalable, sur l'origine du bois et la façon dont il est exploité.

Dans tous les cas, mieux vaut choisir un bois régional. Le chêne est réputé depuis des siècles pour sa pérennité lorsqu'il est utilisé dans de bonnes conditions (entretien régulier). Des fabricants adoptent des techniques de lamellisation mais le plus souvent avec des bois exotiques. Attention aux colles et aux produits de traitement !

Bien que l'emploi de l'aluminum fasse chuter un peu le bilan écologique des menuiseries mixtes, celles-ci présentent plusieurs avantages. L'aluminium thermolaqué employé à l'extérieur protège le bois, ce qui permet de supprimer le traitement et évite le recours aux bois tropicaux. Ces menuiseries, généralement de grande qualité, offrent tous les avantages esthétiques du bois à l'intérieur, sans les inconvénients si l'on prend soin d'utiliser des produits respectueux de l'environnement pour les finitions.

Par contre, les menuiseries entièrement en aluminium sont nettement moins performantes au niveau thermique et leur fabrication est réputée énergétivore et polluante.

Largement employé, le PVC affiche de bonnes performances thermiques mais un très mauvais bilan écologique d'autant que les industriels ont longtemps eu recours au cadmium et au plomb dans la fabrication des profilés.

Isolant, le vitrage se diversifie

La lumière est absorbée, réfléchie mais aussi transmise selon des proportions qui varient en fonction du type de vitrage (simple, double, absorbant, réfléchissant...), de sa rugosité, de son épaisseur, du nombre de couches et de son état de propreté !

Un simple vitrage donne lieu à des échanges de chaleur et à des risques de condensation très importants avec, à la clef, une dégradation des menuiseries et l'apparition de moisissures. Autrefois, bien avant que n'existent les doubles ou les triples vitrages, dans les régions montagneuses, les bâtisseurs résolvaient le problème en créant des doubles fenêtres et parfois aussi des doubles portes.

Point faible de l'isolation thermique, les ouvertures font partie des éléments auxquels la Réglementation thermique 2000 accorde le plus grand intérêt. Les fenêtres du troisième millénaire devront non seulement apporter une lumière de qualité à l'intérieur des bâtiments mais aussi un confort thermique en été comme en hiver, une bonne isolation acoustique, une protection contre les effractions, le tout avec un certain esthétisme.

Réduire les déperditions de chaleur

Cet objectif implique d'agir sur les trois modes de transfert au travers des vitrages : la conduction, la convection et le rayonnement. Différentes techniques donnent de bons résultats concernant un ou plusieurs modes de transfert, ainsi que la propagation des bruits et la lutte contre les effractions.

- Un double ou un triple vitrage avec un espace d'air de 6 à 12 mm réduit efficacement les transferts par conduction et par convection. Les performances peuvent encore être améliorées si l'on remplace l'air par un gaz lourd tel que l'argon ou le krypton. Non toxiques, inflammables, ces gaz sont moins conducteurs que l'air. Suivant l'épaisseur des verres, le double vitrage montre des qualités d'isolation acoustique.
- Une couche d'oxyde métallique déposée sur la surface externe du vitrage intérieur réduit le transfert de la chaleur par rayonnement. Ces vitrages à isolation renforcée laissent passer l'énergie solaire mais renvoie à l'intérieur la majorité des infrarouges émis dans l'habitation. Faiblement émissifs, ils suppriment l'effet vitre froide, diminuent les risques de condensation et économisent jusqu'à 40 % d'énergie.
- Associer des vitrages peu émissifs à des vitrages feuilletés acoustiques, dans lesquels des intercalaires élastiques empêchent la propagation des vibrations, permet d'être gagnant sur trois domaines : l'isolation thermique, l'isolation acoustique et la lutte contre les effractions.
- Avec un enrobage situé dans le double vitrage et raccordé à l'alimentation électrique, la fenêtre devient radiateur et peut atteindre une température d'environ 35 °C. Cette technique est particulièrement intéressante dans les pièces humides.
- Déclinés de l'industrie automobile, les vitrages à adaptation gèrent l'énergie solaire. Ils limitent les transferts en été et les favorisent en hiver.

Indispensables dans les climats tempérés, les volets protègent des rayons solaires l'été et limitent les déperditions en hiver. © Jean Save

Complémentaires, les volets

Aux ouvertures, il convient d'ajouter obligatoirement des fermetures. Une évidence ? Pas pour tous ! Combien d'immeubles construits dans l'urgence et à moindre coût en sont-ils dépourvus ?

Le meilleur produit, indétrônable, reste incontestablement le volet de bois plein, à condition, comme pour le châssis des fenêtres, de choisir son essence de bois, de sélectionner sa provenance et d'éviter des traitements non respectueux de l'environnement. Si ces quelques précautions sont prises, le volet bois ne présente que des avantages. L'hiver, il divise par deux les déperditions d'énergie lorsqu'il est fermé, soit la nuit, donc précisément au moment où il fait le plus froid. L'été, il suffit de les laisser entrouverts pour être protégé des rayons solaires tout en bénéficiant d'un petit courant d'air.

De plus en plus présents sur le marché, les volets roulants peuvent être installés indépendamment des ouvertures ou conçus avec celles-ci de façon à former un bloc solidaire dont l'appellation varie suivant les fabricants : « bloc-coffre » ou « bloc-baie ». Cette conception qui intègre en un seul produit le vitrage isolant, le volet roulant et le coffre simplifie la mise en œuvre et limite les désordres liés à celle-ci lorsque la pose du volet est indépendante de celle de la fenêtre. Les volets roulants sont indispensables pour les fenêtres de toits, surtout en été où la température devient rapidement intenable sans cette protection. Certains, particulièrement ingénieux, sont conçus pour permettre une ventilation qui ajoute au confort de la pièce.

Enfin, même s'ils ne sont d'aucune utilité en hiver, jalousies, stores vénitiens, stores enroulables, persiennes et marquises ont largement prouvé leur efficacité pour se protéger des rayons solaires en période estivale.

Pratiques, les volets roulants autorisent une grande liberté dans l'emplacement des ouvertures. © Bubendorf

Isolation

© MVF

Le marché des isolants propose désormais une grande variété de produits écologiques, certes un peu plus onéreux encore, mais certains comme le chanvre méritent notre attention.

Des planchers à la couverture, une maison à ossature bois peut être entièrement conçue avec des mortiers chaux et chanvre. Seuls les dosages varient selon la résistance ou le degré d'isolation que l'on souhaite.
© Construire en chanvre

Se protéger des rigueurs de l'hiver a toujours été une préoccupation des populations vivant dans les climats froids ou tempérés. Mais si l'on se satisfaisait autrefois d'une seule pièce chauffée – la salle commune où l'on préparait et prenait les repas avant de s'isoler sous d'épais duvets dans les chambres –, l'ère industrielle et la multiplication des sources d'énergies nous ont habitués à un confort thermique identique dans toutes les pièces et à tous les niveaux de la maison.

La majorité des bâtiments (maisons et immeubles) ayant été construits dans l'urgence de l'après-guerre, avec des matériaux rapides à mettre en œuvre mais dont la conductivité thermique était importante, il fallut, toujours dans l'urgence, trouver des solutions pour se chauffer avec moins d'énergie, dès le premier choc pétrolier, en 1973. Les maisons traditionnelles protégeaient relativement bien leurs occupants, du fait de l'inertie de leurs épais murs de pierres et souvent, aussi, parce qu'en milieu rural le foin et les céréales, stockés dans les greniers, limitaient les déperditions des combles.

Mais, produit de l'industrie cimentière, le parpaing régnant en maître incontesté sur les logements de l'après-guerre, il sembla naturel de lui adjoindre d'autres matériaux industriels issus, cette fois, du pétrole. Seul le prix (accessible au plus grand nombre) et l'efficacité de l'isolant ont alors pesé dans la balance des décideurs. Les préoccupations environnementales, le ressenti des occupants et leur santé n'entraient pas dans les considérations de l'époque ! En France, ils se seront qu'une poignée d'écologistes de la première heure à penser globalement le bâtiment comme un lieu de vie, où les habitants doivent être protégés des agressions extérieures mais sans être pour autant coupés de cet environnement. Les autres, les plus nombreux, découvriront un peu plus tard qu'à force de vouloir trop isoler, la maison ne respire plus… Sans trop approfondir le sujet, ils ont répondu au problème par la VMC (Ventilation mécanique contrôlée), alors qu'ailleurs, dans le nord de l'Europe, on concevait déjà un habitat « respirant » et protecteur un peu comme une troisième peau…

Facteurs déterminants pour le confort d'une maison

Chauffer à outrance une maison n'apporte pas forcément le bien-être attendu par ses occupants. Si le renouvellement de l'air n'est pas suffisant, si celui-ci est trop chargé en humidité, si les différences de températures entre les parois (murs, fenêtres, plafonds, sols) et l'intérieur sont importantes, si l'air circule trop rapidement, les habitants d'une maison correctement chauffée ne seront pas pour autant dans des conditions idéales de confort.

La notion de « bien-être thermique » ne dépend pas seulement de la température qu'il fait dans une pièce. Pour être bien, il faut une certaine homogénéité dans l'ensemble de l'espace où le corps se trouve. Or, des murs froids émettent un rayonnement qui oblige l'individu à s'en éloigner…

L'isolation a, entre autres objectifs, celui de réduire ces différences de températures en limitant les déperditions des surfaces en contact avec l'extérieur mais sans entraver pour autant la respiration de la maison.

En plus de ses qualités esthétiques indéniables, le mélange terre/fibres végétales en enduit supprime la sensation de froid induite par les murs de pierres. © Jean Save

La conductivité thermique λ

La conductivité thermique d'un mur ou d'un isolant traduit la faculté qu'à ce corps à transmettre la chaleur par conduction. Elle se mesure par le coefficient λ qui est exprimé en watts par mètre carré et par degré Celsius (W/m² °C). Plus celui-ci est grand, plus le matériau est conducteur, et inversement. Quelques exemples !

Béton	1,6 à 2,1 W/m² °C
Bois	0,13 à 0,2
Briques Monomur	0,11 à 0,18
Briques terre crue	1,1
Verre	1,15
Air sec immobile	0,024
Laine de chanvre	0,04
Chanvre en vrac	0,05 à 0,07
Brique de chanvre	0,12
Laine de coco	0,05
Liège expansé	0,05
Panneaux fibres de bois	0,05
Perlite exfoliée	0,05
Vermiculite exfoliée	0,05 à 0,07

La résistance thermique R

Le flux thermique qui traverse un matériau dépend de l'épaisseur (e) de celle-ci et de sa conductivité thermique (λ). R = e/A et s'exprime en mètres carrés degrés Celsius par watt (m2 °C/W). Plus R est grand, plus le matériau est isolant. Lorsqu'un mur est composé de plusieurs matériaux, les R s'additionnent.

Choix du procédé d'isolation

L'isolation peut être assurée par le matériau de construction du mur lui-même, telles les briques Monomur (voir chapitre Murs) qui, par sa conception, répartit l'isolation sur toute l'épaisseur sans qu'il y ait besoin d'ajouter un autre matériau. Mais lorsque le bâtiment est déjà construit, seul un isolant rapporté peut améliorer le confort. Celui-ci peut être mis à l'intérieur du bâtiment, à l'extérieur ou plus rarement entre deux parois (isolation médiane).

Par l'intérieur

C'est le mode opérationnel le plus usité en France, ce qui ne veut pas dire qu'il soit le meilleur. En tout cas, il présente quelques avantages : entre autres celui d'être la solution la moins onéreuse et de pouvoir être réalisé rapidement, y compris par un bricoleur averti. On peut effectuer les travaux progressivement en commençant par les parois les plus exposées, ce qui permet d'étaler les dépenses. Il est possible aussi de varier les matériaux en fonction des besoins des surfaces et des pièces. L'isolation par l'intérieur facilite un réchauffement rapide des locaux et autorise, de fait, une utilisation intermittente du système de chauffage.

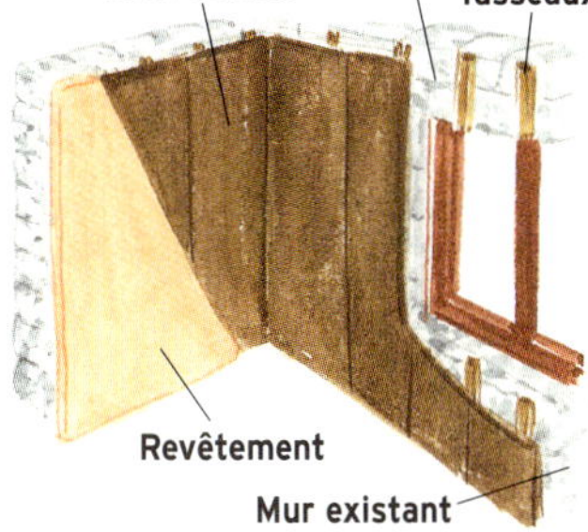

d'après *L'isolation écologique* de Jean-Pierre Oliva. Ed Terre Vivante

Isolation par l'intérieur.

Au rang des inconvénients, elle implique la rénovation complète des pièces où les travaux sont réalisés. Elle affiche une inertie plutôt faible et elle n'apporte pas toujours une solution à l'isolation de certains ponts thermiques.

Enfin, pour éviter tout problème de condensation, il est indispensable d'opter pour un isolant avec pare-vapeur intégré. Celui-ci sera toujours placé vers l'intérieur (le côté le plus chaud du mur). Il faudra choisir de préférence un pare-vapeur en papier kraft ou à base de cellulose et de cires naturelles.

Par l'extérieur

Enveloppant complètement la façade, l'isolation par l'extérieur présente l'avantage de supprimer l'ensemble des ponts thermiques (refend ou liaisons murs-plancher). Elle réduit les infiltrations d'air et préserve les murs des chocs thermiques. Elle donne une bonne inertie au mur, qui conserve la chaleur accumulée pendant le temps de chauffage et qui peut la rétrocéder ensuite, maintenant ainsi la pièce à température. Lorsque la maison est habitée, elle évite de mettre en chantier l'intérieur et de poursuivre par d'importants travaux de décoration.

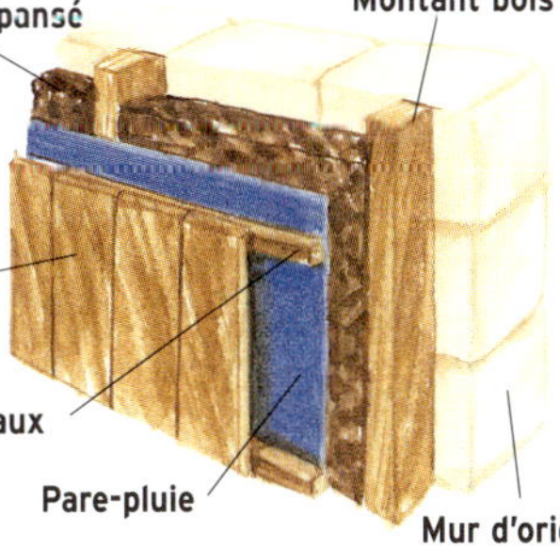

d'après *L'isolation écologique* de Jean-Pierre Oliva. Ed Terre Vivante

Isolation par l'extérieur.

Par contre, c'est un travail de gros œuvre qui demande des connaissances particulières et qu'il vaut mieux faire effectuer par un professionnel, ce qui implique un coût plus élevé. L'isolation par l'extérieur nécessite de déplacer les volets et d'attacher un soin particulier aux ponts thermiques situés au niveau des ouvertures. Le choix des isolants extérieurs est très réduit par rapport à celui proposé pour l'intérieur et tous ne sont pas satisfaisants. Mieux vaut éviter ceux qui ne laissent pas respirer les murs, car l'humidité resterait à l'intérieur (avec des risques de désordres).

Isolation médiane

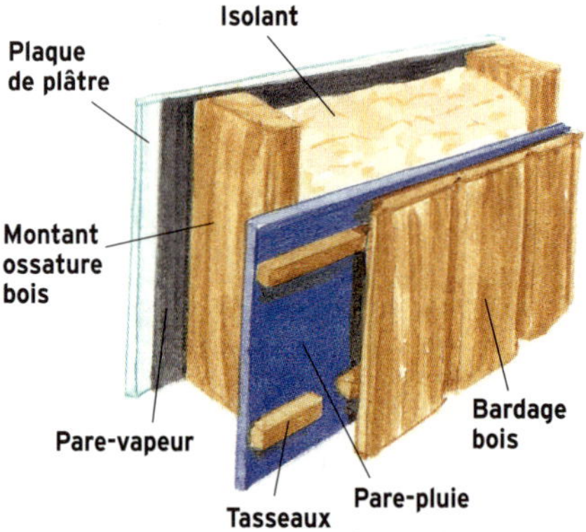

d'après *L'isolation écologique* de Jean-Pierre Oliva. Ed Terre Vivante

Isolation médiane.

Sans doute par économie de matériaux « nobles » plus que par souci d'isolation, les anciens utilisaient parfois ce principe dans les murs de pierres. Les deux côtés étaient maçonnés tandis que la partie située au centre était comblée par un mélange de terre, de paille, de crin... C'est également la technique privilégiée pour les murs en bois cordé (voir chapitre Murs).

– Dans le cas de murs porteurs, l'isolant (généralement en panneaux de laine de bois ou liège expansé) est inclus entre un mur intérieur maçonné (briques pleines de terre cuite) et un mur extérieur composé de briques silico-calcaires.

Il peut être aussi inclus dans un vide aménagé au centre d'un bloc de construction (voir chapitre Murs, Brique « S »).

- À partir d'une ossature porteuse en bois, la partie centrale du mur (située entre les montants) est comblée par l'isolant (soit panneau de laine végétale ou mouton, soit cellulose projetée humide). Elle est maintenue d'un côté par un panneau intérieur contreventant sur lequel vient, éventuellement, s'ajouter un film pare-vapeur et de l'autre côté par un panneau ou un film pare-pluie respirant séparé du bardage bois extérieur par une lame d'air ventilée.

Présentation et forme des isolants

En neuf comme en rénovation, les solutions proposées répondent à tous les problèmes : isoler un plafond en déversant du vrac entre les chevrons ; isoler des combles en appliquant une laine ; isoler des murs avec des panneaux rigides...

En vrac

Sous forme de billes, de flocons, de paillettes, de granulats, de laine, ils sont livrés en sacs et généralement moins onéreux que les isolants texturés conçus avec la même matière première. Ils peuvent être mis en œuvre de différentes manières.

En mélange avec de la chaux et du sable, la chènevotte en vrac est idéale pour les murs intérieurs. © Jean Save

d'après *L'isolation écologique* de Jean-Pierre Oliva. Ed Terre Vivante

Isolation par insufflation.

- Déversé en remplissage, sans liant. L'opération est aisée sur les plans horizontaux (entre les solives d'un plancher d'étage) mais plus délicate dans les autres cas, notamment en remplissage de murs.
- Insufflé avec l'aide d'une machine qui permet d'obtenir une densité suffisante, y compris dans les cavités inaccessibles.
- Projeté (par flocage). L'isolant additionné simplement d'eau ou d'un produit agglomérant est projeté puis laissé tel quel ou recouvert d'un revêtement de finition (panneau).
- Incorporé pour la fabrication de bétons allégés (chènevotte et chaux par exemple). Selon les dosages, ces bétons auront plutôt un pouvoir très isolant (par exemple,

Le liège est intéressant également pour l'isolation des sols. © Granuland un béton de chanvre en isolation sous toiture) ou seront utilisés en banchage pour constituer les murs entre une ossature porteuse.

De nombreux produits écologiquement corrects sont actuellement commercialisés pour être déversés en vrac ou insufflés : liège expansé ; granules de bois et de chanvre ; laine de cellulose, de lin-chanvre, de coton ou de mouton ; argile expansée ; perlite et vermiculite. Cependant, certains produits tels que les granules de chanvre, de perlite et de vermiculite peuvent être bitumés et siliconés. Ces produits ne sont guère compatibles avec la philosophie d'une maison écologique !

Le liège ou l'argile expansé, les granules de bois ou de chanvre, la perlite et la vermiculite sont aussi employés pour la confection de bétons allégés, de mortiers et d'enduits isolants. Le liège, les granules de bois ou de chanvre présentent un excellent bilan tant au niveau des performances que de l'environnement.

En rouleau ou en panneaux semi-rigides

C'est sans aucun doute la forme d'isolant la plus répandue en France, du fait de sa facilité de mise en œuvre avec un matériel réduit et de l'importance de l'offre commerciale, notamment les peu recommandables laines minérales (de roche et de verre).

La plume, qui peut absorber jusqu'à 70 % de son poids en humidité, compte parmi les nouveaux isolants naturels intéressants pour l'habitat écologique. © Batiplum

Ces isolants sont employés à plat dans les combles perdus, sous toiture entre les chevrons ou dans les murs. Il suffit de dérouler, éventuellement de coller ou d'agrafer sur un cadre et le tour est joué. Ces isolants sont employés souvent en rénovation ou en neuf par les particuliers qui se réservent cette partie des travaux.

Admissibles en construction écologique, on trouve des laines de chanvre, de cellulose, de lin, de mouton, de coton et de coco. Les plus intéressantes, tant sur le plan des performances que du bilan écologique, étant les quatre premières. Les deux dernières affichent des coûts de transport élevés et la matière première dont elles sont issues, notamment le coton, est parfois très éloignée des normes de la culture biologique.

En panneaux rigides et composites

Contrairement aux rouleaux et panneaux semi-rigides, cette forme d'isolant est suffisamment résistante à la compression pour être utilisée sous dalles ou supporter directement un enduit de finition. On trouve sous cette forme des isolants tels que le liège expansé, les panneaux de roseaux, de laine de bois, de verre cellulaire, de fibragglos, de cellulose, de perlite et de vermiculite. Les plus isolants et présentant le meilleur bilan écologique étant le liège expansé et les panneaux de laine de bois ou de cellulose. L'un et l'autre affichent également une bonne perméabilité à la vapeur d'eau.

Différents isolants disponibles sur le marché

Le marché des isolants est aujourd'hui pléthorique, mais tous ne méritent pas de figurer dans la construction d'une maison saine, loin s'en faut ! Parmi les vilains petits canards, se trouvent notamment les isolants les plus usités depuis ces trois dernières décennies (polystyrènes, laines minérales…) dont nous avons évoqué les méfaits au chapitre des sources de pollution.

Les isolants minéraux

Les plus connus, les laines de roche et de verre, sont de loin les plus utilisés en Europe mais aussi les plus controversés dès que l'on aborde leurs effets sur la santé, et leur impact sur l'environnement est tout aussi critiquable. Classées potentiellement cancérigène du fait de la dangerosité de leurs fibres, elles sont produites par une industrie qui n'hésite pas à y adjoindre des déchets industriels toxiques quand l'opération permet de réduire les coûts du recyclage. En 1999, la CRIIRAD (Commission de recherche et d'information indépendantes sur la radioactivité) dénonçait l'incorporation de déchets faiblement radioactifs dans les fabrications de Saint-Gobain, à Orange (Vaucluse). Bien que le taux de radioactivité décelé ne soit pas suffisant pour engendrer des pathologies, la CRIIRAD s'opposait à juste titre à cette pratique qui encouragerait les industriels à inclure dans les matériaux pour le bâtiment des déchets dangereux, de façon à limiter les coûts de stockage et de recyclage. Cet ajout est d'autant plus critiquable que l'isolant peut être posé dans une zone où le radon est naturellement présent et augmenter ainsi sensiblement le taux auquel les habitants sont déjà exposés.

Le verre cellulaire

Il est issu de ressources non renouvelables (les mêmes que le verre) et du verre recyclé ; il est aussi gourmand en énergie, polluant lors de sa fabrication et onéreux. Malgré tous ces défauts, le verre cellulaire présente quelques avantages dans des cas bien spécifiques : en isolation extérieure pour les toitures-terrasses et les parois en terre. Il se présente en panneaux rigides imputrescibles et résistants au feu. Il n'engendre aucun dégagement toxique pendant son utilisation ni lors d'un incendie. Le produit qui sert à le coller et à le jointoyer, du bitume issu de l'industrie du pétrole, n'est pas aussi innocent !

La perlite et la vermiculite

La première est issue d'une roche volcanique siliceuse, la seconde d'une roche menacée. Toutes les deux proviennent donc de ressources non renouvelables mais disponibles en grande quantité. Ces minéraux sont concassés de manière à obtenir des grains identiques au sable. Chauffés, ils perdent leur eau et augmentent de volume. Leur transformation ne nécessite que peu d'énergie et les matériaux obtenus ne dégagent aucun élément toxique et sont ininflammables quand ils sont utilisés purs. Mieux vaut par contre éviter les présentations bitumées, siliconées et les panneaux liés au polyuréthane.

Ces deux matériaux sont considérés comme de bons isolants en vrac et pour les bétons allégés. La perlite et la vermiculite conviennent notamment pour l'isolation des combles perdus (en vrac) ou pour l'insufflation dans les murs et en couche de ravoirage. On les trouve également sous forme de blocs de construction préfabriqués.

La vermiculite présente une particularité intéressante : elle isole des champs électromagnétiques.

L'argile expansée

Connue et fabriquée en tant qu'isolant depuis 1917, l'argile expansée est produite à partir d'une matière première non renouvelable mais présente sur la planète en grande quantité. Parfaitement inoffensif pour la santé, ce matériau nécessite peu d'énergie pour sa fabrication mais il est aussi considéré comme un isolant assez médiocre dans son utilisation en vrac. Son insensibilité à l'eau et sa grande résistance à la compression font qu'il est intéressant pour l'isolation des toitures-terrasses ou des caves.

Les isolants végétaux

Utilisés depuis des millénaires dans la construction, les végétaux se sont, un temps, laissés supplanter par les techniques modernes, mais force est de reconnaître que celles-ci sont fortement préjudiciables à l'environnement et qu'elles n'apportent pas le confort fourni par les matériaux naturels.

Les isolants végétaux régulent l'hygrométrie et les échanges gazeux, créant ainsi une atmosphère agréable et confortable. Ils ne présentent aucun risque pour la santé pendant leur fabrication ou leur utilisation et ils sont recyclables. Tous proviennent d'une matière première renouvelable et leur application dans le bâtiment permet souvent de valoriser des produits ou des parties de plantes qui n'étaient pas ou peu exploités au préalable.

Le chanvre

Parmi les isolants végétaux proposés sur le marché de la construction, le chanvre possède une longueur d'avance sur ses concurrents. Sous l'impulsion de quelques pionniers, qui ont découvert la valeur de cette plante en terme d'isolant au début des années 1980, le chanvre a été d'abord testé par les autoconstucteurs puis par les artisans, par les architectes et par les industriels qui ont rapidement pris conscience du potentiel isolant (et commercial) de cette plante.

Le chanvre (*Cannabis sativa*) est une plante ligneuse très rustique, cultivée en Europe depuis l'invasion des Celtes. Composée de trois parties – le chènevis (la graine), la fibre et la chènevotte (le bois de la tige) –, elle était employée dans la fabrication des cordages, des voiles et des vêtements. L'ère industrielle développa d'autres usages : fabrication du papier et huile. Mais, hormis dans quelques rares torchis, le chanvre n'était pas un matériau courant dans le bâtiment. Sa résistance et sa longévité ont longtemps orienté sa destinée vers des usages à forte valeur ajoutée sans chercher à optimiser totalement toutes les parties de cette plante. Seules les fibres utilisées pour les cordages ou le tissage et les graines qui fournissaient l'huile présentaient un intérêt pour les industriels. La paille (chènevotte) servait éventuellement de litière pour les animaux.

C'est pourtant elle qui intéressa un maçon italien, M. Rasetti. Celui-ci eut l'idée d'appliquer à la chènevotte le procédé d'imprégnation par les silicates employé pour les granulats de bois et d'utiliser celle-ci dans le bâtiment comme isolant à déverser en vrac et pour la confection de bétons légers.

L'intérêt de cette plante est triple. En dehors de ses qualités d'isolant, c'est aussi un excellent moyen de diversification pour l'agriculture et une aubaine pour l'environnement. Les besoins de la construction sont énormes et le chanvre est une matière première renouvelable qui peut être produite en grande quantité. Sa croissance rapide ne nécessite que peu d'engrais, il n'a besoin ni de traitements phytosanitaires (désherbant, fongicide, insecticide) ni d'arrosage. Semé fin mars ou début avril, le chanvre se récolte dans le courant de l'été. C'est la plante écologique par excellence, d'autant qu'il assainit les sols pollués au préalable par trop de traitements ! Les puristes préféreront, bien évidemment, le chanvre cultivé dans les règles de la culture biologique !

Tout est bon dans le chanvre !

Actuellement, le chanvre est préparé et utilisé de multiples façons. Les industriels valorisent séparément chaque partie de la plante mais certaines coopératives, regroupant plusieurs producteurs, broient l'ensemble et proposent des particules très fibreuses aptes à donner des bétons très résistants. Dans le cas où le chanvre est défibré (toujours mécaniquement), on obtient deux produits distincts.

- Les fibres issues de la périphérie de la tige sont très résistantes et, de fait, elles ont constitué d'excellents cordages pour la marine pendant des siècles. Actuellement, elles sont surtout destinées à la fabrication de papier fin mais leurs qualités thermiques et acoustiques font qu'elles entrent aussi, désormais, dans la confection des laines isolantes.
- La chènevotte n'est autre que la cellulose formant le « bois » de la tige. Faites d'une multitude de petits canaux transportant la sève pendant la durée de vie de la plante, les particules de chènevotte sont naturellement isolantes, l'air remplaçant la sève lorsque la tige sèche.
- Des graines, on tire l'huile de chanvre, employée pour les cosmétiques, les peintures à l'huile…

Caractéristiques et utilisations

— Chènevotte en vrac

Après défibrage, la chènevotte se présente en granules de 5 à 15 mm de longueur. Elle peut être utilisée telle quelle et déversée en vrac pour l'isolation des planchers, des murs, des combles et des toitures en rampants. Mais ce produit naturel est sensible à l'humidité (elle absorbe jusqu'à sept fois son poids en eau) et aux rongeurs. Pour une utilisation en vrac, il est donc préférable d'opter pour la chènevotte stabilisée avec un traitement aux silicates, qui, en plus, renforce sa résistance au feu.

Plus le % de chanvre dans le mortier est important, plus le mélange est isolant mais au détriment de la résistance. Le dosage est toujours affaire de compromis en fonction de l'utilisation. @ MVF

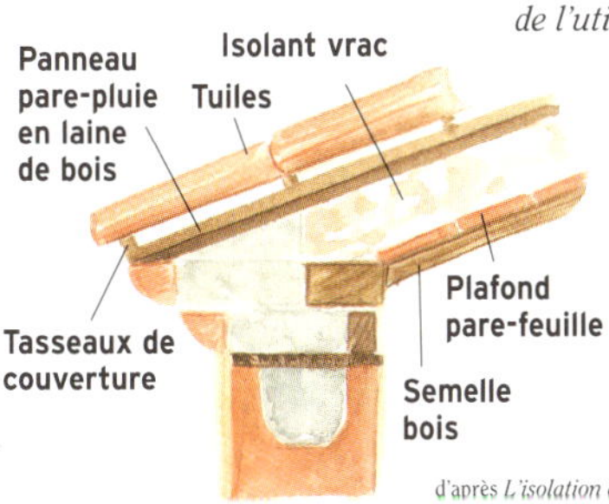

Isolation toiture.

Déversé entre les chevrons, le béton allégé chaux/chanvre est un bon isolant thermique qui améliore également l'acoustique. © Construire en chanvre

— *Chènevotte pour bétons légers et enduits*

Lorsque la chènevotte est incorporée dans des bétons légers (de remplissage ou enduits), la version naturelle du produit est à privilégier d'autant que les industriels ont mis au point des liants à base de chaux, spécialement formulés pour chaque utilisation : Tradical 70 pour les bétons légers et Tradichanvre pour les enduits.

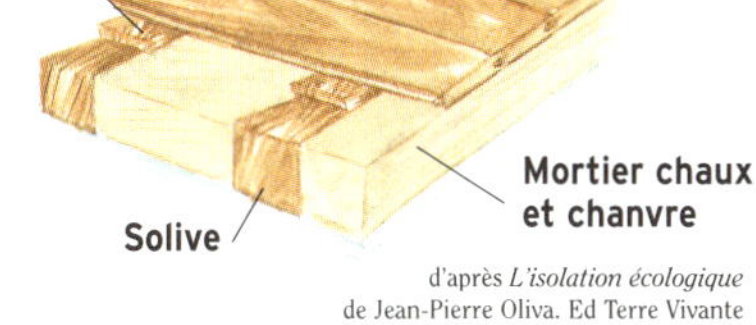

Isolation plancher bois.

Sous la toiture, un mortier allégé chaux/chanvre sur 20 cm d'épaisseur constitue un excellent isolant. © Laurent Goudet

— Granules de chènevotte bituminées

Enrobées de bitume, les granules de chènevotte constituent les sous-couches de chapes flottantes ou de parquets. Elles permettent de compenser les niveaux tout en offrant une bonne isolation thermique et phonique.

— Chanvre entier

Quand la plante ne subit pas de défibrage mais qu'elle est simplement broyée, les particules seront incorporées à des liants pour donner des bétons beaucoup plus résistants que les précédents, du fait de la présence des fibres. Ces bétons pourront être utilisés pour les chapes ou les murs. Par contre, ils ne conviendront pas pour réaliser des enduits de finitions.

— Fibres seules (laine de chanvre)

La filasse est aussi utilisée dans la construction pour fabriquer la laine de chanvre. Séparée de la chènevotte, elle est affinée et calibrée pour constituer une laine homogène à partir de laquelle plusieurs produits peuvent être élaborés.

- En vrac, elle peut être employée manuellement en remplissage des planchers, des murs, des combles, des toitures en rampants et en calfeutrement. Elle peut aussi être projetée ou insufflée en caissons fermés (murs, planchers...).
- En rouleaux, elle isole planchers, toitures en rampants et combles.
- En panneaux semi-rigides, elle convient pour l'isolation (extérieure, intérieure ou médiane) des murs et pour les toitures en rampants.

Le chanvre est actuellement considéré comme l'un des meilleurs compromis écologiques pour une isolation de qualité bien que son coût reste encore un peu élevé. Il est sans effet connu sur la santé, sauf les présentations bitumées.

Le lin

Le lin est connu depuis la plus haute Antiquité pour la fabrication des vêtements mais aussi pour ses pouvoirs isolants dans la construction, comme l'attestent de nombreux vestiges romains. Son emploi dans l'habitat permet de valoriser la partie de la plante (les fibres courtes) non employée dans l'industrie du textile pour le tissage. La laine de lin peut être utilisée en vrac pour l'isolation des planchers, des murs, des toitures en rampants et des combles de manière manuelle ou mécanique (projetée ou insufflée).

Pour les produits texturés (panneaux, rouleaux ou feutre), les fibres reçoivent un premier traitement au borax puis elles sont cardées de manière à obtenir des couches superposées qui sont thermoliées avec environ 15 % de fibres polyester pour former la ouate. Puis il est pulvérisé avec un sel minéral, le silicate de sodium (contre le développement des moisissures). Séchée, la laine sera découpée selon l'utilisation que l'on souhaite.

- En rouleau, elle isole les planchers, les toitures en rampants et les combles.
- En panneaux semi-rigides, elle intervient dans l'isolation des murs (par l'intérieur ou par l'extérieur) et en toiture.

Ressource renouvelable à volonté, le lin est une excellente alternative pour l'agriculture, sans effet négatif connu sur la santé. Il agit comme un climatiseur, indéréglable, grâce à sa capacité à réguler l'hygrométrie. Élastique et résistant aux chocs thermiques, il est très répandu outre-Rhin. Mais, d'un coût relativement élevé (pour les présentations texturées), il est plus souvent utilisé en vrac (moins onéreux).

La laine de coco

Importées en Europe depuis plus d'un siècle pour l'ameublement (siège, matelas…), les fibres de coco sont issues de la bourre qui entoure le péricarpe des noix de coco. Connues pour leur durabilité et leur élasticité, les fibres sont cardées puis traitées au sel de bore. Isolant sain, utilisé en tant que tel depuis une trentaine d'années, la laine de coco entre dans la catégorie des ressources renouvelables, mais elle résulte essentiellement d'une monoculture peu respectueuse de l'environnement (par l'emploi de pesticides) et nécessite une énergie importante pour être transportée vers les lieux de mise en œuvre.

Elle se présente sous de multiples formes :

- En vrac, elle est utilisée en remplissage pour les planchers, les murs à isolation médiane intérieure ou extérieure, les toitures en rampants, les combles et le calfeutrement.
- En rouleaux (de diverses épaisseurs), elle convient pour les planchers, les combles et les toitures en rampants.
- En panneaux semi-rigides, les fibres sont texturées avec une colle au latex naturel pour obtenir des couches de 25 mm d'épaisseur qui sont cousues entre elles. Ces panneaux conviennent pour l'isolation intérieure, extérieure ou médiane des murs et celle des toitures.

La laine de coton

Le coton est connu en tant que textile pour l'habillement depuis des millénaires. Originaire de Chine, il est découvert par les Européens, environ cinq cents ans avant notre ère, lorsque les armées de Xerxès envahissent la Grèce. Mais ses qualités en tant qu'isolant ne sont reconnues que depuis une quinzaine d'années. Suivant les fabricants, la laine de coton peut provenir de coton vierge ou de coton recyclé. Les fibres sont cardées et subissent différents traitements (antifongique, insecticide, ignifugeant) avant de recevoir un liant polyester. Si elle provenait exclusivement de cultures biologiques et d'un commerce équitable, la laine de coton pourrait être intéressante, bien que l'énergie dépensée pour son transport soit élevée. Mais le coton est issu, le plus souvent, d'une culture intensive effectuée au détriment de l'environnement et de l'économie vivrière des populations.

La laine de coton en vrac sert comme isolant de remplissage manuel ou insufflé dans les planchers, dans les combles, dans les murs et dans les toitures en rampants ; celle en rouleaux sert à isoler les planchers, les toitures et les combles.

La laine de coton possède un haut niveau d'isolation thermique et phonique. @ Isoa coton

Le liège expansé

Arbre typique des régions méditerranéennes, le chêne-liège produit une écorce qui peut être prélevée tous les neuf ans. Réduit en granules puis expansé à la vapeur, dans des fours autoclaves, à 300 °C, le liège renferme un nombre considérable de microcellules d'air (15 à 30 millions de cellules par centimètre carré) qui font de ce matériau un excellent isolant thermique et phonique. Il peut être utilisé :

Le liège entre dans le remplissage des structures à ossature bois. @ Granuland

- en vrac, pour l'isolation des combles, des planchers, des cloisons, des structures porteuses à ossature bois, sous toiture ;
- dans les chapes isolantes, dans les bétons allégés et sur les toitures-terrasses ;

• en panneaux agglomérés avec sa résine naturelle la subérine, sous dalle de terre-plein, sous chape, en complément d'entrevous, en complément de murs à isolation interne, en isolation des murs intérieurs, des toitures en rampants sur chevrons.

• pour les préfabriqués, comme éléments de structure auto-isolants (madriers bois-liège), ce qui permet de supprimer les ponts thermiques.

Imputrescible, difficilement inflammable, le liège est considéré comme un matériau sain (lorsqu'il n'est pas associé à des colles ou à des vernis synthétiques douteux), résistant aux contaminations fongiques, et durable (à la démolition des chambres froides des Halles de Paris, les panneaux de liège étaient toujours en parfait état).

Bien qu'il fasse partie des ressources renouvelables, sa quantité disponible est limitée à l'exploitation forestière. Relativement onéreux, son emploi est souvent ponctuel, là où les autres isolants naturels ne sont pas adaptés.

Le bois feutré

Le bois feutré est issu du défibrage des chutes de bois résineux. La laine ainsi obtenue peut être utilisée en vrac ou transformée en pâte (en ajoutant de l'eau) pour être coulée en panneaux d'épaisseurs, de dimensions et de densités variables.

• Les panneaux mous sont propices à une isolation sous toiture soit entre les chevrons, soit porteuse sur chevrons, auquel cas ils supportent la couverture. Ils peuvent également venir en complément ou non d'une autre isolation, entre les montants d'une ossature porteuse.

• Les panneaux mi-durs sont très appréciés comme pare-pluie de parois à ossature bois, pour les cloisons ou contre-cloisons, en panneaux résilients sous les planchers phoniques…

• Les panneaux composites multicouches sont employés pour l'isolation des planchers comme support d'enduits d'une isolation extérieure ou encore en toiture sur chevrons.

Les fabricants allemands et suisses (Gutex et Pavatex) certifient ne pas utiliser de bois traités avec des fongicides pour la fabrication de leurs panneaux. Tous les industriels ne sont pas en mesure d'afficher cette garantie. D'autre part, mieux vaut éviter les panneaux bitumés.

Les fibragglos

Ces panneaux, fabriqués à partir de fibre de bois de résineux, sont plus ou moins acceptables suivant le liant utilisé : magnésie, plâtre, plâtre et ciment, ciment. Les fabrications à base de ciment exigent une énergie importante ; de plus, ces panneaux sont légèrement conducteurs de champs électriques.

La présentation la plus intéressante, avec un liant magnésien, comporte cependant un inconvénient : le coût du transport (la matière première est importée de Grèce).

Dans l'ensemble, les performances de ces panneaux sont assez médiocres au niveau de l'isolation, mais ils peuvent être intéressants comme supports d'enduits (plafonds suspendus, sous-toitures). On les retrouve également dans la fabrication des coffres de volets roulants.

Les granulats de bois minéralisés

Copeaux de bois stabilisés au silicate de calcium, ce produit est vendu en vrac (pour l'isolation des combles perdus) ou employé pour la composition de bétons allégés, en association avec la chaux hydraulique. Ces bétons permettent notamment de réaliser une chape d'étage sur un vieux plancher et peuvent donc être intéressants en rénovation d'autant que la minéralisation et l'enrobage dans un liant hydraulique rendent les copeaux imputrescibles et résistants aux rongeurs, aux insectes et aux microorganismes.

La laine de cellulose

C'est le premier débouché du recyclage du papier issu des journaux invendus ou en fin de vie et des coupes de papiers neufs d'imprimerie. Le papier défibré est réduit en flocons auxquels sont ajoutés de l'acide borique et du tétraborate de sodium qui retardent la propagation des flammes en cas d'incendie et rendent la cellulose résistante aux insectes, aux rongeurs et aux moisissures. Hygroscopique, la cellulose peut capter jusqu'à 20 % de sa masse en eau ; elle est donc intéressante pour réguler l'humidité intérieure mais cette faculté d'absorption peut aussi être à l'origine de dégradations biologiques.

La laine de cellulose est utilisée depuis les années 1930 aux États-Unis et en Scandinavie ; elle est considérée comme un produit inerte. Les seuls inconvénients retenus sont les quantités importantes de poussières dégagées lors de sa mise en œuvre, notamment pour la présentation en vrac et la présence d'encre, vestiges de ses origines (journaux).

Elle peut être utilisée sous trois formes.

- En vrac, compactée en sacs, auquel cas elle doit être cardée et aérée avec une machine qui la projette à sec pour des utilisations horizontales (combles, planchers, isolation des toitures par le dessus) ou humidifiée pour un emploi vertical (murs avec ossature bois). Elle peut aussi être insufflée dans les caissons des planchers, en toiture ou dans les murs à ossature bois. La présentation décompactée est employée manuellement en remplissage.
- En panneaux isolants, elle intervient dans l'isolation des toitures (entre les chevrons) et des murs à ossature bois ou rapportée.
- En panneaux d'agencement, comme correcteur thermique ou phonique.

Les roseaux

Se développant dans les zones humides, les roseaux sont employés depuis la préhistoire dans la construction traditionnelle, notamment pour les couvertures. Dans certaines régions du monde, on les utilise aussi comme supports d'enduits à base d'argile. En France, les roseaux sont toujours employés pour la mise en œuvre et pour la restauration des toits de chaume. Ils proviennent essentiellement de la Camargue et un peu de la Brière, au sud de la Bretagne. Bien que la ressource soit renouvelable, elle est peu disponible pour cause de disparition des zones humides (terrains assainis et offerts au dieu Béton) d'une part et de protection de celles restant d'autre part.

Empilés parallèlement et ligaturés pour former des panneaux de 2 à 10 cm d'épaisseur, les roseaux sont utilisés en isolation intérieure ou extérieure. Fixés par cloutage ou vissage, ces panneaux sont un support idéal pour l'accrochage des enduits. Ils peuvent aussi être employés comme isolation sous toiture ou constituer des voutains entre les solives.

En treillis, ils servent essentiellement de supports d'enduits ou de coffrages perdus.

Les roseaux entrant dans la confection des panneaux proviennent de l'Europe de l'Est, du delta du Danube et du lac Balaton. Un accroissement de la production pourrait être envisagé par la plantation de zones humides ponctuelles, sur des friches agricoles, d'une variété adaptée à tous les climats : le roseau de Chine.

Recyclable, cet isolant ne présente aucun inconvénient pour la santé, si ce n'est éventuellement quelques perturbations électromagnétiques dues aux fils de fer galvanisés utilisés pour la fabrication des panneaux (reproduisant l'effet de la cage de Faraday).

Les isolants d'origine animale

La nature faisant bien les choses, elle a doté les animaux d'un isolant naturel pour se protéger du froid et de la pluie. Laine et plumes réchauffent plus sûrement les animaux que toutes les couches de vêtements superposées sur les humains. Alors de là à penser que ces toisons pourraient apporter une solution à nos problèmes d'isolation, il n'y a qu'un pas.

La laine de mouton

Filée et tricotée, la laine a longtemps constitué une partie de notre seconde peau. Mais, alors que les nomades des pays froids utilisaient déjà les feutres de laines comme barrières thermiques, les pays développés ne lui accordaient plus guère d'intérêt. En France, les toisons étaient, ces dernières décennies, plus souvent brûlées ou jetées que filées ! Ce n'est qu'à partir des années 1990 que la laine de mouton a été reconnue comme matériau d'isolation.

Excellent isolant, la laine de mouton peut absorber jusqu'à 30 % de son poids en condensation sans affecter ses qualités isolantes.
© Etoile du Berger

Naturellement imperméable à l'eau, la laine laisse passer la transpiration de l'animal et le suint qu'elle contient repousse les parasites. À son état brut, elle est donc parfaite pour l'isolation... à un détail prêt : son odeur qui vient justement de son suint. Les autoconstructeurs qui l'ont utilisée telle quelle reconnaissent qu'elle dégage une légère odeur les premiers temps mais qui s'atténue rapidement.

Pour être commercialisée dans les circuits de distribution des matériaux, elle est donc lavée avec du savon et de la soude pour éliminer ce suint, avant de recevoir un traitement insecticide et contre le feu. En clair, on lui retire sa protection naturelle contre les insectes pour lui en administrer une autre (moins neutre au niveau de la santé) mais qui n'a pas d'odeur ! La différence, importante, se fera sentir au niveau du prix : une laine manufacturée est globalement soixante fois plus chère qu'une laine achetée directement à l'éleveur.

Cardée, elle est ensuite conditionnée sous diverses formes :

- en vrac, elle sert au remplissage pour les planchers, pour l'isolation des murs, des toitures et des combles ;
- en écheveaux, elle est adaptée à l'isolation des murs en rondins de bois ;
- en rouleaux, elle est utilisée pour les planchers, pour les toitures en rampants et les combles ;
- en panneaux semi-rigides, elle est employée pour l'isolation des murs.

Dans tous les cas, elle présente d'excellentes performances thermiques et affiche un fort pouvoir hygroscopique (elle peut absorber jusqu'à 30 % de son poids en humidité). Son bilan écologique souffre du traitement antimites et de l'énergie dépensée pour son transport : alors que la ressource pourrait être disponible en France, elle vient le plus souvent d'Australie, de Nouvelle-Zélande, ou de tout autre pays situé aux antipodes. Enfin, son coût reste élevé par rapport à d'autres isolants naturels.

Les plumes de canard

Les industries de la literie, de la confection et de l'ameublement n'utilisant que le duvet, l'emploi des plumes longues pour l'isolation des toitures, des murs et des sols valorise les déchets de l'abattage. L'isolant est constitué de 70 % de plumes de canard, de 10 % de laine traitée antimites et de 20 % de fibres polyester qui agissent comme liant. L'hydrophilie de la plume est exceptionnelle, elle peut absorber jusqu'à 70 % de son poids en humidité tout en restant peu vulnérable aux moisissures.

Quasiment gratuits et performants

L'inconvénient majeur des isolants non commercialisés dans les circuits traditionnels vient du fait qu'aucun test officiel n'a été effectué pour prouver et valider leurs performances. Ces isolants n'ayant qu'une valeur marchande faible ou nulle, aucun organisme officiel ne s'y intéresse ! Et pourtant, pour nombre d'entre eux, les qualités sont connues et attestées par des réalisations qui ont su résister aux siècles et aux intempéries. De nombreux matériaux peuvent entrer dans la construction d'un bâtiment réalisé par un autoconstructeur, mais les entreprises, qui ne sont pas couvertes par les assurances, ne se lancent pas dans l'aventure. Celle-ci vaut pourtant le coup d'être vécue.

- **Les copeaux de bois** sont employés depuis des siècles dans la confection de mortiers à base d'argile ou de chaux. Autrefois, le mélange était approximatif ; les maisons ainsi construites ont pourtant résisté aux temps. Aujourd'hui, il est possible de trouver des mélanges terre-copeaux prêts à l'emploi (commercialisés par Akterre).

- **La paille** était déjà utilisée par les colons d'Amérique, mais l'Europe tarde à reconnaître les qualités isolantes de ce matériau, sauf en Allemagne où les remplissages terre-paille d'une ossature bois ou à colombages sont considérés comme des techniques traditionnelles. L'expérience du passé, ajoutée aux recherches, aux tests effectués et aux connaissances d'aujourd'hui en matière de liants, rend pourtant ces modes de construction particulièrement attractifs. Peu onéreux, à condition de s'investir dans les travaux, ils permettent de construire des maisons saines et respectueuses de l'environnement.

Le matériau paille est disponible partout et sous diverses formes. S'il désigne le plus souvent la tige des céréales (blé, orge…), il peut être remplacé par d'autres végétaux tels que la paille de lavande ou les genêts, la fougère ou encore les feuilles entourant l'épi de maïs.

La lavande présente, entre autres avantages, celui d'être naturellement préservée de l'attaque des insectes du fait des résidus d'essence restant après distillation. Cette paille très riche en silice (tout comme la fougère et les genêts) est en outre imputrescible. Toutes ces pailles peuvent être utilisées en mélange terre-paille ou encore en bottes en remplissage (stabilisé à l'argile) pour l'isolation des toitures. De la Bretagne à la Provence, à chacun de choisir la paille (genêt, lavande ou céréale) la plus proche de son domicile ! Certains agriculteurs, un peu bricoleurs et autoconstructeurs, ont même trouvé comment transformer en laine des végétaux fibreux, par un double passage à l'ensileuse…

Les anciens savaient parfaitement exploiter au mieux les ressources à leur disposition… Retrouverions-nous enfin cette faculté et ce bon sens qui primait alors ?

Les énergies
renouvelables

© Jean Save

Le bois, mais aussi le soleil, le vent, l'eau… constituent des énergies disponibles et renouvelables à volonté. Pourquoi s'en priver ?

Alors qu'on n'utilisait autrefois qu'un peu de bois pour se chauffer et cuisiner et quelques bougies pour s'éclairer, l'ère industrielle a mis sur le marché, depuis la seconde moitié du XIXe siècle, des énergies qui apportent un confort toujours accru sans exiger d'effort autre que celui de mettre la main au porte-monnaie pour en régler le prix. Mais ces énergies fossiles (pétrole, gaz et charbon) sont extrêmement polluantes pour la planète et nocives pour notre santé ; de plus, leurs stocks, qui ont mis des millénaires à se constituer, seront rapidement épuisés. Actuellement, nous consommons ou plutôt nous brûlons ces ressources sans souci du lendemain. Or on estime que les réserves de pétrole seront épuisées en 2040 (du vivant de nos enfants ou nos petits-enfants), que celles d'uranium (utilisées pour l'énergie nucléaire) n'iront pas au-delà de 2075 et que celles de gaz naturel seront taries en 2085 (du vivant de nos arrière-petits-enfants). Seules les réserves de charbon seraient plus pérennes (deux cents à trois cents ans) et réparties sur l'ensemble de la planète, mais c'est également l'énergie qui produit le plus de gaz à effet de serre.

Il n'est évidemment pas question de revenir aux modes ancestraux de chauffage et d'éclairage, mais plutôt de faire appel à des sources d'énergies naturelles et renouvelables telles que l'eau, le vent, le soleil, le bois…

Une solution d'avenir

Pour 88 % des Européens, le réchauffement climatique fait partie des préoccupations sérieuses qui exigent des actions immédiates. Parce qu'elles sont désormais techniquement fiables et que leur coût économique est en baisse, les énergies renouvelables constituent une alternative sérieuse et pérenne aux énergies fossiles ou au tout-

La consommation annuelle moyenne d'un ménage français est de 3500 kWh. En privilégiant les appareils économes, elle peut aisément descendre à 2500 kWh. Source Ademe

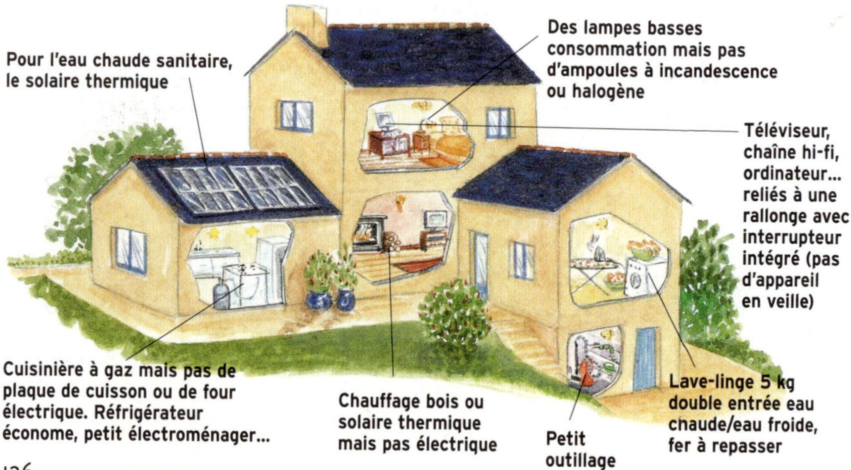

nucléaire comme en France (77 % de notre production électrique dépend des centrales nucléaires).

Par définition, les énergies renouvelables s'épuisent moins vite qu'elles se reproduisent et, de fait, sont parfaitement viables pour les générations futures. Tout en permettant de retarder l'épuisement des stocks d'énergies fossiles, de diminuer l'émission des gaz à effet de serre et donc de limiter le réchauffement climatique, les énergies renouvelables encouragent aussi la valorisation des déchets et limitent les transports (pétroliers, lignes à haute tension…).

Toutefois, avant de penser à un nouvel équipement pour produire sur place l'énergie consommée, il est intéressant de se souvenir que 50 % de notre consommation énergétique dépend de nos actes quotidiens. Nous pouvons agir immédiatement :

- économiser jusqu'à 20 % de carburant, simplement en respectant les limitations de vitesses ;
- consommer quatre fois moins d'électricité avec des lampes basse consommation ;
- réduire de 7 % la facture du chauffage en baissant la température de votre maison de 1 °C ;
- couvrir 70 % de vos besoins en eau chaude sanitaire en installant un chauffe-eau solaire ;
- économiser jusqu'à 30 % d'énergie en remplaçant votre vieille chaudière par un appareil performant et jusqu'à 50 % en construisant une maison bioclimatique.

En mer, les panneaux solaires et les éoliennes sont des sources d'alimentation en électricité courantes pour l'équipement électronique embarqué à bord des voiliers. À terre, des pionniers utilisent ce type d'installation depuis le début des années 1970. Après plus de trois décennies d'essais, de tests et d'améliorations, ces techniques sont désormais parfaitement au point. Des avis techniques du CSTB (Centre scientifique et technique du bâtiment) garantissent leurs qualités et leur pérennité. Les professionnels formés à ce type d'installation sont également de plus en plus nombreux. Qu'attendons-nous pour tirer partie de ces énergies inépuisables que sont le soleil et le vent ou encore l'eau et le bois ? La France s'est engagée, dans le cadre d'une directive européenne, à produire 21 % de sa consommation électrique en 2010 à partir d'énergies renouvelables. Pour y parvenir, elle mise essentiellement sur l'éolien. Mais chacun peut apporter sa pierre à l'édifice en se tournant individuellement vers l'énergie renouvelable la plus performante en fonction de la situation géographique de la bâtisse à équiper.

Chauffe-eau solaire

En fonction de sa situation géographique dans l'Hexagone, un chauffe-eau solaire couvre entre 40 % au nord et 80 % au sud des besoins en eau sanitaire d'une famille (voire l'intégralité). Son fonctionnement peut être assimilé à celui du tuyau d'arrosage que l'on

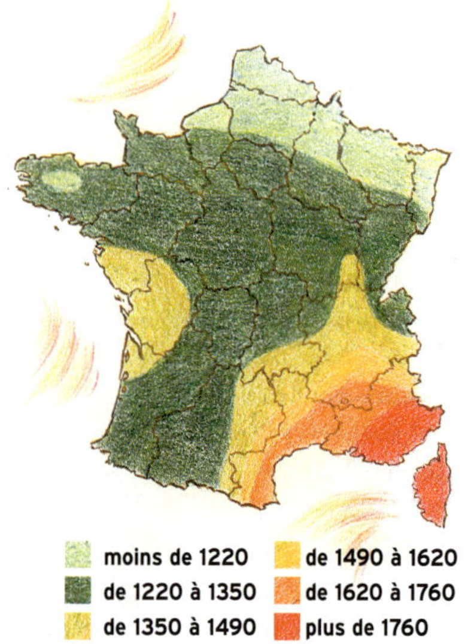

Le gisement solaire en kWh/m²/an.
Source Ademe

laisse déroulé au soleil toute la journée. Le soir, l'eau est trop chaude pour s'y doucher directement !

Le chauffe-eau solaire est composé de capteurs (appelés aussi absorbeurs) qui emprisonnent la chaleur dans un fluide transporteur, d'un échangeur thermique et d'un ballon. Il peut être monobloc et fonctionner en thermosiphon ou à éléments séparés et, dans ce cas, nécessiter un circulateur commandé par une régulation.

• **Les capteurs solaires** sont généralement intégrés dans la toiture (c'est là qu'ils sont le plus performants), mais ils peuvent être également posés sur une véranda, en auvent de terrasse ou au sol. Pour un rendement optimum, ils seront placés plein sud sur une pente de 40° à 50° mais ils tolèrent une implantation entre le sud-est et le sud-ouest et une inclinaison pouvant aller de 20° à 60° sans trop perdre en efficacité. Chaque capteur est constitué d'une surface plane noire, au-dessous de laquelle circulent des tubes métalliques également peints en noir, le tout se trouvant dans un coffre rigide parfaitement isolé thermiquement. Un liquide caloporteur (antigel de qualité alimentaire) circule dans les tubes. Les capteurs sous vide et les capteurs équipés de concentrateurs paraboliques sont les plus performants. La chaleur accumulée par les capteurs est transmise au ballon grâce à un échangeur thermique.

• **Le ballon** peut être fixé sur le même châssis que le capteur et constituer de fait un chauffe-eau solaire monobloc. Moins onéreux à l'achat qu'une installation à éléments séparés, ce système s'intègre mieux à une terrasse que sur une toiture, où il est inesthétique. Inconvénient de ce système : étant situé à l'extérieur, même bien isolé, le ballon se refroidit plus rapidement.

Dans le cas d'un chauffe-eau à éléments séparés, le ballon est situé à l'intérieur de la maison, bien à l'abri et si possible dans

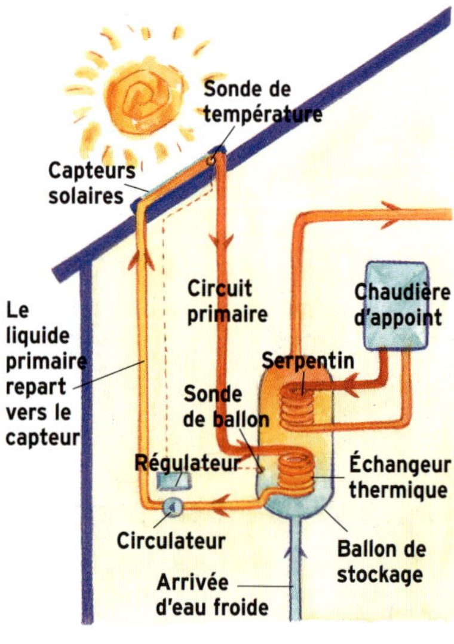

Chauffe-eau solaire à éléments séparés avec chauffage d'appoint.

un lieu chauffé. Si la configuration des lieux permet de placer le ballon au-dessus du capteur, le chauffe-eau à éléments séparés peut fonctionner en thermosiphon (comme le monobloc) et, de ce fait, ne pas être dépendant de l'électricité. Quand le liquide est plus chaud que l'eau, donc moins dense, il s'élève naturellement dans le ballon (d'où la nécessité de positionner le ballon à un niveau plus élevé que les capteurs).

Les systèmes à circulation forcée sont, cependant, les plus fréquents. Une pompe électrique (le circulateur déclenché par un régulateur) met en mouvement le liquide caloporteur quand sa température est supérieure à celle du ballon.

Dans un chauffe-eau solaire à éléments séparés, le liquide est acheminé jusqu'à l'échangeur thermique (serpentin) par un circuit étanche et calorifugé, mais il est évident que pour limiter les pertes de chaleur, le ballon devra être situé le plus près possible des capteurs.

Adapter l'installation

Même dans les régions les plus favorisées par le soleil, il est rare, en France, que le chauffe-eau solaire puisse couvrir l'intégralité des besoins. Quelques jours de mauvais temps suffisent pour qu'il y ait lieu de recourir à une énergie d'appoint.

Dans une construction neuve où l'on peut prévoir la place tout en souhaitant limiter les coûts, un même ballon peut être alimenté par deux énergies. Le solaire assure le chauffage de la partie basse du ballon tandis que l'énergie d'appoint chauffe uniquement la partie haute.

Rien ne sert de surdimensionner une installation. Pour être rapidement amortissable, elle devra être adaptée aux besoins de la famille. © Photowatt

Dans une construction existante qui dispose déjà d'un chauffe-eau, l'équipement solaire sera placé en amont du ballon existant. Mais, dans tous les cas, pour éviter les risques liés aux légionelles, le principe de précaution impose de porter l'eau à une température de 60 à 70 °C, d'où l'intérêt d'un ballon d'appoint qui assure la montée en température quand l'énergie solaire ne suffit pas pour atteindre le seuil de 60 °C.

La composition de la famille et le climat de la région conditionnent la superficie des capteurs et le volume du ballon. Les économies ne sont réalisables qu'avec une installation de dimension adaptée qui prendra en compte l'ensoleillement annuel et non seulement celui de l'hiver, auquel cas les risques d'une installation surdimensionnée conduiraient à une surchauffe en été. L'entretien d'un chauffe-eau solaire est limité ; il suffit de contrôler de temps à autre la pression dans le circuit (1 à 2 bars), le bon fonctionnement de la régulation et de dépoussiérer régulièrement les capteurs.

Nombre d'occupants	1 ou 2	3 ou 4	5 ou 6	7 ou 8
Volume du ballon solaire (en litres)	100 à 150	100 à 250	250 à 350	350 à 500
Volume total avec l'appoint	100 à 250	250 à 400	400 à 550	550 à 650
Zones climatiques	Surface des capteurs (en m^2)			
Zone 1	2 à 3	3 à 5,5	4 à 7	5 à 7
Zone 2	2 à 3	2,5 à 4,5	3,5 à 6,5	4,5 à 7
Zone 3	2 à 2,5	2 à 4	3 à 5,5	3,5 à 7
Zone 4	2 à 2,5	2 à 3,5	2,5 à 4,5	3,5 à 6

Marche à suivre

Si la mise en œuvre est programmée en même temps que la construction de la maison, l'installation du chauffe-eau solaire ou des panneaux photovoltaïques est intégrée à la demande de permis de construire.

Dans une rénovation de bâtiment ancien ou dans le cadre d'un changement de système d'alimentation en eau chaude, il est nécessaire de faire au préalable une déclaration de travaux en mairie.

Les systèmes solaires combinés

Les capteurs solaires peuvent également être utilisés pour le chauffage, avec des radiateurs basse température ou un plancher chauffant. Plusieurs milliers d'installations de ce type sont déjà en service et donnent entière satisfaction, dont certaines depuis une quinzaine d'années. La surface de capteurs installés pour un système solaire combiné varie de 10 à 30 m². Ils couvrent entre 25 à 60 % des besoins annuels suivant la taille de l'installation et la situation géographique de la maison. Cette installation évite également le rejet de 1 250 kg de CO_2 dans l'atmosphère chaque année. Les systèmes solaires combinés ont largement bénéficié des progrès techniques des chauffe-eau solaires bien qu'ils n'aient pas les mêmes exigences.

- Le chauffage fonctionne en continu sur une longue période alors que la demande en eau chaude sanitaire est ponctuelle et de courte durée.
- Les besoins en températures des deux circuits ne sont pas identiques : 30 à 50 °C pour le chauffage, 45 à 60 °C pour l'eau chaude sanitaire.
- Les besoins en chauffage sont saisonniers, alors que le chauffe-eau solaire fonctionne toute l'année.

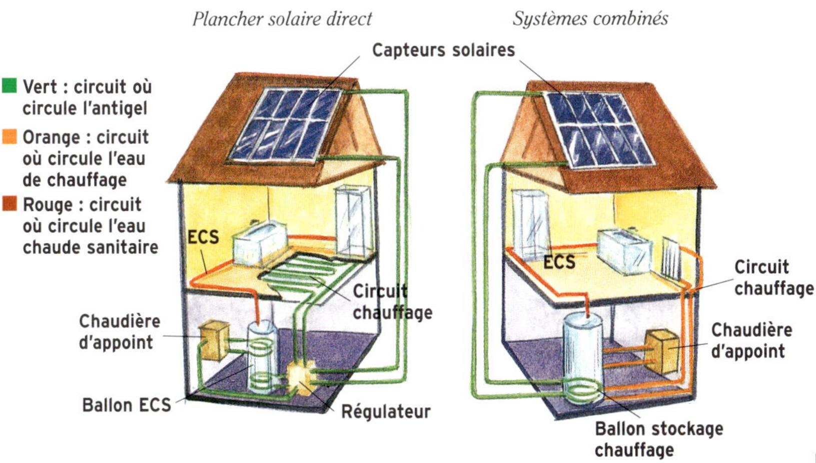

Deux types d'installations

• D'origine française, le **plancher solaire direct** est le système le plus fréquemment usité dans les constructions neuves où il est possible d'utiliser le plancher chauffant comme émetteur et comme lieu de stockage. Chauffé dans les capteurs solaires, le liquide caloporteur circule directement dans les tuyaux du plancher ou réchauffe l'eau chaude du ballon sanitaire par l'intermédiaire de l'échangeur. Par un système de régulation, il peut être aisément couplé à une autre source d'énergie qui prend le relais dès que l'ensoleillement devient insuffisant.

• Le second principe d'installation repose sur **l'hydro-accumulation**. La chaleur produite est stockée dans un volume tampon, capable de garder en réserve entre 500 et 2 000 l. L'énergie est ensuite diffusée par radiateurs ou par plancher chauffant. Ce système apporte une réponse souple à une rénovation où il est difficile de mettre en œuvre une dalle chauffante, à condition de prévoir des radiateurs basse température.

Dans le cadre d'un système solaire combiné, la surface des capteurs est largement suffisante pour couvrir les besoins d'eau chaude sanitaire en été. Il est parfois utile de prévoir des procédés qui évitent les surchauffes estivales : boucle de décharge, capteurs autovidangeables, refroidissement nocturne…

Électricité solaire phovoltaïque

On estime à 2 400 kWh (kilowattheures) par an (en faisant la chasse au gaspillage) les besoins électriques d'une famille de quatre personnes, hors eau chaude et chauffage. Selon l'implantation géographique de l'habitation, une installation photovoltaïque d'une puissance de 1 kW couvrant 10 m^2 produit entre 800 et 1 400 kWh par an.

Découvert en 1839 par Antoine Becquerel, le principe du photovoltaïque est simple : un semi-conducteur génère un courant quand il est exposé à la lumière.

Partant de ce constat, les cellules cristallines sont composées de deux couches de semi-conducteurs et d'un grillage métallique qui sert de collecteur. Elles sont ensuite assemblées entre deux couches de verre trempé pour créer les **modules**, des panneaux de 0,5 à 3 m^2, qui sont intégrés en toiture des bâtiments, en façade, en verrière, en mur rideau… Peu encombrants, légers, les modules se posent facilement et n'exigent aucun entretien particulier. Situés au sud, ils offrent un rendement maximal mais ils supportent une orientation sud-est, sud-ouest. L'inclinaison idéale est de 45°. L'impact du photovoltaïque sur l'environnement est faible. Il lui faut en moyenne deux à trois ans pour produire en énergie ce qui a été nécessaire à la construction des éléments de production. Le photovoltaïque ne pollue pas, ne fait pas de bruit et, en fin de vie, tous ses éléments peuvent être recyclés.

Schéma d'un type de cellule photovoltaïque.

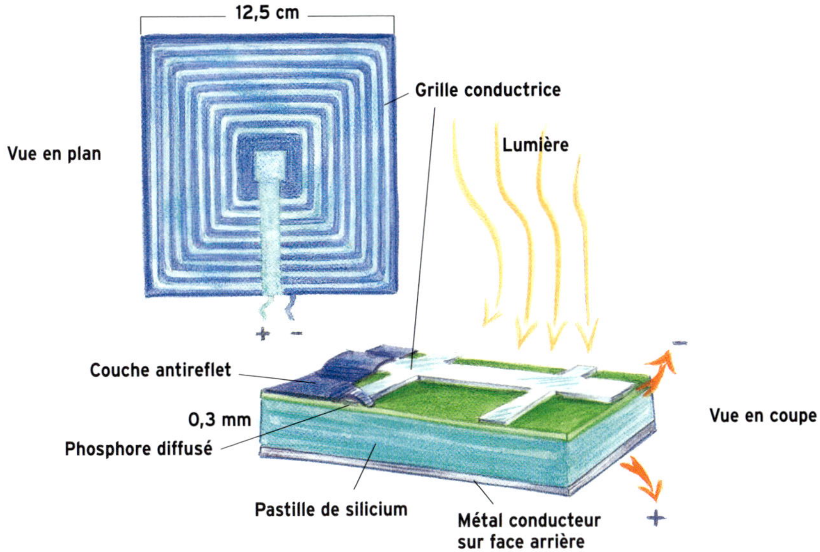

Trois technologies de cellules peuvent être utilisées (monocristallines, multicristallines et couches minces). Les modules cristallins, qui ont un rendement élevé et une longue durée de vie, sont les plus courants. Les premières installations de ce type affichent allégrement plus de vingt printemps. Chaque module produit un courant continu dont la tension opérationnelle est d'environ 12 V pour un modèle standard. En raccordant les modules entre eux, en fonction des besoins, on obtient une tension de 12, 24 ou 48 V qui alimente des batteries d'accumulateurs. Le courant ainsi produit peut être utilisé tel quel ou transformé en courant alternatif grâce à un onduleur.

Trois types d'installations

- L'énergie ainsi produite peut être utilisée au fil du soleil, par exemple pour alimenter une pompe à eau. Dans ce cas, il n'y a **pas de stockage d'énergie**.
- En site isolé, là où il est difficile, voire impossible d'être raccordé au réseau électrique, l'énergie produite en excès les jours de fort ensoleillement est stockée sur **batteries d'accumulateurs** et restituée les jours de ciel nuageux. Depuis dix ans, environ 5 000 foyers en France ou dans les DOM-TOM ont été équipés en photovoltaïque (en sites isolés). Ces équipements permettent d'économiser le coût du transport par des lignes aériennes qui défigurent l'environnement et occasionnent des pertes importantes.

Installation photovoltaïque raccordée au réseau.
Source Ademe

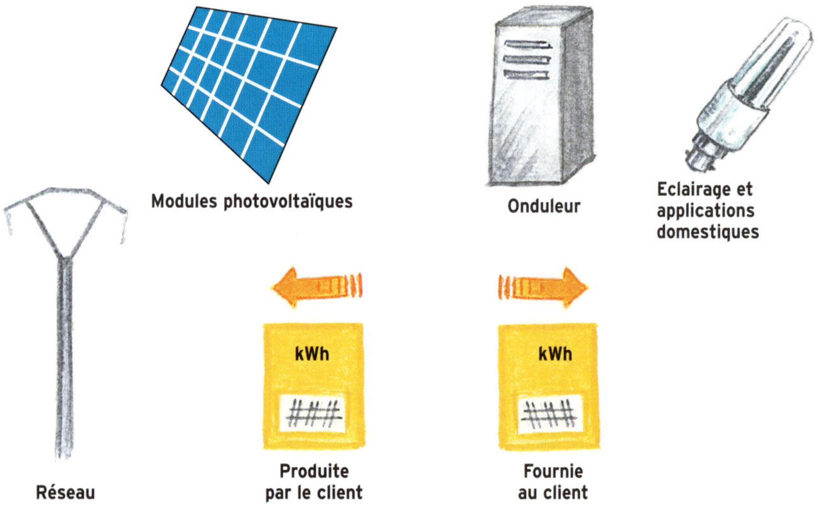

Mais les batteries constituent le maillon faible de ce type d'installation. Leur durée de vie varie de cinq à huit ans. Pour éviter les surcharges et les décharges trop importantes, il ne faut pas hésiter à investir dans des batteries bien adaptées à l'installation et dans un régulateur de charge qui prolonge leur durée de vie. Les batteries contiennent du plomb et de l'acide ; leur recyclage est donc indispensable pour éviter toute pollution. Il est souvent utile de prévoir une solution d'appoint (éolienne ou groupe électrogène).

• Les installations photovoltaïques peuvent également être **raccordées au réseau.** En Allemagne, plus de 500 000 m² de toits recouverts de modules photovoltaïques sont installés chaque année et connectés au réseau, grâce aux aides de la Commission européenne et du gouvernement allemand. En France, EDF a l'obligation de racheter l'électricité photovoltaïque depuis février 2000 (mais les projets de construction incluant ce type de production électrique ont parfois du mal à passer !).

Dans une installation photovoltaïque raccordée au réseau, le courant continu est transformé en courant alternatif par un onduleur qui garantit que l'électricité produite possède bien les mêmes caractéristiques que celles du réseau (une fréquence de 50 Hz à 230 V) puis injecté dans ce dernier.

Aérogénérateurs (éoliennes)

Depuis des siècles, l'homme met à profit la force du vent pour moudre le grain ou pour faire tourner une meule qui pompe l'eau… Alors pourquoi pas pour produire de l'énergie ? Il y eut d'abord les roues à aube chez les Perses puis les moulins à vent

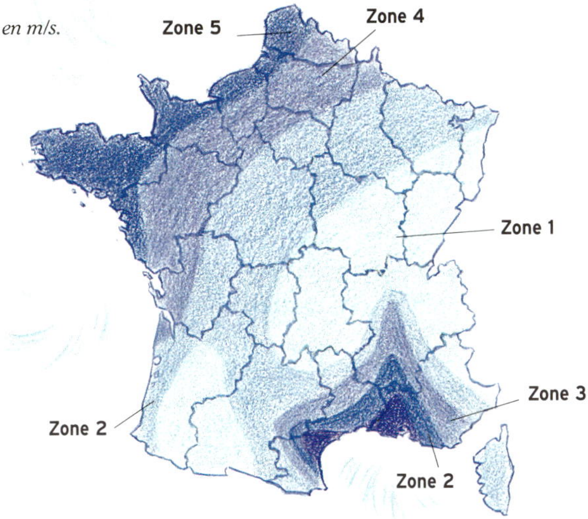

Gisement éolien en m/s.
Source Ademe

Bocage dense, bois, banlieue	Rase campagne obstacles épars	Prairies plates quelques buissons	Lacs mer	Crêtes** collines	
< 3,5	< 4,5	< 5,0	< 5,5	< 7,0	Zone 1
3,5-4,5	4,5-5,5	5,0-6,0	5,5-7,0	7,0-8,5	Zone 2
4,5-5,0	5,5-6,5	6,0-7,0	7,0-8,0	8,5-10,0	Zone 3
5,0-6,0	6,5-7,5	7,0-8,5	8,0-9,0	10,0-11,5	Zone 4
> 6,0	> 7,5	> 8,5	> 9,0	11,5	Zone 5

** les zones montagneuses nécessitent une étude de gisement spécifique.

en Europe vers le XIIe siècle, et enfin les éoliennes, multipales et grinçantes, adoptées dans les fermes américaines pour le pompage de l'eau. Mais si le principe reste le même – exploiter la force du vent –, les aérogénérateurs d'aujourd'hui n'ont plus grand-chose à voir avec ces lointains ancêtres.

Les éoliennes peuvent être de taille relativement modeste et alimenter une seule demeure ou être regroupées en parcs (champs éoliens) et afficher dans ce cas des dimensions importantes (mâts de 40 à 110 m de haut, pour un diamètre de cercle balayé par les pales de 40 à 120 m) et produire une électricité de masse capable d'alimenter un village, une ville ou être revendue à un opérateur (EDF).

L'importance du vent

Le kilowattheure (kWh) éolien revient moins cher à produire que le kilowattheure photovoltaïque, mais le bon fonctionnement et le rendement d'une installation éolienne étant tributaires du vent, cette solution n'est pas envisageable partout en France. Certaines régions sont plus favorisées que d'autres. Le vent est généralement présent et suffisamment puissant en bordure de littoral, dans les couloirs des fleuves, sur les collines, dans les plateaux, dans les montagnes, dans tous les endroits où rien (forêts, bâtiments...) ne freine les ardeurs d'Éole. La carte des vents indique globalement les régions les plus favorables, mais certaines configurations de terrains (colline, présence d'eau) peuvent engendrer une accélération des vents. Les marins connaissent bien l'effet « brise de mer » ou « brise de terre », un vent produit par la différence de températures, entre la terre et l'eau.

Pour savoir si un site est propice, consulter la carte des vents ne suffit pas ; il faut tenir compte aussi des phénomènes locaux. Avant toute implantation, il est donc nécessaire d'évaluer le potentiel du lieu d'implantation. Certains spécialistes examinent les branches des arbres ! Plus sérieusement, d'autres préconisent l'anémomètre (on en trouve dans les magasins spécialisés en articles de plaisance voile) ! L'installation d'un mât de mesures est indispensable, l'idéal étant de pouvoir faire des relevés sur une année complète pour évaluer les variations entre les saisons. Cette précaution permet d'optimiser la taille de l'éolienne et le nombre des batteries de stockage.

Le vent est certes indispensable, mais point trop n'en faut ! En matière d'éolien, la vitesse du vent se calcule en mètre par seconde (m/s). Au-dessous de 4 m/s soit 14 km/h, la puissance de l'éolienne est nulle. À partir de 8 m/s jusqu'à 15 m/s (entre 30 et 55 km/h), le site est optimal. Au-delà de 25 m/s (90 km/h), une petite éolienne individuelle doit être arrêtée. L'éolienne devra être positionnée sur le terrain de manière à être idéalement exposée au vent mais pas trop près de l'habitation (à cause du bruit), ni trop loin pour ne pas augmenter exagérément le coût du câblage. Il existe désormais des éoliennes à faibles nuisances sonores.

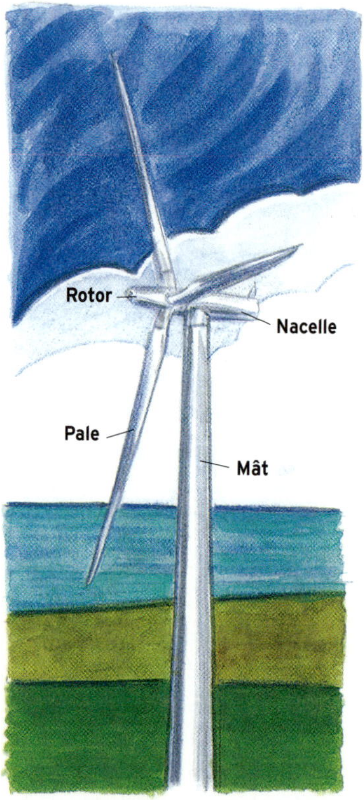

À partir de l'éolienne l'énergie mécanique est transformée en énergie électrique grâce à une génératrice.

Principes de fonctionnement

Lorsque le vent souffle, il fait tourner les pales (généralement trois), lesquelles entraînent le générateur électrique qui transforme cette force en courant alternatif. Ce courant doit être redressé par un onduleur en courant de qualité constante, utilisable pour l'éclairage et les appareils domestiques. La production dépend de la vitesse du vent, du rendement du rotor et de la surface des pales. Si on augmente de 40 % la surface de celles-ci, la production est multipliée par deux mais, si le vent double de vitesse, la puissance disponible est multipliée par huit. L'efficacité de l'éolienne est à son maximum lorsque l'hélice se trouve perpendiculaire au vent. Sur les petites éoliennes, c'est la girouette qui oblige la nacelle à rester dans l'axe du vent.

Pour satisfaire les besoins d'une maison (vingt lampes fluocompactes, téléviseur, chaîne hi-fi, ordinateur, lave-linge 5 kg, fer à repasser, aspirateur, petit outillage du type perceuse, réfrigérateur, mixeur, cafetière...), une éolienne d'une puissance de 3 à 5 kW est nécessaire.

Marche à suivre

Au-dessus de 12 m de haut (à l'axe de l'éolienne), un permis de construire est nécessaire (à demander en mairie). En dessous, il est néanmoins indispensable de vérifier auprès de la mairie qu'il n'existe aucune contrainte (zone littorale, monument historique à proximité...). Bien que les nuisances sonores et visuelles soient faibles, mieux vaut dialoguer avec les voisins avant l'installation. Un projet bien expliqué a toutes les chances d'être mieux accueilli qu'une éolienne que l'on découvre en rentrant chez soi le soir après une journée de travail !

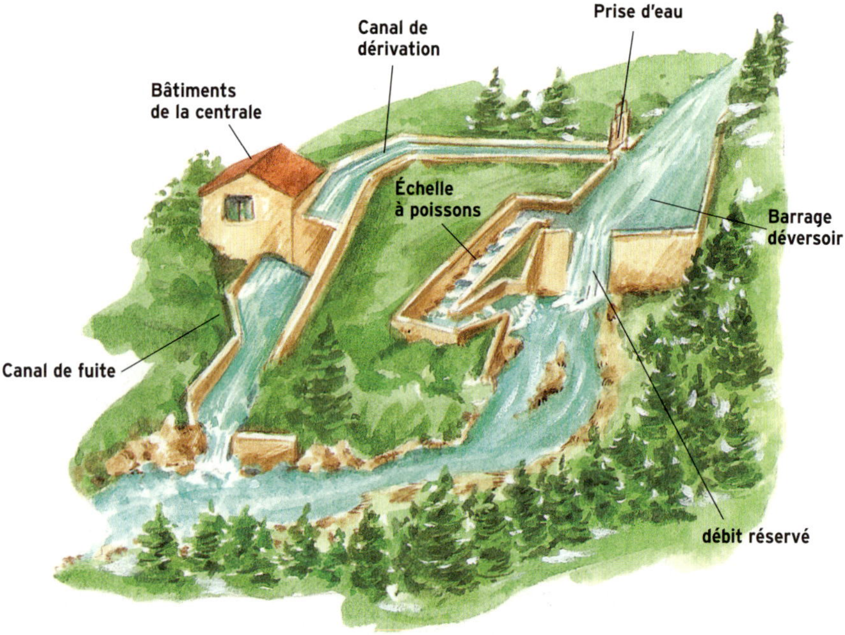

Un barrage, une microcentrale… l'énergie hydraulique est idéale pour produire de l'électricité en site isolé.

Microhydraulique

En 1890, on recensait en France 69 620 moulins à eau alors que l'on compte 40 000 cours d'eau d'une longueur supérieure à 2 km de long et 80 000 km de rivières de plus de 1 m de large. Poissons et installations vivaient alors en bonne entente et les pêcheurs n'ont jamais remis en cause ces moulins. Ces derniers n'étant plus en activité, beaucoup ont été détruits ou reconvertis en habitation. Sans apporter plus de nuisances à l'environnement que ces moulins, la microhydraulique pourrait constituer une solution alternative pour la production d'électricité, notamment dans les zones isolées. Or, il n'existe actuellement que 1 810 microcentrales produisant environ 8,45 TWh (térawattheures), soit 1,5 % de la production électrique nationale et 10 % de la production hydroélectrique, la plupart des nouveaux projets se heurtant à une catégorie d'écologistes qui se révèlent bien souvent n'être que de fervents défenseurs de leur activité de loisirs, la pêche. Cette opposition relève aussi parfois d'une méconnaissance du sujet. La microhydraulique n'a, en effet, rien à voir avec sa grande sœur, qui défigure effectivement l'environnement par des barrages parfois pharaonique et qui est régulièrement mise en accusation dans des catastrophes inhérentes à ses lâchers.

Principe de fonctionnement

L'eau est captée 100 à 200 m en amont de la centrale et conduite par un bief (canal de dérivation) jusqu'à cette dernière, qui abrite les équipements producteurs de courant : turbine, générateur, systèmes de contrôle et de régulation. La production est fonction de la chute et du débit mais inversement proportionnelle à ce dernier. Peu d'eau tombant de haut (au moins 2 m) produira autant qu'un fort courant sur un faible dénivelé.

En traversant l'hélice ou en frappant les augets, l'eau fait tourner la turbine qui entraîne le générateur de courant, lequel transforme alors l'énergie mécanique en énergie électrique. Celle-ci peut-être consommée directement ou stockée dans des accumulateurs. Avantage du système, un canal de restitution renvoie, immédiatement après son utilisation, l'eau dans la rivière sans qu'elle subisse la moindre pollution du fait de la conception des machines et de l'usage de graisses ou d'huiles écologiques pour leur entretien.

Le coût d'une installation est extrêmement variable, suivant la configuration du terrain, la puissance désirée et les caractéristiques des équipements. Ces derniers (turbine et générateur) sont conçus pour fonctionner une quarantaine d'années. S'ils sont bien réalisés, les travaux de génie civil et le bâtiment accueillant l'installation peuvent passer le siècle sans problème ! Dans ces conditions, un retour sur investissement de dix ans semble d'autant plus raisonnable que la production hydroélectrique se fait à partir d'une énergie complètement gratuite.

Beaucoup d'avantages

Cette production d'énergie décentralisée n'émet pas de gaz à effet de serre, ne produit aucun déchet ; au contraire, elle récupère les déchets flottants dans les dégrilleurs (mis en place en amont de la turbine) et contribue donc au nettoyage et à la dépollution de la rivière. Elle n'a aucun effet irréversible sur l'environnement pour les générations futures. Il suffit de démonter l'installation lorsqu'elle n'est plus en service.

Elle peut même, et c'est un avantage pour son propriétaire, utiliser les installations d'un vieux moulin. Son impact visuel est limité, les conduites devant être enterrées et les bâtiments pouvant être réalisés avec des matériaux locaux, parfaitement intégrables dans l'environnement. Dernier point et non des moindres, ces petites installations affichent un fort potentiel énergétique avec un taux de rendement (toutes pertes confondues) d'environ 80 % et des temps de fonctionnement voisinant les 90 %.

Le frein de la réglementation

Malgré une technologie parfaitement maîtrisée et des avantages certains, ce gisement énergétique n'est pratiquement pas exploité en France. Aux recours des opposants qui enlisent les projets dans un véritable labyrinthe de procédures, s'ajoute une réglementation considérée comme l'une des plus contraignantes du monde.

Le projet ne pourra avoir lieu que s'il se situe sur un cours d'eau non classé. Le Conseil d'État a, en effet, fixé une liste de cours d'eau sur lesquels aucune autorisation pour un nouvel aménagement ne peut être donnée.

Le parcours du combattant commence par une étude des potentialités du site : hauteur de chute, régularité du débit et de la source d'approvisionnement, quantité turbinable en prenant en compte le fait qu'il est évidemment interdit de prélever l'intégralité de l'eau de la rivière. Le dossier doit également comprendre une étude d'impact portant sur un an de prélèvements hydrobiologiques, des études géologiques… Ces dossiers, qui nécessitent souvent plusieurs années de travail, seront étudiés par la DDAF (Direction départementale de l'agriculture et de la forêt), la DDE (Direction départementale de l'équipement), la DRIRE (Direction régionale de l'industrie, de la recherche et de l'environnement), la DIREN (Direction régionale de l'environnement), les pêcheurs, les riverains… Une fois l'autorisation obtenue, il restera à passer au stade de la conception, tout aussi exigeante en contraintes environnementales. L'installation ne devant pas être un obstacle pour la circulation des poissons, des mesures compensatoires peuvent être exigées, comme la pose de passes à poissons.

Le biogaz

Parmi les énergies renouvelables les plus prometteuses figure également le biogaz provenant de la fermentation des matières organiques. Produit par la décomposition des déchets végétaux issus de l'agriculture, des jardins, de la cuisine, des déjections animales et des excréments humains, ce méthane affiche une qualité supérieure à celui issu des énergies fossiles. Cette technique est d'autant plus intéressante qu'elle permet d'extraire également de la matière organique, un composé fertilisant pour les cultures.

Le biogaz est produit à partir d'un « digesteur » et peut être utilisé de la même manière que le gaz fossile (pour le chauffage, la cuisine...). Cette technique largement usitée en Afrique et en Asie l'est peu dans les pays développés, ces derniers considérant encore les déchets comme des problèmes et non comme des sources d'énergies potentielles. Quelques rares fermes sont équipées en France mais c'est en Allemagne que l'on trouve l'exemple le plus représentatif de ce qu'il est possible de faire en matière de réduction des déchets et de protection de l'environnement. Installés à Fribourg-en-Brisgau, des logements sociaux ont été conçus pour réduire la consommation énergétique à son minimum. Optimisés au niveau bioclimatique, ces logements sont en partie alimentés par le biogaz issu des déchets organiques produits dans l'immeuble.

Une partie des matières entrant dans la fabrication du biogaz émanant de plantes (qui consomment du CO_2 pour leur croissance), on peut considérer que le solde des émissions de gaz à effet de serre après combustion du biogaz, est proche de zéro.

Sus aux énergies perdues !

Actuellement, l'eau utilisée pour produire de l'électricité à partir des énergies fossiles est rejetée dans les fleuves ou dans l'atmosphère. Or la chaleur restante est égale à environ 60 % de l'énergie produite et les rivières sont les premières à souffrir de ces rejets, même si la température est abaissée à un degré supportable pour la faune et la flore.

Ce gâchis peut être valorisé par la cogénération, une technique qui se sert de la chaleur perdue et qui permet donc de produire en simultané de l'électricité et des calories, portant ainsi le rendement des centrales à 80 voire 90 %, alors qu'il atteint actuellement péniblement 40 %.

Pour ce, il suffit d'équiper les centrales de production d'électricité d'un réseau de distribution de la chaleur *via* les logements situés à proximité.

Les émissions de gaz à effet de serre des centrales alimentées par les énergies fossiles seront évidemment toujours aussi importantes, mais le gain se fait sur les énergies non consommées pour le chauffage. La cogénération s'applique également à l'incinération des ordures ménagères.

La cogénération n'est pas une énergie renouvelable, mais une manière de récupérer et d'exploiter une énergie jusqu'alors perdue !

Chauffage et eau chaude sanitaire

© Supra

Les inserts et les foyers fermés sont, de loin, les appareils de chauffage les plus vendus en France même s'ils ne constituent souvent que des chauffages d'appoint.

Pourquoi l'homme éprouve-t-il le besoin de se chauffer dès que la température extérieure descend en dessous d'un certain seuil ? La température centrale de l'humain étant constante (on dit qu'il est homéotherme), son confort est intimement lié à celle de l'air et des surfaces qui l'entourent, à l'humidité ambiante et aux mouvements éventuels de l'air. Cependant, tous les chauffages n'apportent pas le même confort thermique. Dans certains cas, ils peuvent même être source de désagréments et favoriser la propagation des poussières et autres micro-organismes allergisants. Sensation subjective s'il en est (et variable d'un individu à l'autre), la notion de confort thermique évolue également dans la journée. La faim, un courant d'air, la fatigue, une baisse de tension suffisent à engendrer une impression soudaine de fraîcheur désagréable… Dans ces conditions, peut-on raisonnablement envisager qu'un ou plusieurs types de chauffages puissent être adaptés et convenir à tous ? Certainement, mais à condition de prendre en compte tous les paramètres qui régissent ce confort thermique et de choisir, parmi tous les modes de chauffages proposés sur le marché, les appareils qui sont à la fois les plus performants, les mieux adaptés aux besoins de l'homme et les plus respectueux de l'environnement.

Les poêles-four cumulent les performances d'un foyer actuel et celles d'un appareil de cuisson pour mijoter les bons petits plats. © Tulikiwi

Une sensibilité à fleur de peau

Une VMC (Ventilation mécanique contrôlée) un peu trop puissante ou *a contrario* une ambiance trop confinée avec un taux d'humidité élevé créent immédiatement une sensation d'inconfort. Une différence importante entre la température de l'air intérieur et celle des murs génère le même inconvénient. Une pièce où les températures varient entre le sol et le plafond sera tout aussi mal aisée à vivre... Bref, pour que le corps se sente bien, il doit être en harmonie avec tout ce qui l'entoure. De même que l'on peut chauffer une pièce par convection, par rayonnement ou par conduction, le corps humain (plus chaud que l'air ambiant) se comporte comme un chauffage ! Les échanges d'énergies entre notre corps et l'environnement impliquent quatre principes. Plus de la moitié de nos déperditions de chaleur se font par convection ou par évaporation (transpiration), environ un tiers par rayonnement et un tout petit pourcentage par conduction (contact direct). Explications !

- Lorsque la température ambiante est inférieure à celle du corps, l'air se réchauffe au contact de la peau. On parle alors de convection. Ce mode de diffusion concerne notamment la majorité des chauffages électriques. Chauffé et asséché, l'air se déplace en permanence créant des strates de différentes températures (d'où une impression de chaud-froid permanente) et un déplacement de poussières qui influe négativement sur la qualité de l'air.
- Au repos, dans des conditions de températures normales, notre corps évapore (par la transpiration) environ un tiers de litre d'eau par jour et beaucoup plus en cas d'activité physique intense.
- Quand la température des murs est plus basse que celle des humains présents dans la pièce, ces derniers libèrent des calories qui vont réchauffer les parois par rayonnement. Cela peut être le cas lorsqu'on arrive dans une maison de campagne longtemps restée sans chauffage. Même si l'on fait une bonne flambée de cheminée, les murs resteront froids un long moment et pomperont des calories aux personnes présentes, d'où une sensation d'inconfort.

Lorsqu'on parle de rayonnement pour les chauffages, cela signifie que la chaleur est transférée directement dans les masses rencontrées (murs, sol, plafond, mobiliers, occupants). C'est le cas des planchers chauffants (basse température) qui diffusent uniformément la chaleur. Les radiateurs équipés de plaques de métal, de briques réfractaires ou de lampes incandescentes chauffent également par rayonnement et par accumulation. Enfin, les poêles de masse et certaines cuisinières à bois possédant une forte inertie thermique peuvent également chauffer de grandes surfaces par rayonnement.

- Enfin, quand les pieds sont en contact avec un sol froid, le carrelage est réchauffé par conduction (contact). Appliqué au chauffage, ce principe explique le fonctionnement des chaudières : le corps de chauffe monte en température (grâce au brûleur) et transmet les calories produites à l'eau.

Le meilleur chauffage est indiscutablement celui que l'on économise, par exemple l'apport produit par le soleil dans une maison répondant aux critères bioclimatiques, ce que les architectes appellent le « chauffage solaire passif ». Une exposition qui favorise l'apport de calories, des murs qui ont suffisamment d'inertie pour retenir la chaleur intérieure ou des zones tampons qui évitent que les pièces à vivre soient en contact avec le nord diminuent sérieusement la facture de chauffage. Mais, comme il est impératif de choisir un juste compromis entre le coût et l'isolation, sauf dans le cadre d'expérimentations, il ne viendrait à personne l'idée de mettre 50 cm d'isolants dans ses murs ! Force est donc de choisir un mode de chauffage, de préférence performant et économique.

Miser sur le long terme

Même si elles sont moins pérennes que les robustes et majestueuses demeures de pierres du passé, les maisons contemporaines sont conçues pour abriter plusieurs générations. Le gros œuvre affichant une durée de vie d'au moins un siècle, il semblerait judicieux de prévoir les aménagements intérieurs, et entre autre le chauffage, en fonction de l'évolution prévisible des approvisionnements et des coûts des énergies, tout en induisant dans son étude, l'impact de son choix sur l'environnement (ce critère de sélection faisant désormais partie des incontournables).

Utilisé pendant des siècles, le bois s'est peu à peu laissé distancer par des énergies plus faciles à gérer au quotidien. Le charbon puis le fuel, le gaz et enfin l'électricité sont entrés en force dans les foyers, apportant une chaleur quasi constante, certes à des coûts supérieurs mais largement compensés dans l'imaginaire collectif par la facilité de gestion et d'entretien des installations.

Or toutes ces énergies présentent quelques inconvénients que personne n'a, à l'époque de leur expansion, voulu voir ou reconnaître, en dehors de quelques écologistes que l'on qualifiait alors d'utopistes mais qu'il eût été préférable de considérer comme des visionnaires tout à fait dignes d'être écoutés !

Quelles énergies utiliserons-nous dans un siècle ?

Les stocks de pétrole (et donc de fuel) seront épuisés d'ici 2050, sauf ceux trop profonds et trop chers à exploiter. Compétitif sur le plan financier pendant quelques décennies, le fuel va devenir au fil des ans une énergie de plus en plus onéreuse. De plus, même si les chaudières récentes se sont considérablement améliorées, le fuel reste une énergie polluante.

Le gaz naturel ne sera pas beaucoup plus pérenne. Les dernières réserves disparaîtront dans le dernier quart de ce siècle, vers 2085. Seul avantage par rapport au charbon et au fuel, il n'émet pas de soufre et ne provoque pas de pluies acides.

Le biogaz, produit à partir de la fermentation de nos déchets, de nos excréments et des effluents d'élevage, est nettement plus performant que le gaz mais encore peu utilisé, par manque de volonté des pouvoirs publics et sans doute aussi un peu à cause des mentalités, réticentes à l'idée de recycler des déchets pour produire du gaz !

Parmi les énergies fossiles, reste le charbon, présent sur l'ensemble du globe. En dehors du fait qu'il est le plus polluant de tous les combustibles, ses stocks n'iront pas au-delà de 2700.

L'uranium, dont dépend 75 % de la production électrique française, ne sera plus disponible après 2075. Bien qu'elle n'émette pas de gaz à effet de serre, l'énergie nucléaire ne peut pas être considérée comme écologique. Que deviendront les déchets ? Que ferons-nous des centrales après leur démantèlement ? Sans oublier la vapeur d'eau brûlante qui ne fait que réchauffer l'eau des fleuves… Parce qu'il suffit de tourner un bouton et que l'installation de base est la moins onéreuse de toutes, l'énergie électrique s'est largement imposée dans les foyers français alors que, parallèlement, d'autres pays comme le Danemark interdisait son emploi pour le chauffage. Polluante à long terme, inconfortable (les convecteurs assèchent l'air et créent des strates de différentes températures), l'énergie atomique est également la plus chère de toutes. Même si EDF accorde des primes à tout-va pour assurer sa promotion, n'oublions pas que les subventions accordées par l'État sont ponctionnées sur les deniers du contribuable… et que, sans les larges aides dont bénéficient les acteurs du nucléaire, le chauffage électrique serait hors de prix !

Le bois, que les premiers hommes utilisaient déjà, entre dans la catégorie des énergies renouvelables, pour peu qu'une politique de reboisement soit effective sur l'ensemble du globe.

L'eau, que de grands barrages canalisent ici et là, fait également partie des ressources intéressantes, quand elle est exploitée de manière ponctuelle sur de petites unités qui ne mettent pas en péril l'équilibre d'une région.

Le soleil détient la palme des énergies renouvelables et disponibles à volonté sur le long terme. On estime sa durée de vie à 4,5 milliards d'années.

Le sol peut aussi être producteur de calories, mais la géothermie telle qu'elle est majoritairement mise en œuvre (tuyaux enfouis dans un jardin à environ 1 m de profondeur) épuise le sol et implique une consommation électrique qui n'est pas aussi négligeable qu'on voudrait bien nous le laisser croire. Seuls les forages verticaux qui permettent de capter de l'eau chaude en profondeur sont intéressants mais, compte tenu de leur coût, cette technique n'a d'intérêt que pour les équipements collectifs.

Intérêt des énergies renouvelables

- Situées à proximité des lieux de consommation, les énergies renouvelables (bois, soleil, eau) limitent les transports, eux-mêmes toujours dispendieux en énergies fossiles ou nucléaires et toujours risqués pour l'environnement et l'homme (marée noire avec le pétrole, champs magnétiques et déperditions importantes pour les lignes à haute tension, pylônes qui saccagent le paysage...).
- Leur emploi retarde l'épuisement des énergies fossiles et limite l'utilisation du nucléaire, et donc la production de déchets radioactifs.
- Elles ne sont pas ou peu polluantes et n'ont aucun effet sur la couche d'ozone. En brûlant, le bois ne libère pas plus de gaz carbonique qu'il n'en absorbe pendant sa croissance.
- Les nouveaux appareils de chauffage au bois encouragent la valorisation de certains déchets (bois déchiqueté, granulés de bois, briquettes de bois densifié, plaquettes).

Le bois, une ressource ancienne, toujours d'actualité

Depuis la nuit des temps, l'homme a recours au bois pour se chauffer et cuire ses aliments. Le feu était à tel point indispensable que le « foyer » désignait tout aussi bien l'âtre que la famille ou encore le lieu de résidence de celle-ci. Après un déclin important, notamment en ville où rien n'est prévu pour son stockage, le bois revient en force comme combustible. Environ un ménage sur deux se procure du bois pour chauffer partiellement sa résidence principale. Convivial, il est particulièrement sollicité à l'automne et au printemps, quand la température extérieure ne justifie pas l'utilisation à plein temps du chauffage central, ou en hiver pour donner un coup de chaleur lorsque le thermomètre descend en dessous de la normale. On l'apprécie aussi quand EDF déclare forfait, souvent au moment où on a le plus besoin de ses services, par grand froid ou en cas de tempête ! Mais, paradoxalement, son rendement reste encore bien en dessous de ce qu'il pourrait être et ce, malgré les progrès des nouveaux appareils et le programme « Bois-Énergie 2000-2006 » de l'ADEME (Agence gouvernementale de l'environnement et de la maîtrise de l'énergie), dont l'objectif prioritaire est justement l'amélioration du rendement des appareils de chauffage pour lutter contre l'effet de serre. Un label « Flamme verte » est attribué aux appareils affichant un rendement d'au moins 60 % et conçus de manière à rejeter peu de gaz carbonique dans l'environnement. Ce chiffre reste malgré tout en dessous des poêles de masse ou des poêles à granulés, qui affichent pour certains jusqu'à 85 % de rendement.

Mais le choix de l'appareil dépendra avant tout de son utilisation. Dans une résidence principale et, à plus forte raison si elle est située dans une région froide, on aura tout intérêt à opter pour un mode de chauffage à inertie élevée qui assure une diffusion plus lente mais régulière de la chaleur (poêle de masse ou chauffage central).

Dans une résidence secondaire ou dans le midi de la France, où le foyer doit réchauffer ponctuellement l'atmosphère, un appareil apte à chauffer rapidement la maison sera privilégié (insert, foyer fermé ou poêle turbo).

Une ressource à optimiser

En progression depuis quasiment deux cents ans, la forêt française couvre actuellement 28 % du territoire national, soit 15 millions d'hectares. Cet accroissement représente un volume de 87 millions de mètres cubes chaque année, qui pourrait encore être optimisé si l'entretien et le boisement étaient partout correctement assurés. Mais tous les bois n'affichent pas le même rendement. À poids égal, la quantité de chaleur est quasiment identique d'une essence à l'autre, mais certains bois, beaucoup plus denses, ont un rendement beaucoup plus important au stère (unité de mesure du bois). Les feuillus durs (chêne, hêtre, frêne, châtaignier, charme, noyer et fruitier) sont les plus appréciés, à l'exception du châtaignier (qui éclate et, par conséquent, peut être dangereux lorsqu'il est utilisé en foyer ouvert). Les feuillus tendres (peuplier, saule) et les résineux (épicéa, sapin, pin, mélèze) se consument et se dégradent plus rapidement s'ils sont stockés dans de mauvaises conditions. Les résineux encrassent également les conduits et les appareils plus vite. Dans tous les cas, mieux vaut éviter de brûler les bois de récupération lorsqu'on ignore s'ils ont été traités ou souillés par des produits. Les bois issus des vieux mobiliers, les récupérations de chantiers… libèrent souvent de nombreux polluants lors de la combustion. Celle-ci peut alors engendrer des émissions de dioxines importantes, jusqu'à mille fois plus que la combustion du même bois dans un incinérateur prévu à cet effet.

Pour la chaleur qu'il diffuse mais aussi pour le plaisir des yeux, le chauffage bois demeure indétrônable.
© Godin

Un bois est considéré comme sec lorsqu'il contient environ 20 % d'humidité. S'il est humide « vert », le bois dégage beaucoup plus de substances polluantes et fournit environ deux fois moins d'énergie. Pour obtenir un bois sec (à 20 % d'humidité), il faut compter un stockage d'environ quinze mois sous abri pour des bûches en quartiers de 33 cm de long et dix-sept mois pour des rondins. À l'air libre, dix-huit mois seront nécessaires pour sécher un stère de bûche de 1 m en quartiers et vingt-quatre mois pour les rondins. Le label « NF Bois de chauffage » mis en place par l'AFNOR garantit un bon niveau de performance du bois commercialisé par les producteurs certifiés. Mais, dans les nombreuses transactions s'effectuant entre particuliers, c'est à l'acheteur de vérifier la qualité du bois proposé (essence et taux d'humidité).

Un bois libère moins de polluants et brûle mieux lorsque l'appareil de chauffage est utilisé à plein régime. Mieux vaut faire une bonne flambée et arrêter l'alimentation en laissant la chaleur se diffuser que de faire fonctionner un appareil au ralenti !

La cheminée, conviviale et belle mais inefficace

La cheminée berce les soirées d'hiver d'une douce clarté. Vieux compagnon, le feu raconte des histoires au gré des flammes qui s'élèvent ou vacillent sur les bûches rougeoyantes. Elle plaît aux poètes et aux romantiques. Elle est complice des soirées réussies autour d'une poêlée de châtaignes grillées... Mais, côté chauffage, elle n'est absolument pas performante, 90 % de la chaleur produite s'échappant par son conduit... Et quand elle n'est pas en service, celui-ci laisse entrer le froid ! Quelques bricoleurs ingénieux ont bien eu l'idée d'installer une trappe qu'il suffit de fermer lorsque le foyer s'éteint mais s'il faut se lever au milieu de la nuit pour l'actionner, autant remettre une bûche dans le foyer.

Enfin, si la majestueuse et belle cheminée de pierres ravit toujours les inconditionnels du feu de bois, beaucoup se sont rangés aux arguments d'efficacité et d'économie en installant un récupérateur de chaleur qui ne modifie pas l'aspect de la cheminée mais qui améliore son rendement pour 30 à 40 %. D'autres ont préféré sacrifier un peu de l'esthétique pour y encastrer un insert.

Voilà une idée originale pour convertir une belle cheminée, mais qui n'offrait aucun intérêt au niveau chauffage, en un majestueux plan de travail ! © MVF

Les inserts et les foyers fermés

Les foyers fermés sont entrés dans nos maisons au début des années 1970. On a même conçu pour les promouvoir de singulières petites cheminées qui n'avaient ni la prestance ni l'originalité de leurs ancêtres mais qui présentaient toutefois un rendement bien supérieur de 40 à 70 %. De loin l'appareil de chauffage le plus vendu en France, le foyer fermé n'est ni plus ni moins qu'un poêle habillé d'une cheminée en maçonnerie !

Après une période de tâtonnements, les constructeurs de cheminées se sont tournés vers des formes résolument contemporaines. © Richard Le Droff

Avec un insert, le spectacle de la cheminée est toujours agréable, mais les performances bien supérieures. © Chazelles

Les cheminées authentiques se sont vues, elles aussi, équipées d'appareils qui permettaient de jouir du spectacle du feu tout en améliorant leurs performances : les inserts. Comme le foyer traditionnel et le foyer fermé, l'insert diffuse sa chaleur essentiellement par convection, mais son rendement est néanmoins inférieur à celui d'un foyer fermé.

Foyers fermés et inserts peuvent être équipés, en plus, de gaines souples qui permettent d'acheminer l'air chaud vers d'autres pièces. Inconvénients majeurs de cette installation : l'air est pulsé par un ventilateur, toujours un peu bruyant, et qui déplace les poussières.

Les poêles à bois

Le mot « poêle » dissimule une multitude d'appareils présentant une grande diversité pour ce qui concerne les formes, les couleurs, les matériaux utilisés, les performances et le prix.

- Les poêles de conception ancienne (produits jusque dans les années 1980) et issus d'une vieille tradition industrielle affichent un rendement assez médiocre (de 40 à 50 %), du fait qu'ils ne possèdent qu'une seule zone de combustion et une seule arrivée d'air. De plus, leurs émissions polluantes sont importantes et leur autonomie relativement faible (de 3 à 6 heures).

D'une puissance de 9000 W, ce poêle à bois permet de chauffer 120 m²
en autonomie sur une dizaine d'heures. © Supra

Les poêles Tulikiwi intéressent ceux qui souhaitent bénéficier des avantages d'un poêle de masse sans se lancer dans d'importants travaux d'aménagement. @ Tulikiwi

- Les poêles dits également « poêles à bûches performants » offrent une meilleure combustion des gaz et donc une plus grande efficacité. S'ils ne possèdent qu'une zone de combustion mais néanmoins deux arrivées d'air, leur rendement se situera entre 60 et 70 %. Il sera grandement amélioré dans les poêles comportant deux zones de combustion et deux arrivées d'air. Certains modèles sont équipés d'un catalyseur qui améliore encore ces performances. Beaucoup moins polluants, ces poêles affichent un rendement de 60 à 80 % et une autonomie de 5 à 15 heures.
- Originaires des États-Unis, les poêles à granulés sont très compétitifs, avec un taux de rendement de 80 à 85 % et peu d'émissions polluantes. Ils ont, entre autres avantages, celui de minimiser les interventions humaines. Il suffit de remplir le réservoir pour que les granulés soient acheminés directement dans le foyer. Leur autonomie varie de 12 à 72 heures, mais la diffusion sur l'Hexagone de ce moyen de chauffage performant est freinée par les difficultés d'approvisionnement qui contraignent à se faire livrer des quantités importantes de granulés que l'on ne trouve encore que difficilement en France.
- Si l'on trouve les *kachelofen* dans des régions aux hivers rigoureux (en Alsace, en Autriche, dans les pays scandinaves et en Russie), ce n'est pas un hasard. Construits en briques réfractaires ou en stéatite (une pierre capable de stocker la chaleur), ces poêles que certains appellent « poêles de masse » s'inscrivent dans la conception globale d'une maison. Leur principe est simple : il suffit d'une combustion intense mais limitée pour accumuler la chaleur dans les briques ou les pierres, qui la diffusent ensuite doucement par rayonnement, pendant de longues heures. Une double entrée d'air et la température élevée du foyer (jusqu'à 800 °C) entraînent une combustion

parfaite des bûches et limitent les émissions de polluants. Ces poêles de masse affichent un rendement de 70 à 85 % et sont aptes à chauffer de grandes surfaces, dans une atmosphère parfaitement saine et agréable à vivre. Par contre, compte tenu de leur volume et de leur poids (de une à plusieurs tonnes), mieux vaut prévoir leur implantation au moment de réaliser les plans de la maison ! Il est préférable de construire la maison autour du poêle.

En France, rares sont les artisans qui savent construire un véritable *kachelofen* ou un poêle de masse. Certains fabricants commercialisent des poêles de masse qui peuvent être assemblés sur place.

On peut être nostalgique du passé ou un peu romantique et vouloir bénéficier des performances d'un chauffage actuel ! @ Oliger

Les cuisinières

Les cuisinières à bois font partie de la tradition et ont longtemps perduré dans les familles rurales. Polyvalentes, elles assuraient le chauffage, la production d'eau chaude et la préparation des repas. Très économiques, elles étaient cependant exigeantes en présence humaine, leur petit foyer nécessitant des chargements fréquents. La majorité d'entre elles ne chauffaient que la pièce commune mais certaines (équipées d'un bouilleur) étaient conçues pour fonctionner comme des chaudières de chauffage central, aptes à alimenter plusieurs radiateurs.

En fonte ou en acier, les cuisinières de conception récente peuvent atteindre jusqu'à 70 % de rendement. Elles diffusent la chaleur par rayonnement et par convection. D'apparence plutôt classique, ces nouvelles cuisinières séduisent un public de nostalgiques de valeurs traditionnelles qui apprécient autant la cuisine au bois qu'un moyen de chauffage qui exige toujours une présence.

Les poêles à bouilleur

Les poêles à bouilleur permettent également d'alimenter un ballon d'eau chaude et/ou des radiateurs. Affichant, pour les poêles récents, un rendement d'environ 70 %, ils ont une autonomie nettement supérieure aux cuisinières (de 3 à 10 heures) et n'émettent que peu de polluants. Surtout répandus en Grande-Bretagne, les poêles à bouilleur peuvent être à bûches ou à granulés (ces derniers ont une autonomie plus importante).

Les chaudières

Face au fuel et au gaz, les chaudières à bois se sont révélées bien peu performantes ces dernières décennies et contraignantes dans leur utilisation. Mais la tendance pourrait rapidement s'inverser. Le prix du fuel commence à flamber, celui du gaz suivra au fur et à mesure que la ressource va se raréfier (sauf le biogaz) alors que le bois, disponible à proximité et en quantité suffisante, se maintient à un niveau de coût raisonnable. Si l'on ajoute les efforts des fabricants pour concevoir des appareils nettement plus performants, on comprendra rapidement tout l'intérêt de ce moyen de chauffage écologique et relativement économique.

Avec l'augmentation du prix du pétrole, la chaudière bois revient sur le devant de la scène, plus performante et avec un niveau d'autonomie plus important. @ Franco-Belge

Les performances d'une chaudière à bois sont largement tributaires de leur mode de combustion et de son tirage, qui peut être naturel ou forcé.

Combustion montante.

- Dans les chaudières à combustion montante, les bûches sont empilées sur la sole du foyer où elles s'enflamment toutes en même temps. Cette combustion est difficilement maîtrisable, de mauvaise qualité, et le rendement est médiocre, malgré la beauté des flammes ardentes (environ 55 %).

Combustion horizontale.

- Dans les chaudières à combustion horizontale, les flammes se propagent au travers et au-dessous de la sole qui porte le bois. Les arrivées d'air primaire et secondaire sont mieux contrôlées, la combustion s'effectue dans de meilleures conditions, le taux d'imbrûlés et de pollution diminuent. Ces chaudières affichent un rendement d'environ 65 %.

Combustion inversée.

- Dans les chaudières à combustion inversée, les flammes se développent au travers de la sole ou au travers d'une tuyère. Les entrées d'air primaire et secondaire distinctes engendrent également un meilleur rendement (environ 75 %), alors que la consommation est inférieure d'environ 30 % à celle d'une chaudière à combustion montante. Les émissions de polluants sont réduites au minimum (le nouvel apport d'air permettant de renflammer les gaz imbrûlés) et l'autonomie est accrue (jusqu'à 12 heures).
- Cette technique de combustion inversée est encore perfectionnée avec la chaudière turbo. Celle-ci est équipée d'une turbine qui introduit l'air ou d'un extracteur qui aspire les fumées. Le rendement de l'appareil peut atteindre 85 %.

Tirage forcé avec turbo.

La déchiqueteuse permet d'employer les sous-produits de l'exploitation forestière pour l'alimentation des chaudières à plaquettes. © Nidal

Les chaudières à plaquettes et celles à granulés ne brûlent pas des bûches mais du bois déchiqueté pour les premières et des granulés de sciure séchée et compressée pour les secondes. L'alimentation en combustible se faisant automatiquement à partir d'une trémie de stockage, l'autonomie est d'environ 24 heures pour un rendement qui se situe entre 75 et 85 %. Plus souples en gestion, les chaudières à plaquettes et à granulés rencontrent un succès croissant dans les pays scandinaves et germaniques. La France, toujours plus frileuse, les réserve plus volontiers aux équipements collectifs. En milieu rural, la chaudière à plaquettes apporte pourtant une solution à la corvée du bois. Il suffit de louer un broyeur pour constituer soi-même son stock. C'est en outre un combustible bon marché qui autorise les sous-produits.

La géothermie, un savant mélange des genres…

Puisant ses calories dans le sol, la géothermie s'est imposée sous nos latitudes depuis le début des années 1990 alors qu'elle était déjà fortement implantée aux États-Unis, en Suède et en Suisse. Son principe repose sur un constat simple : la terre absorbe l'énergie solaire qu'elle stocke en profondeur, d'où l'idée de capter dans le sol ces calories gratuites et de les utiliser pour le chauffage par l'intermédiaire d'une pompe à chaleur géothermique. A priori, difficile de trouver plus écologique, et en plus ce serait économique ! Mais, en y regardant de plus près, cette solution, qui permet de chauffer la maison en hiver, de produire éventuellement de l'eau chaude et, comble d'efficacité, de rafraîchir aussi la demeure en été, profite surtout à EDF qui trouve là un moyen (présenté comme écologique) pour optimiser ses centrales nucléaires…

En remplacement des traditionnels planchers, voici le mur chauffant (intéressant pour une salle de bains). © Laurent Goudet

Ni aussi économique, ni aussi écologique qu'annoncé

Le principe de fonctionnement de la géothermie, telle qu'elle est majoritairement présentée aux citoyens, repose sur la pompe à chaleur, une machine thermodynamique dans laquelle circule en circuit fermé un fluide frigorigène. Suivant les organes qu'il traverse (l'évaporateur, le compresseur, le condenseur et le détendeur), ce fluide peut être à l'état liquide ou gazeux. En fait, la pompe à chaleur (PAC) reproduit le schéma de fonctionnement d'un réfrigérateur ou d'un climatiseur, c'est-à-dire d'un appareil qui utilise un gaz pour capter puis retransmettre des calories. Celles-ci sont prises dans le sous-sol du jardin, au travers un réseau de tubes en polyéthylène installés en boucle à une profondeur variant de 0,60 m à 1,20 m. Le fluide frigorigène, qui circule à l'état liquide dans ce circuit, récupère les calories de la terre puis passe à l'état gazeux. Comprimé, le gaz transite par le condensateur où il repasse à l'état liquide. Lors de ce changement d'état, la chaleur dégagée est transmise à l'eau du chauffage, qui circule dans le plancher rayonnant basse température.

Premier inconvénient des pompes à chaleur, le gaz utilisé jusqu'à ces dernières années, le R22, contenait du chlore (nocif pour la couche d'ozone). Les fluides qui le remplacent désormais, les HFC, sont inoffensifs pour la couche d'ozone mais pas pour l'effet de serre.

Second handicap de ce système : il est obligatoirement tributaire d'une alimentation électrique, d'où l'intérêt pour EDF de le valoriser auprès d'une population qui aurait probablement opté pour un moyen de chauffage sans électricité… La PAC consomme en moyenne 1 kWh d'électricité pour 3 kWh restitués en énergie.

Dernier point négatif : l'engouement pour ce système (sans avoir le recul nécessaire pour évaluer sa pérennité) se ternit devant un phénomène que personne ne semble avoir envisagé : l'épuisement des sols ainsi pompés en calories.

La géothermie au sens strict existe depuis… 1126

L'utilisation de la chaleur contenue dans la terre n'est pas une invention récente. Fumerolles, geysers et autres manifestations de chaleur visibles à la surface de la planète ont donné des idées à nos ancêtres qui exploitaient déjà cette ressource énergétique en 1126. Un puits creusé dans l'Artois (au nord de la France) alimentait un couvent de chartreux.

En Aquitaine, dans les Landes, en région parisienne et dans le centre de la France, des nappes d'eau situées à moins de 100 m de profondeur sont aisément exploitables et, pour certaines, déjà utilisées pour le chauffage de logements collectifs (Creil, Melun…).

Ressources géothermiques en France.
Source Observ'ER

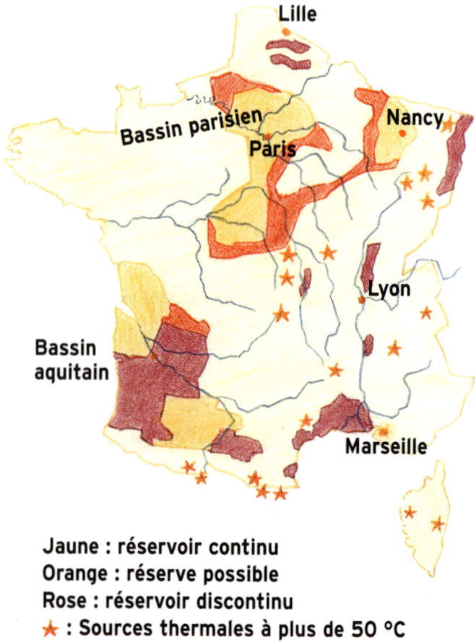

La véritable géothermie concerne, en effet, l'exploitation de forages qui prélèvent la chaleur, parfois à plusieurs centaines de mètres de profondeur, là où la matière magmatique s'est infiltrée sous les roches, réchauffant au passage l'eau qui s'y trouvait. Ces réservoirs d'eau chaude constituent la seule énergie géothermique vraiment gratuite et renouvelable, à condition de se trouver dans la bonne région et d'effectuer un forage suffisamment profond mais dont le coût n'est pas toujours justifié pour une seule habitation.

Le soleil, des techniques qui arrivent à maturité

D'Euclide, un mathématicien grec qui donnait naissance à la théorie de la concentration du rayonnement solaire il y a vingt-trois siècles, à Buffon, qui l'expérimentait en 1747 avec une batterie de miroirs composées de 128 glaces, le soleil et la chaleur qu'il procure ont toujours intéressé les hommes.

Il faudra pourtant attendre le dernier quart du XXe siècle pour que l'on accorde vraiment de l'intérêt à l'énergie solaire. Souvent le fruit de bricoleurs soucieux de faire quelques économies, les premières expériences menées dans les années 1970 sont plutôt décevantes. Les technologies employées et proposées se révèlent alors chères et peu opérationnelles. Il faudra attendre la dernière décennie du XXe siècle pour que se crée une véritable filière de professionnels (des fabricants aux installateurs) aptes à concevoir des produits fiables à des prix qui, sans être encore véritablement abordables, ont globalement été divisés par deux en dix ans. Il manque juste une politique gouvernementale audacieuse pour que le rayonnement solaire nous offre son potentiel, que ce soit au niveau de la production d'eau chaude sanitaire ou du chauffage (voir chapitre Énergies renouvelables). En France, la majorité des installations existantes couvrent les besoins des foyers pendant l'été, quand l'énergie solaire est au maximum, mais il est nécessaire d'avoir une production d'appoint pour l'hiver. Or, cette politique qui implique un investissement supplémentaire dans un autre système n'est pas un impératif. Il serait plus judicieux de surdimensionner légèrement les capteurs de façon à satisfaire les besoins du foyer pendant l'hiver, comme aux Pays-Bas où les installations fonctionnent un peu au ralenti l'été.

L'eau chaude sanitaire

L'eau chaude sanitaire est obtenue le plus souvent par chauffage instantané. Celui-ci utilise toutes les énergies mais plus particulièrement le gaz. Il produit une eau d'une température généralement inférieure (environ 45 °C) à celle fournie par les accumulations dans un ballon (50 à 65 °C).

Selon EDF, 40 % des foyers français seraient équipés d'un chauffe-eau électrique bien que ce mode ne représente pas la panacée ! Pour ceux qui ne sont pas équipés d'une chaudière ou d'une cuisinière bois pouvant également produire l'eau chaude (c'est-à-dire la majorité des foyers français), le chauffe-eau solaire apparaît aujourd'hui comme la meilleure solution (voir chapitre Énergies renouvelables).

Mais, dans tous les cas de figures, un problème se pose à tous les installateurs, comme aux utilisateurs : trouver le juste milieu entre une eau suffisamment chaude pour éviter le développement et la prolifération des légionelles et pas trop brûlantes pour écarter tous risques de brûlures, notamment chez les jeunes enfants (en France, 15 % des brûlures concernant des enfants de moins de cinq ans seraient dues à l'eau chaude sanitaire).

Entre deux risques majeurs

Le Code de la construction et de l'habitat limitait, par arrêté du 23 juin 1978, la température de l'eau chaude sanitaire au point de puisage (robinet) à 60 °C, tout en précisant qu'un moyen de réglage devait être à disposition de l'utilisateur. Mais cette disposition n'évite pas les brûlures. Côté eau chaude du mélangeur, le précieux liquide peut arriver à 70 °C... Or, il faut une seconde d'exposition à une eau à 70 °C pour être brûlé au troisième degré (atteinte de l'épiderme et du derme). Si l'eau est à 60 °C, le résultat sera identique au bout de 7 secondes et seulement au terme de 8 minutes si elle est à 50 °C.

Pour ces raisons, la Commission de la sécurité des consommateurs recommandait aux pouvoirs publics de prendre des mesures pour limiter la température de l'eau chaude sanitaire à 50 °C maximum pour tous les postes autres que la cuisine.

À titre comparatif, l'Angleterre recommande une eau à 60 °C à la source et à 43 °C au robinet. Dans l'État de Washington où elle est réglementée à 49 °C depuis 1983, le risque de brûlures est passé de 5,5 % à 2,4 %.

Limiter la température de l'eau à 50 °C réduit également l'entartrage, mais une température inférieure à 60 °C dans l'accumulateur encourage la multiplication des légionelles…

Le nom de cette bactérie vient du fait qu'elle a été identifiée pour la première fois en 1976 sur des vétérans de l'*American Legion* contaminés par le système de climatisation d'un hôtel. Elle peut se traduire sous deux formes : la fièvre de Pontiac (la plus bénigne) et la légionellose qui entraîne souvent une hospitalisation de la victime. Sur les 43 espèces répertoriées, plus de 20 sont pathogènes pour l'homme.

Risques accrus

Les risques de contamination sont plus fréquents lorsque la température de l'eau chaude est inférieure à 60 °C et les risques sont encore accrus dans la partie basse des ballons, notamment ceux qui sont horizontaux, et dans les appareils de plus de cinq ans, mal ou pas entretenus (tartre, boue, rouille, sédiments). La température optimale pour la prolifération des légionelles se situe entre 25 et 42 °C, mais elles peuvent survivre pendant un an dans un lieu qui affiche entre 5 et 24 °C. Par contre, elles sont détruites en 20 minutes dans une eau à 55 °C et en seulement 2 minutes dans une eau à 60 °C.

Plus le linéaire des canalisations de distribution est important, plus les risques augmentent, de même si le circuit comporte des zones de stagnation et des boucles ou bien s'il n'est pas utilisé de manière régulière. Des travaux sur la plomberie peuvent également entraîner un détachement de biofilms (micro-organismes qui colonisent les surfaces au contact de l'eau).

Mais elles peuvent aussi être diffusées dans l'air par les tours aéroréfrigérantes des systèmes de climatisation, les douches à jets, les bains à remous, les humidificateurs, brumisateurs et autres fontaines décoratives…

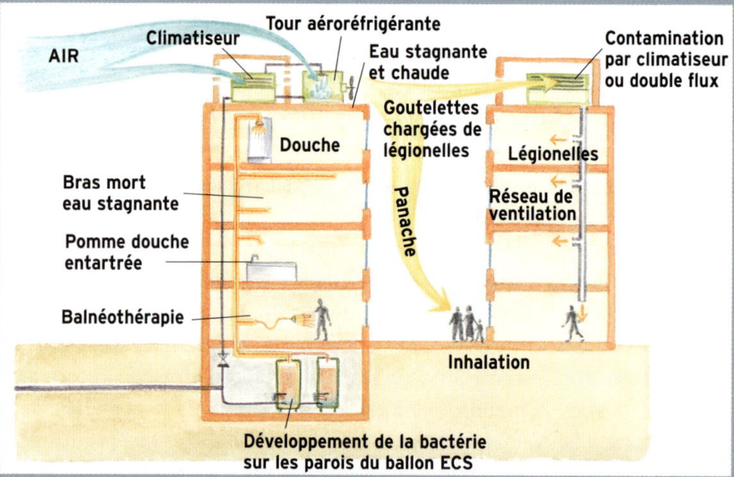

Voies de contamination par les légionelles.
Source Observ'ER

Prévenir et limiter les risques dès la conception du réseau

Prendre conscience des risques dès la conception du réseau permet d'adopter les dispositions qui vont les limiter :

- Maintenir une température élevée dans le ballon d'eau chaude empêche le développement et la prolifération des légionelles. On peut programmer une montée en température à 60 °C dans un ballon électrique pendant les heures creuses (nuit), ce qui réduit à la fois les risques de légionelles et de brûlures. Par contre, la chaleur favorisant l'entartrage (surtout si l'eau est dure), il est plus intéressant d'investir dans des appareils munis d'une résistance stéatite, qui seront moins sensibles.
- Dans le réseau, la température doit être supérieure à 50 °C. L'installation d'un mitigeur ou d'un limiteur (sur les douches) permet d'éviter les brûlures.
- Il est inutile voire néfaste de surdimensionner le ballon. Si sa taille correspond au volume d'eau consommé chaque jour, les légionelles auront peu d'occasion de se développer.
- La distance entre le ballon et les points de puisage doit être la plus courte possible pour éviter la stagnation engendrée par les courbes, les boucles…
- Les canalisations d'eau chaude et d'eau froide seront suffisamment éloignées les unes des autres et calorifugées séparément pour éviter le réchauffement du réseau froid (qui ne doit pas dépasser 20 °C).
- Il est utile (et même indispensable) de procéder à un entretien annuel du réseau d'eau chaude sanitaire (vidange, nettoyage) ainsi que des brise-jet, pommes de douche…
- Si l'utilisation d'une douche est épisodique, laisser couler l'eau chaude à plein régime pendant quelques minutes (pas très économique, mais nécessaire si le lieu n'est pas fréquenté toutes les semaines).
- Dans les résidences secondaires ou dans tout lieu habité épisodiquement, une désinfection des réseaux par un choc thermique représente une solution efficace et facile à mettre en œuvre. Il suffit de faire circuler l'eau à 70 °C pendant au moins 30 minutes, dans l'ensemble du réseau.

Ventilation et climatisation

© MVF

Avec un peu de bon sens et un minimum d'organisation, nul besoin de clim'sous nos latitudes tempérées pour bénéficier d'un confort thermique optimal au cœur de l'été !

Jusqu'au milieu du XXe siècle, l'isolation des demeures était essentiellement assurée par d'épais murs de pierres ou de briques auxquels s'ajoutaient les céréales et le foin entassés dans les greniers, mais les ouvertures étaient souvent mal jointoyées et l'air circulait librement entre celles-ci et la cheminée. De plus, aucun matériau isolant ne venant polluer l'environnement intérieur de particules fibreuses ou de composés organiques volatils, l'air était relativement sain. Les problèmes recensés alors étaient plutôt liés à des remontées d'humidité dans les sols et les murs ou au saturnisme dû au plomb contenu dans certaines peintures.

La ventilation pour parer à une conception non réfléchie

Mais les bâtiments de l'après-guerre, conçus dans l'urgence avec les matériaux disponibles alors en quantité (les parpaings de ciment), montrent rapidement leurs limites. Ils ne respirent pas et, l'hiver, leurs parois froides engendrent des concentrations d'humidité nocives à la santé des tapisseries, des peintures et des habitants. Si les infiltrations d'air venant de l'extérieur sont plus que jamais considérées comme nuisibles au confort thermique, on s'aperçoit aussi que, du point de vue de l'hygiène, la ventilation est indispensable, surtout en hiver quand toutes les ouvertures sont hermétiquement closes.

Au début des années 1960, les pièces de service sont ventilées avec des entrées d'air en partie basse et des sorties en partie haute. Le tout engendrant de forts courants d'air en hiver, les entrées furent rapidement bouchées, ce qui rendit l'atmosphère plus humide et malsaine dans ces lieux.

Le principe de la ventilation permanente n'intervient qu'en 1969, mais la crise pétrolière de 1973 impliquant un calfeutrement maximum des habitations pour limiter les dépenses d'énergie, les économies se font au détriment du renouvellement de l'air. Or, celui-ci devient d'autant plus malsain que des isolants tels que les mousses urée-formol, les laines de verre et de roche sont largement employés pour ce calfeutrement.

Il faudra attendre le 24 mars 1982 pour qu'un arrêté formule l'intérêt d'une aération permanente, au moins pendant la période où les fenêtres sont fermées, soit par ventilation naturelle (tirage thermique et vent) soit par la VMC. L'intérêt de la ventilation est d'autant plus grand que l'isolation est alors poussée à l'extrême et souvent réalisée par l'ajout de matériaux imperméables à l'air et à la vapeur d'eau à l'intérieur des bâtiments. Outre les problèmes d'humidité et de moisissures, les polluants augmentent dangereusement. Les isolants eux-mêmes, les colles utilisées pour les moquettes, les mobiliers, le radon qui est infiltré dans les sols de certaines régions… tous ces polluants sont responsables d'une augmentation des pathologies respiratoires, des maux de tête, des fatigues… Force est donc de concilier deux objectifs apparemment contraires : isoler et ventiler.

La VMC, une solution pour gérer ces contradictions

La VMC n'est alors plus une option mais un élément indispensable au confort des maisons réalisées avec des matériaux non respirants (qui ne régulent pas l'hygrométrie ambiante) : béton, parpaings, laines minérales, polystyrène… Plusieurs solutions plus ou moins performantes sont proposées.

- La VMC simple flux est basée sur une entrée d'air extérieur dans les parties hautes des menuiseries des pièces principales et sur des sorties dans les pièces humides avec extraction vers l'extérieur à l'aide d'un ventilateur. Cette méthode, qui assure un débit constant, ne prend pas en compte les variations d'humidité ou de chaleur ni la qualité de l'air.
- La VMC simple flux autoréglable implique une modification automatique du passage d'air pour maintenir le débit en fonction de la pression du vent et l'humidité.
- La VMC simple flux hygroréglable inclut un détecteur d'humidité et des bouches d'extraction hygroréglables dans les pièces humides.
- La VMC double flux prend en compte la qualité de l'air (entrée d'air filtré) et le maintien de la chaleur (ce même air est chauffé par récupération de 75 % de la chaleur de l'air extrait). Ce système participe donc activement aux économies d'énergies tout en régénérant l'air intérieur.

Tous ces systèmes n'ont d'intérêt que dans les maisons étanches et si l'on pense à entretenir tous les ans les entrées d'air et les bouches d'extraction pour maintenir un débit constant.

Les maisons construites avec des matériaux sains et respirants passent à côté des problèmes d'humidité, les murs régulant naturellement celle-ci. Une ventilation naturelle créée chaque jour en ouvrant les fenêtres pendant une dizaine de minutes pour renouveler l'air peut être suffisante et le mur, s'il est à forte inertie, n'aura pas le temps de se refroidir. Cette solution est préférable aux fenêtres entrebâillées longtemps qui impliquent des pertes d'énergie plus importantes !

La climatisation, une approche binaire à éviter

Dès qu'un problème se pose, une solution technologique adaptée apparaît immédiatement ! Tel est le mode de fonctionnement de nos pays dits « développés », où chaque nouvelle technique possède en outre l'extraordinaire avantage de produire des richesses… Face à l'inconfort des bâtiments du tertiaire, la climatisation était apparue comme la solution d'avenir à inclure directement dans la conception de ces immeubles de verre ou de béton. S'immisçant progressivement dans nos vies, elle était entrée dans nos voitures puis dans nos demeures. Mais son expansion restait cependant limitée. C'était sans compter sur la canicule de 2003, qui élève la climatisation en sauveur des populations affectées par un phénomène dont on annonce déjà le renouvellement. S'interroge-t-on sur les origines de cette vague de chaleur ? Qui s'inquiète alors des bouleversements climatiques dus à l'effet de serre ? La climatisation résolvant immédiatement le problème, rares sont ceux qui osent dire qu'elle risque, à moyen et à long terme, d'aggraver la situation plus qu'elle ne la résout. Pourtant, décideurs et consommateurs pourraient aisément imaginer que cette solution, qui consomme de l'énergie (carburant dans les voitures, électricité à la maison) et qui utilise des fluides frigorigènes nocifs à la couche d'ozone et favorisant l'effet de serre, n'est qu'un remède de charlatans, onéreux, profitant essentiellement à EDF, aux fabricants et aux vendeurs d'appareils.

La clim'dans tous ses états

Au Japon, quasiment 100 % des bureaux sont climatisés et 85 % des logements sont équipés d'un appareil individuel. Aux États-Unis, 80 % des bureaux et 65 % des logements le sont également. L'Europe est dans ce secteur largement en retard, et c'est tant mieux ! Les pays les plus équipés, la Grèce et le Portugal, affichent un score à 20 % pour les bureaux. Quant à l'Allemagne et à l'Autriche, 5 % de leurs surfaces sont conditionnées. Malheureusement l'effet canicule propulse la climatisation au rayon des indispensables et les ventes s'envolent : + 32 % en multisplit, + 20 % en climatiseurs mobiles et + 70 % pour les voitures neuves en 2003...

Si la vague de chaleur de 2003 a certainement joué un rôle important dans cet engouement, les raisons véritables sont ailleurs. Alors que d'autres pays européens privilégient l'utilisation de matériaux à forte inertie et les constructions bioclimatiques, la France banalise l'emploi de la climatisation. Le premier incriminé est l'État qui subventionne, sous forme d'avantages fiscaux, de TVA à taux réduit et de prêts bonifiés, les climatisations réversibles. Le second responsable est l'EDF qui voit dans le confort estival apporté par la climatisation un moyen de faire tourner ses centrales à plein régime été comme hiver, y compris au détriment de l'environnement, comme ce fut le cas en 2003. Face aux centrales en surchauffe, l'État dut autoriser le producteur national à dépasser les températures maximales de rejet dans les rivières alors que celles-ci étaient déjà fragilisées par la sécheresse.

Climatiser, la solution ultime

Avec un certain bon sens, dans son rapport du 14 mai 2004, *Impacts sanitaires et énergétiques des installations de climatisation*, l'AFSSE (Agence française de sécurité sanitaire environnementale) rappelle pourtant que « la climatisation ne saurait être considérée comme une panacée permettant de régler, pour un coût forcément élevé, les erreurs de conception ou de gestion d'un bâtiment ».

Pays tempéré s'il en est, la France ne devrait logiquement pas avoir besoin de climatiseurs (sauf dans quelques cas particuliers) pour assurer le confort intérieur des demeures. Mais une politique de construction sans vision à long terme et des lobbies industriels ont engendré une architecture urbaine exclusivement minérale propice aux surchauffes estivales.

Quand il n'y a pas d'autre solution que celle d'investir dans une climatisation, le particulier dispose d'un choix presque pléthorique (preuve si besoin en était que l'emballement du climat ne fait pas que des mécontents) ! Ce n'est cependant pas une raison pour se laisser séduire par les premières sirènes venues. Le coût financier, l'efficacité et l'impact sur l'environnement d'un climatiseur encouragent à une réflexion préalable avant de choisir un appareil et de s'engager éventuellement dans d'importants travaux.

La climatisation individuelle peut être assurée par divers matériels.

• Les climatisateurs monoblocs regroupent dans un même appareil les éléments nécessaires au captage et à l'évacuation de la chaleur : deux échangeurs et un compresseur. Dans le premier échangeur (appelé évaporateur), la chaleur est absorbée en même temps que le fluide passe de l'état liquide à celui de gaz. Dans le second échangeur (appelé condenseur), le retour à l'état liquide s'effectue par condensation, avec dégagement de la chaleur. Entre les deux, le compresseur assure la circulation du fluide. Ces climatiseurs peuvent être mobiles et, dans ce cas, déplacés d'une pièce à l'autre mais l'évacuation de l'air chaud vers l'extérieur implique le percement du mur ou d'une vitre pour ne pas laisser la fenêtre ouverte, ce qui ne serait pas cohérent avec l'objectif recherché. Ce type de climatiseur n'est intéressant que pour répondre à un besoin précis mais minimal, quand il n'existe pas d'autre solution pour refroidir le logement pendant de fortes chaleurs.

Ils peuvent aussi être encastrés dans un mur ou une fenêtre donnant sur l'extérieur, constituant ce qui est couramment appelé « climatiseur window ». Généralement bruyants et peu puissants, ces climatiseurs défigurent les façades de toutes les grandes villes du monde.

• Les climatiseurs à éléments séparés appelés « split system » ont deux parties distinctes reliées entre elles par une gaine. L'unité placée en extérieur comprend le condenseur, le compresseur et un ventilateur. L'unité située à l'intérieur se compose d'un évaporateur et d'un second ventilateur. Quand plusieurs pièces sont climatisées, l'unité extérieure est reliée à plusieurs diffuseurs intérieurs (multisplit). Le compresseur étant situé à l'extérieur, ce système est moins bruyant que le précédent. Un triple filtre permet de purifier (un peu) l'air (poussières, pollens, bactéries, odeurs et fumée de cigarettes), à condition de penser à changer ce filtre une fois par an (généralement avant l'été).

Au risque d'engendrer des torticolis, des infections ORL et une sensation d'inconfort, la différence de température entre l'intérieur et l'extérieur ne doit pas être supérieure à 7 °C, quel que soit le système de climatisation retenu. On considère que

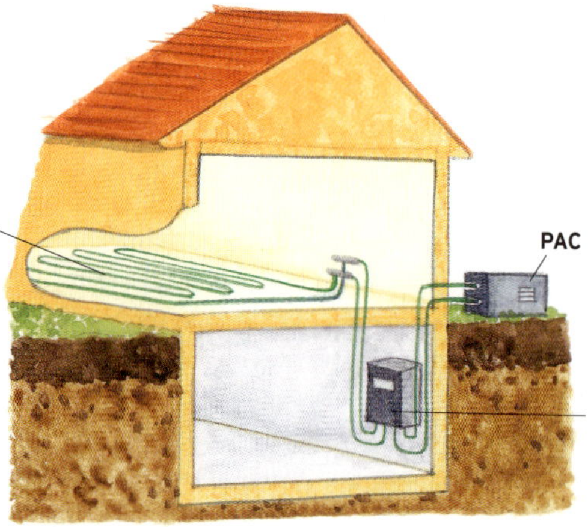

Pompe à chaleur réversible air/eau avec plancher rafraîchissant.

la température de confort d'un corps se situe entre 20 et 27 °C. Mais cette donnée varie légèrement selon les individus et n'est pas le seul élément de bien-être à prendre en considération. Le déplacement de l'air sur la peau, la température des murs et des mobiliers en contact avec le corps ainsi que l'hygrométrie sont également des facteurs très importants pour le confort estival. Certains appareils de climatisation diminuant l'hygrométrie, celle-ci devra être contrôlée et maintenue au moins à 30 % pour éviter un assèchement des muqueuses respiratoires et oculaires.

• Les pompes à chaleur (PAC) et les planchers réversibles prélèvent en hiver la chaleur contenue dans l'air extérieur ou dans le sol pour la transférer à l'intérieur du logement et le réchauffer. En été, certains matériels peuvent être inversés et engendrer ainsi un rafraîchissement de l'habitation, plus agréable et plus confortable que la climatisation, du fait qu'il ne provoque aucun déplacement d'air. Mais, comme les climatiseurs, les PAC fonctionnent avec l'énergie électrique qui implique, là encore, une consommation estivale qui n'a pas lieu d'être dans un bâtiment bien conçu et bien géré.

La climatisation sans la clim', un pari réfléchi

Climatiser sans se protéger des rayons solaires est inutile. Un appartement dans un immeuble en béton orienté plein ouest et dont les ouvertures ne sont équipées d'aucune protection (stores, volets...) sera invivable, à plus forte raison dans les étages supérieurs. Suite à la canicule de 2003, une enquête de la revue *Les Quatre Saisons du jardinage* éditée par Terre vivante mettait en évidence l'impact des maté-

En retrait de la façade, la porte ne reçoit pas directement les rayons solaires. @ MVF

riaux et de l'orientation sur le confort de la maison. Alors que la France transpirait sous le soleil, certains vivaient dans une ambiance intérieure confortable à 24 °C dans la Drôme pendant que d'autres souffraient de la chaleur dans les Yvelines avec 40 °C dans les chambres.

De nombreux facteurs influent sur le réchauffement intérieur des bâtiments, dont quelques gestes simples et de bon sens qui semblent avoir été oubliés.

- La pénétration de la chaleur par les murs est plus ou moins importante suivant l'épaisseur de ceux-ci et les matériaux qui les constituent. La température n'atteindra jamais des sommets derrière des murs en pisé de 70 cm d'épaisseur alors que les parpaings laissent, eux, passer très vite les calories. Parmi les matériaux contemporains, la brique Monomur est certainement la plus performante au niveau de l'inertie et du confort d'été. Au rang des matériaux intéressants du point de vue écologique et faciles à mettre en œuvre, la maison à ossature bois et isolation médiane (laine de mouton ou autre) possède une inertie beaucoup plus faible que le Monomur.
- Une toiture végétalisée ou parfaitement isolée sera beaucoup plus protectrice qu'un toit percé d'ouvertures pour l'aménagement des combles.

Une végétation à feuilles caduques créée un microclimat favorable autour de la maison. © MVF

• Les ouvertures, notamment celles qui sont situées à l'est ou à l'ouest, et les fenêtres de toits doivent être protégées par des stores ou des volets, et éventuellement par une végétation caduque judicieusement placée. Dans tous les cas, portes et fenêtres resteront fermées pendant la journée de façon à limiter l'entrée de la chaleur et seront largement ouvertes à la tombée de la nuit pour créer des courants d'air salutaires. Un balcon, une avancée de toiture, un pan de mur sont autant de moyens qu'un architecte de talent saura exploiter judicieusement pour protéger les ouvertures des rayonnements directs du soleil. Les persiennes à l'italienne et les moucharabiehs des pays arabes combinent avec talent protection et ventilation dans les régions où le confort estival revêt une importance capitale. Sous des latitudes moins clémentes, des volets pleins seront plus intéressants du fait de leur pouvoir isolant en hiver.

• La chaleur peut également venir de l'intérieur, entre autre de la cuisine et des appareils électroménagers, des éclairages, de l'ordinateur… Préparer des soupes froides ou des salades permet de rafraîchir sans engendrer de chaleur à l'intérieur de la maison. Attention à certains appareils : quand le réfrigérateur tourne à plein régime en été, il fonctionne comme la climatisation, c'est-à-dire qu'il produit du froid à l'intérieur en renvoyant la chaleur à l'extérieur, donc dans la cuisine !

Une lampe halogène de 500 W utilise 6 % de l'énergie consommée pour éclairer et convertit le reste en chaleur… Équiper sa maison avec des lampes basse consommation divise la chaleur dégagée par quatre ou cinq.

• L'environnement immédiat de la maison joue un rôle capital sur son réchauffement. Au cœur des villes, entouré d'un cadre minéral fait de béton et d'asphalte qui absorbent les rayonnements solaires, l'habitat ne peut être qu'en état de surchauffe.

Les arbres à feuilles caduques filtrent les rayons solaires en été mais laissent la maison bénéficier de l'apport du solaire passif en hiver.

En revanche, un environnement boisé avec des arbres caducs, une végétalisation des façades avec du lierre ou de la vigne vierge (qui, contrairement à ce que l'on pense, ne les dégrade pas si elles sont en bon état à l'origine), des pergolas occultent les rayons solaires et créent un rafraîchissement naturel, une sorte de microclimat autour de la maison.

• Les revêtements des sols, la couleur des volets et des façades sont également à prendre en compte. Quand le soleil darde ses rayons sur une paroi, une partie de ceux-ci est absorbée et l'autre est réfléchie, c'est-à-dire renvoyée dans l'environnement. Certains matériaux mais aussi certaines couleurs sont plus absorbants que d'autres et accumulent la chaleur qui finit par pénétrer à l'intérieur.

Absorption et réflexion du rayonnement solaire

MATÉRIAUX	ABSORPTION	RÉFLEXION
Chaux	10 %	90 %
Peinture blanche	20 %	80 %
Peinture jaune	33 %	67 %
Calcaire clair	35 %	65 %
Calcaire sombre	50 %	50 %
Brique claire	52 %	48 %
Brique rouge	68 %	32 %
Ciment	66 %	34 %
Béton	70 %	30 %
Peinture sombre	entre 85 et 90 %	de 10 à 15 %
Sable sec	75 %	25 %
Gazon	80 %	20 %
Asphalte	93 %	7 %

On le voit avec ce tableau, un revêtement des façades à la chaux, même de couleur ocre, sera toujours plus confortable qu'un enduit de couleur blanche sur du béton ! Devant la maison, mieux vaut un sol peu réflecteur qui limite la réémission de chaleur vers les fenêtres et dont l'évapotranspiration (des plantes ou du gazon) crée une ambiance plus agréable.

Rafraîchir par une ventilation naturelle

Ne disposant que des matériaux disponibles à proximité et de peu de moyens techniques, les anciens savaient observer leur environnement et organiser intuitivement la disposition de leur demeure pour l'adapter au climat. La ventilation naturelle du logement était prévue dès la construction, en orientant simplement celle-ci entre 20 et 30° par rapport aux vents dominants. L'écoulement régulier de l'air provoquait alors des différences de pression qui permettaient une ventilation efficace de l'habitation.

Pour accentuer la circulation et le renouvellement de l'air la nuit, de façon à rafraîchir la maison, plusieurs dispositifs simples peuvent être mis en place.

- L'extracteur statique est placé en haut d'un conduit d'aération, le plus éloigné possible de l'ouverture par laquelle l'air pénètre (fenêtre ou grille d'aération), créant ainsi un balayage des surfaces.
- Les ventilateurs brasseurs d'air, à grandes pales, fixés au plafond et que l'on trouve dans de nombreux pays méditerranéens sont à la fois esthétiques et efficaces. Il importe néanmoins que le diamètre des pales soit suffisant (1,20 m minimum pour une pièce de 30 m^2) et que la hauteur entre celles-ci et le plafond soit comprise entre 20 et 50 cm, en prenant soin de conserver une distance de 2,30 m entre le sol et les pales (par mesure de sécurité).
- Dans les logements équipés d'une VMC, ajouter un système à extraction d'air supplémentaire et dimensionné pour assurer un débit de six volumes par heure permet une surventilation nocturne qui favorise l'abaissement de la température intérieure.

Naturel, le puits provençal

Cette technique, déjà éprouvée par nos anciens, repose sur la stabilité de la température du sous-sol. Elle intervient aussi bien pour rafraîchir (puits provençal) que pour réchauffer un logement (puits canadien). À 2 m de profondeur, en été, la température est nettement plus basse que celle de l'air extérieur, d'où l'idée de rafraîchir celui-ci en le faisant circuler dans un tuyau enterré avant de l'injecter dans l'habitation. L'équipement nécessaire est relativement simple : une canalisation de section de 160 à 250 mm de diamètre, située entre 1,50 m et 2,50 m de profondeur et circulant dans le sol sur 25 à 35 m de long. La température du sol variant entre 12 et 15 °C l'été, si l'air extérieur est à 30 °C, ce parcours souterrain devrait lui faire perdre entre 5 et 9 °C. Écologique et performant, ce moyen de refroidissement n'utilise que quelques watts pour les besoins du ventilateur. L'Allemagne et l'Autriche ont déjà adopté ce principe dans les constructions où une véritable politique de diminution de la consommation énergétique est mise en œuvre.

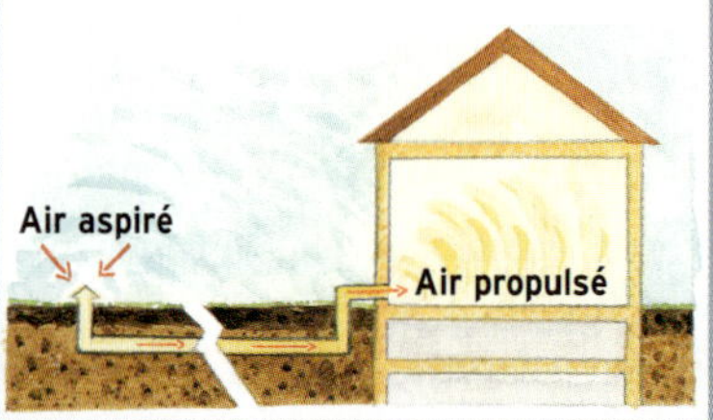

Le puits provençal abaisse la température de l'air de 5 à 9 °C.

Rafraîchir par évaporation

Une fontaine et une abondante végétation contribuent au rafraîchissement des patios des pays méditerranéens ou comme ici à Cuba. © MVF

Lorsque le temps est à l'orage, l'air nous paraît immédiatement plus supportable dès que tombent les premières gouttes. De même, lorsque nous passons, dans un parc ou dans un jardin, à proximité du système d'arrosage, une sensation de fraîcheur bienveillante nous envahit. En fait, toute augmentation de la teneur en eau dans l'air prélève de la chaleur et provoque une chute de la température, d'où l'idée de faire circuler de l'eau dans nos demeures.

• Les brumisateurs ou humidificateurs projettent dans l'air des fines gouttelettes en brouillard. Employés à l'état industriel pour rafraîchir les locaux d'élevage ou les serres, ils ne sont disponibles pour le grand public que sous forme de brumisateurs pour les plantes ou d'humidificateurs de table. Il est également intéressant de savoir que les plantes d'appartement, qui réagissent comme l'homme pour se protéger de la chaleur (elles transpirent), contribuent à rafraîchir l'atmosphère d'une pièce, et ce d'autant qu'on aura pris le temps de les « bassiner » chaque jour.

• Les rafraîchisseurs d'air fonctionnent selon le principe du drap humide que l'on suspend devant la fenêtre. L'air aspiré par un ventilateur passe dans une membrane maintenue constamment humide, provoquant l'évaporation d'une partie de l'eau. S'ils n'ont pas l'efficacité d'une climatisation classique, ces appareils consomment dix fois moins d'électricité et suffisent souvent pour améliorer le confort d'une pièce. Seul inconvénient : ils perdent en efficacité dès que l'air extérieur est humide.

• Très répandues dans les patios des habitations méditerranéennes ou cubaines, les fontaines, qui maintiennent l'eau en mouvement, rafraîchissent naturellement l'air ambiant. Partant du même constat, les fontaines à ruissellement sont des appareils qui reproduisent ce principe en faisant ruisseler de l'eau le long d'une surface (métal ou pierre). Peu répandue, cette technique est efficace, à condition d'avoir une surface de ruissellement suffisante.

Si, malgré tous ces conseils, vous êtes surpris par une vague de chaleur, sans appareil à portée de main pour rafraîchir l'atmosphère, il reste une solution utilisée, elle aussi, depuis des siècles : le drap ou une épaisse serviette éponge que l'on place devant la fenêtre (éventuellement sur un séchoir) en faisant tremper sa base dans une cuvette d'eau. L'air entrant provoquant une évaporation, la pièce sera naturellement plus fraîche.

Les revêtements de sol

© Jean Save

On les souhaite beaux, chaleureux, faciles à vivre, sains et naturels. Le bois, la terre cuite, les linoléums naturels, la laine et les fibres végétales répondent à ces exigences.

On oubliera volontairement dans ce chapitre les moquettes synthétiques, les revêtements de sols stratifiés et plastiques, polluants pour l'environnement et nocifs pour notre santé. Il n'y a d'ailleurs aucune raison de les utiliser, en dehors de leur prix souvent plus compétitif mais dans tous les cas au détriment de notre confort, alors qu'il existe une offre pléthorique de sols beaucoup plus sains et d'un esthétisme bien supérieur. Carreaux de terre cuite, parquets, linoléum (le vrai) et les fibres naturelles (coco, sisal, jonc de mer, jute et laine) nous offrent autrement plus d'agrément par leur texture, par la chaleur de leurs coloris, par les ambiances qu'ils créent…

Les carreaux de terre cuite et les sols durs

De tous les sols en dur, les carreaux de terre cuite sont sans contestation possible les plus chaleureux et ceux qui offrent à la fois le meilleur confort, du fait de leur inertie et de leur capacité à réguler l'humidité de l'atmosphère.

Les carreaux de terre cuite existent depuis la nuit des temps. Simplement posés sur un mortier de chaux, ils allient le naturel et la beauté d'éléments issus de la terre (argile), de l'eau et du feu. Une grande variété de formes et de teintes sont actuellement disponibles sur le marché. Les moins chers sont sans conteste ceux issus de procédés industrialisés (mais toujours naturels). Les plus beaux sont indiscutablement ceux en

Stage pose de carreaux de terre cuite organisé par l'association Tiez Breiz.

La patience et l'imagination donnent aussi des résultats très esthétiques avec des galets ! © MVF

provenance de fabrications artisanales qui font perdurer la passion d'un métier au travers des teintes flammées et de leur variété, propices à toutes les audaces.

La pierre naturelle (ardoise, marbre, granit, schiste…) est également intéressante pour sa facilité d'entretien et son inertie. Plus froide au contact du pied, elle convient bien dans les régions où la chaleur estivale est intense.

Les parquets

Employés traditionnellement au rez-de-chaussée dans le nord de la France, alors que dans les autres régions ils étaient plutôt réservés à l'étage, les parquets signent par cette utilisation en zone plus froide leur véritable intérêt : ce sont de bons isolants thermiques et, surtout, ils sont chauds au contact du pied.

Les essences retenues varient suivant les régions. À Paris et dans les immeubles anciens, on préfère le chêne, plus noble ! En province, le châtaignier était privilégié. Largement disponible, ce bois à, entre autres avantages, celui d'éloigner les insectes.

Si le chêne reste toujours l'essence préférée des amateurs de parquets, l'offre de bois indigènes ou exotiques est désormais pléthorique. Du moins cher (le pin) au plus onéreux (le teck), on trouve une multitude d'essences et de teintes (bois clairs, rouges…). Mais s'il est un point auquel tout acheteur doit attacher une grande importance, c'est l'origine de ce bois et la façon dont la forêt est exploitée pour éviter ainsi d'acheter celui originaire de pays n'ayant aucune politique de reboisement. Il est normalement aisé de remonter la filière grâce au numéro de série indiqué à côté du label FSC (*Forest Stewardship Council*).

Le Canada a exploité la moitié de ses forêts en vingt-cinq ans. L'Amérique du Sud, l'Asie et l'Afrique sont soumises à une déforestation intensive et, dans la majorité des cas, sans aucun reboisement. Des milliers d'hectares de forêts tropicales et primaires disparaissent ainsi chaque année. Or les arbres sont de véritables puits à carbone, donc très intéressants pour absorber les gaz à effet de serre qui dérèglent actuellement le climat de la planète. Ces mêmes forêts sont également détentrices d'une faune et d'une flore exceptionnelles dont certaines espèces sont actuellement gravement menacées.

Ces précautions prises, les avantages d'un plancher bois dans la maison sont multiples.

- Ce sont des sols très résistants lorsqu'ils sont bien entretenus. On trouve dans les vieilles demeures des parquets magnifiques qui affichent plusieurs siècles d'existence !
- En plus de son contact agréable au pied, le parquet isole et stocke la chaleur. Une pièce équipée d'un parquet se réchauffe plus vite qu'une pièce dans laquelle le sol est en marbre.
- Le parquet régule l'hygrométrie, d'où un confort ambiant optimal.

Par contre, le parquet présente un énorme inconvénient : il est bruyant si l'on ne prend pas un minimum de précautions à la pose.

Traditionnellement, le parquet (en lame de 21 mm d'épaisseur minimum) est cloué sur lambourdes. Il est alors possible de disposer un isolant entre celles-ci et un feutre pour désolidariser chaque partie.

La pose collée nécessite l'ajout d'une sous-couche pour éviter la transmission des bruits. Les produits employés, colle et sous-couche, sont rarement respectueux de la santé et de l'environnement (émission de COV composés organiques volatils et sous-couche bitumée pour éviter le transfert d'humidité).

Enfin, la pose sur chape flottante (65 % du marché actuel) concerne des parquets contrecollés (bois noble sur support aggloméré ou latté) avec sous-couche interposée et soumise aux mêmes réserves que la pose collée.

Les linoléums naturels

Le linoléum naturel, largement utilisé jusque dans les années 1950, n'a strictement rien à voir avec les sols plastique proposés depuis cette époque.

Comme son nom l'indique, le linoléum est fabriqué à base d'huile de lin ou plus exactement de la linoxine qui en est extraite. On y ajoute des résines naturelles de pin, des particules de liège et de bois, de la craie et des pigments. Ce mélange fixé sur toile de jute constitue un lino résistant, naturel, facile d'entretien et d'une incroyable diversité en teintes. Ciré plusieurs fois à la fin de sa fabrication pour le rendre imperméable, il ne nécessite ensuite que d'être lessivé avec un peu d'eau et de la cire liquide de temps à autre pour le nourrir.

Si le lino est posé sur un vieux plancher, il peut être utile de prévoir une sous-couche de liège pour réduire les bruits de pas.

Les fibres végétales

Les fibres végétales entrant dans la composition des revêtements réduisent les bruits de chocs et la réflexion des sons. Bien qu'elles ne soient pas vraiment considérées comme des produits de construction, elles ont pourtant fait leurs preuves depuis des siècles comme revêtements de sol. Elles peuvent recouvrir complètement la surface ou être utilisées en tapis pour agrémenter un espace à vivre et le rendre plus chaleureux. En plus, elles sont antistatiques.

En revêtement global, elles imposent quelques précautions. Les fibres végétales n'aimant pas l'humidité, une sous-couche isolante pourra être nécessaire. La trame, plus ou moins grossière, des fibres, contrarie parfois un nettoyage efficace. Un bon aspirateur est indispensable ! D'autre part, comme tous les textiles, les fibres végétales absorbent les polluants et principalement les fumées de tabac. Si la maison abrite des fumeurs invétérés, ce revêtement n'est pas forcément conseillé !

- Le **sisal** est extrait de l'agave, une plante d'origine mexicaine dont le suc sert à fabriquer le fameux mescal. Très résistant, le sisal permet des trames et des dessins variés.
- La plus connue des fibres végétales, le **coco**, est fabriquée à partir des coques de noix de coco qui sont ramollies dans l'eau douce puis battues. La fibre est ensuite filée puis tissée assez grossièrement. Elle peut rester de couleur naturelle (brun assez foncé) ou être blanchie.
- Le **jonc de mer** se développe dans les champs inondés d'eau de mer. C'est une fibre imperméable, très dure et qui, une fois filée, résiste quasiment à toutes les tâches. De différentes couleurs allant du brun au roux en passant par le vert, il autorise de magnifiques tressages et peut, du fait de sa résistance, être posé dans quasiment toutes les pièces.
- Le **jute** est extrait d'une plante herbacée pouvant atteindre 3 m de haut. Utilisé dès le XVIIIe siècle pour les cordages, il était alors importé du Bengale. Ses fibres, longues et soyeuses, en font un revêtement très apprécié dans les appartements un peu coquets, d'autant qu'il est très agréable au toucher.

La laine

C'est la seule matière acceptable pour les moquettes ! Les revêtements de sol en laine sont cependant à réserver aux chambres, où ils procurent un environnement douillet et où ils sont moins exposés aux polluants et salissures, leur nettoyage restant difficile et délicat. Certains mélanges, laine et jute ou laine et sisal, plus résistants que la laine seule, apportent la chaleur de la laine en limitant ses inconvénients.

Traitement et entretien des bois

© MVF

Traiter les bois ne doit pas être systématique ! Avant de se lancer dans des traitements onéreux et toujours plus ou moins polluants, mieux vaut prendre le temps de bien choisir son bois et d'évaluer les risques.

Le traitement des bois à tous les niveaux de leur transformation et de leurs utilisations dans le bâtiment n'a jamais été autant d'actualité que depuis ces dernières décennies. Les industriels traitent en préventif à l'abattage et au sciage contre les champignons et les insectes du bois frais. Un second traitement préventif de longue durée est ensuite appliqué : trempage à froid pour les bois de construction, trempage à chaud pour les parquets, injection sous pression en autoclave, aspersion, pulvérisation… Bref, il devient bien difficile de trouver des bois qui n'aient pas subi moult traitements avant leur commercialisation.

Les bois déjà en place n'échappent pas à cette règle de surprotection et, bien qu'ils affichent pour certains des siècles de bons et loyaux services, poutres et planchers reçoivent des traitements qui ne sont pas toujours indispensables, soit par application en surface, soit par injection en profondeur.

Cette surenchère, propre à notre époque, s'explique par l'emploi massif dans la construction de résineux particulièrement sensibles aux attaques des insectes xylophages ainsi qu'à une préparation trop rapide et souvent médiocre des bois, alors qu'autrefois on savait les sélectionner et les préparer dans les règles de l'art. Un bois abattu en hiver, quand la sève est basse, ne contient que peu de matière intéressante pour les insectes xylophages. Si cet abattage est réalisé en lune descendante, c'est encore mieux ! Le bois doit être également scié pendant la saison froide et son humidité amenée à 25 % avant l'été de la même année (les champignons se développant à partir de 30 %). Les bois anciens utilisés selon ces principes et façonnés en respectant le fil du bois (comme c'était le cas avant la Première Guerre mondiale) résistent parfaitement au temps. À l'intérieur d'une construction, l'humidité ne devrait jamais excéder 60 %, mais le faible renouvellement de l'air dans les logements trop hermétiques fait que le taux est souvent largement supérieur.

Des bois de qualité diverses

Le tronc d'un arbre est composé de trois parties : son écorce, l'aubier et le bois « parfait » - appelé « duramen » lorsqu'il est parfaitement distinct de l'aubier. Lorsque l'aubier a été correctement retiré et que seul le duramen est utilisé dans la construction, les bois n'ont pas besoin de traitement contre les insectes xylophages (sauf contre les termites dans les régions infestées).

Les essences indigènes telles que le chêne, le châtaignier, le mélèze, l'orme, le noyer, le sapin de Douglas, le cèdre et le robinier (faux acacia) rentrent dans cette catégorie, tout comme les bois exotiques tels que le doussié, le merbau, le moabi, le padouk et l'iroko.

Par contre, les résineux, dont l'aubier et le bois parfait sont indistincts, nécessitent un produit de traitement. On trouve dans cette catégorie le sapin, l'épicéa, le pin, le hêtre, l'érable, le frêne, le bouleau, le peuplier, le tilleul, l'eucalyptus globulus... Les conifères étant de plus en plus répandus dans la construction, le capricorne est devenu l'ennemi numéro un des charpentes, des planchers et autres en résineux, d'autant que la bestiole apprécie les étés chauds, le chauffage central et une bonne isolation... Et là, il faut reconnaître qu'on met tout en œuvre pour lui procurer un maximum de confort !

Pour éviter de traiter les bois, on les utilisera donc sciemment dans des rôles bien précis.

- En extérieur, pour le mobilier et les aménagements de jardin, seules quelques essences d'origine tropicale peuvent résister sans traitement, dont le teck. Réservé jusqu'à présent, presque en exclusivité, à la fabrication des piquets de vigne, le robinier est une espèce européenne intéressante pour l'extérieur, mais les quantités disponibles sont actuellement très limitées.
- En extérieur, pour les menuiseries et les bardages, le chêne, le châtaignier, le mélèze, le sapin de Douglas et les essences tropicales pourront être utilisés.
- À l'abri, pour les charpentes, pour les planchers et pour les ossatures, le chêne, le châtaignier, le mélèze, le sapin de Douglas et le pin conviendront.
- À l'intérieur, le mobilier, les parquets, les lambris et les menuiseries seront pérennes s'ils sont en chêne, en châtaignier, en pin, en mélèze, en hêtre, en sapin de Douglas. Les résineux seront retenus exceptionnellement, et à condition qu'ils soient de faible épaisseur (moins de 15 mm qui ne permet pas le développement des insectes).

Évaluer les forces des attaquants

Les deux ennemis du bois sont les insectes xylophages et les champignons. En France et dans les pays tempérés en général, trois catégories d'insectes sont concernées : le capricorne, la vrillette et le termite.

La larve de la vrillette fragilise le bois en creusant des galeries circulaires, notamment dans les résineux. Le capricorne se délecte de ces essences et sera au summum du confort dans une atmosphère chaude, mais il résiste mal à l'altitude. On le trouve rarement au-dessus de 1 200 m. En évitant les résineux à tous les stades de la construction en dehors des zones montagneuses, on ne devrait pas être envahi par ces deux indésirables même si le bois n'est pas traité.

« Importé » d'Afrique mais particulièrement adapté à notre climat, notamment dans le Sud-Ouest, le termite est difficilement décelable et de fait plus dangereux. Vivant en colonie, sous terre, il se gave de tout ce qui contient de la cellulose (papier, bois, tissus…). Dans les régions infestées, il sera impossible de se passer de traitement, dont aucun n'est actuellement parfaitement écologique.

Les champignons ne s'installent que si le bois contient un minimum de 20 % d'humidité. Si la maison est correctement ventilée et suffisamment lumineuse, le traitement du bois contre les champignons est donc inutile à l'intérieur. Attention cependant aux bois dans les pièces humides et obscures. Le mérule s'y développe facilement, surtout si la température est supérieure à 20 °C.

Les traitements à proscrire

Les risques engendrés par les bois traités sont multiples. Ils peuvent être directs : par contacts cutanés ou par inhalations des COV (composés organiques volatils) provenant de l'évaporation des produits, par migration des matières dans les denrées alimentaires (pommes, poires… conservées dans des cagettes au grenier). Plus sournoisement, les risques peuvent également être indirects par dispersion dans les sols, dans l'eau ou dans l'air. Un couple qui avait posé les poutres destinées à la terrasse sur le bassin des poissons rouges a retrouvé ceux-ci le ventre à l'air le lendemain après une nuit de pluie (le ruissellement ayant délavé le produit de traitement).

Couramment appliqué depuis 1940 comme traitement antibleuissement pour les bois fraîchement coupés et comme protection à long terme contre les champignons, le pentachlorophénol (PCP) est à bannir de la construction ou de l'utilisation en plein air (pour les jeux d'enfants, le mobilier de jardin…).

Chef de file des insecticides, le lindane et les produits de la même famille tels que l'aldrine, la dieldrine, le chlordane et l'heptachlore sont également à éviter.

Enfin, bien que leur usage ait été très répandu pendant ces dernières décennies, les sels CCA (cuivre, chrome, arsenic) sont également interdits, notamment pour les aires de jeux des enfants que l'on a longtemps traitées de cette façon.

Les traitements moins toxiques

Le pentachlorophénol (PCP) et le lindane, interdits depuis 1994, ont été remplacés par des azoles, des sels d'ammonium quaternaires et des pyréthrines synthétiques.

Ces dernières, utilisées seules ou associées, représentent actuellement 20 % du chiffre d'affaires mondial des pesticides. Elles sont stables, perdurent dans les bois, se diffusent peu dans l'environnement et sont performantes à faibles doses. Peu volatiles, les pyréthrinoïdes de synthèse libèrent peu de COV (composés organiques volatils) dans les intérieurs. Cependant, ces substances peuvent occasionner des rougeurs des yeux et de la peau lors de leur application ainsi que des irritations des voies respiratoires, des vertiges et des maux de tête. Les pyréthrinoïdes de synthèse restent, malgré tout, la solution à n'employer qu'en cas extrême, quand les charpentes sont fortement endommagées et dans des combles inhabités.

Les fongicides triazoles (propicozanole et tébucozanole) sont utilisés pour les charpentes, les planchers, les ossatures et les menuiseries extérieures. A priori, ils ne présenteraient aucun risque pour l'environnement.

Incolore, inodore et d'origine naturelle, le sel de bore (borax) est utilisé comme insecticide et fongicide en traitement préventif, industriellement (en autoclave ou par l'emploi de bâtonnets dans les menuiseries en lamellés-collés) ou par les particuliers en application sur bois humide pour les bois intérieurs. Ils ne présentent pas de risques majeurs pour la santé, mais ils sont peu efficaces en extérieur du fait de leur lavabilité. Il est cependant possible d'améliorer leur tenue en badigeonnant la surface du bois avec un vernis naturel dès que la pièce de bois est enduite. Il existe également des produits prêts à l'emploi à base de sel de bore et de résine naturelle.

Des techniques émergentes

De nouvelles techniques commencent à être employées pour assurer la pérennité du bois sans nuire à l'environnement et sans danger pour l'homme.

- Améliorer la conservation par un séchage à haute température (110 à 150 °C).
- Chauffer le bois à très haute température (180 à 280 °C) pendant 2 heures évite les traitements chimiques pour les bardages, les terrasses, les clôtures, les mobiliers de jardin... Ce procédé diminue la résistance mécanique à la flexion et au cisaillement, ce qui empêche d'employer ces bois pour des structures de jeux pour les enfants.
- La vapeur à 100 °C utilisée pour une durée qui varie en fonction de l'épaisseur du bois (jusqu'à 24 heures pour les bois de 15 à 30 cm d'épaisseur) permet d'effectuer un traitement curatif et de détruire les larves d'insectes xylophages, à condition de rendre au préalable le grenier étanche. Ce procédé est fort dispendieux en énergie.
- Les huiles (de friture ou des sous-produits de l'industrie agro-alimentaire et des huileries) utilisées chaudes (180 à 220 °C) dans un autoclave à la pression atmosphérique pourraient se substituer aux traitements CCA (cuivre, chrome, arsenic) et améliorer durablement la stabilité des bois non structurels (bardages, mobiliers extérieurs...).

Se protéger efficacement des termites

Bien qu'ils ne soient arrivés en France qu'au XVIIIe siècle, les termites se sont rapidement acclimatés et répandus au point qu'ils prolifèrent aujourd'hui sur cinquante-six départements français. Le département des Landes a été le premier touché, et particulièrement affecté par le phénomène, mais ce n'est pas le seul à subir les assauts répétés de ces bestioles. La Gironde, le Lot-et-Garonne, les Pyrénées-Atlantiques, la Dordogne, la Charente-Maritime, les Pyrénées-Orientales et la région Provence-Alpes-Côte-d'Azur sont concernés du fait de la présence importante de résineux et de la chaleur qui assurent la nourriture et le confort de ces hôtes indésirés.

Plusieurs solutions existent pour lutter contre l'invasion des termites :

- La réglementation (et le bon sens) préconise tout d'abord de brûler sur place tous les bois contaminés.
- Pour éviter les intrusions dans un bâtiment construit en zone contaminée, la première des solutions consiste à ne pas créer un lieu qui favorise leur installation (zone humide, chaude et bien pourvue en nourriture). Il faut aussi : supprimer les infiltrations d'eau ; lutter contre la condensation, les remontées capillaires dans les murs ; ventiler les caves et les sous-sols ; éviter de stocker des vieux journaux, des cartons, des tissus, des bois morts, des souches ; isoler le bois de chauffage du sol pour que cette nourriture ne soit pas directement accessible.
- Une fois ces précautions prises, une barrière chimique peut malgré tout être nécessaire. La protection du bâtiment est assurée par un traitement insecticide au niveau du sol, des murs porteurs, des cloisons et du doublage, des huisseries et des bois de structure. Les organochlorés persistants tels que le lindane et l'endosulfan sont à éviter. Les pyréthrinoïdes (deltaméthrine, cyperméthrine et bifenthrine) peuvent être utilisées à condition de ne pas être en contact direct avec l'eau, de ne pas être appliquées par temps de pluie ou de gel. Des molécules telles que le flufénoxuron, le chlorphénapyr ou le fipronil sont également utilisées.

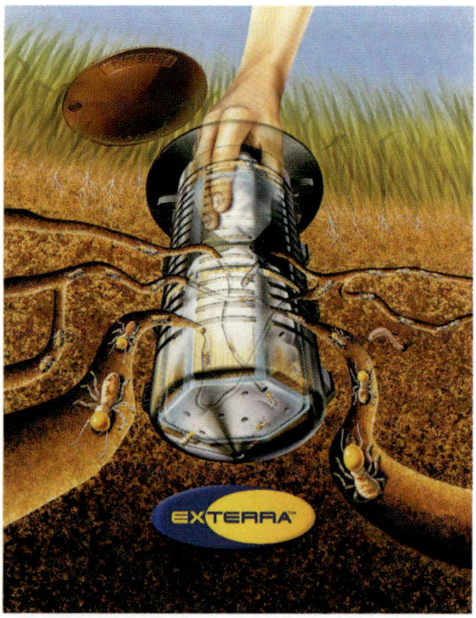

En dehors de la basique application massive d'insecticide qui forme une barrière tout autour de la maison, il existe une alternative intéressante : les stations anti-termites. En alimentant, à partir d'un conteneur, la colonie de termites, Exterra élimine tous ses membres. © Exterra

Mais des techniques plus écologiques existent aussi ! Au moment de la construction d'une maison neuve, un film polyéthylène sur lequel est fixé un insecticide (perméthrine) peut être placé directement sous les fondations. Des granulés de ce produit seront ajoutés au lieu de passage de gaines, de tuyauteries…

Lorsqu'on a repéré un passage de termites, le piège est une bonne solution. Constitué de cellulose imprégnée de l'hexaflumuron (piège interne) ou de diflubenzuron (piège externe), il fournit aux termites ouvriers une nourriture empoisonnée qu'ils ramènent à la colonie. Le produit ne tue pas directement mais inhibe la mue. Son enveloppe ne se reformant pas, l'insecte meurt.

Entretien des bois

Qu'il s'agisse des planchers ou du mobilier et même des terres cuites, les cires et les huiles sont de véritables produits de beauté qui pérennisent les matériaux sans les encrasser pour peu qu'elles soient de qualité et appliquées dans les règles de l'art.

Les huiles

C'est la première étape pour éviter que les salissures ne s'incrustent dans les parquets ou dans les carreaux de terre cuite. Une huile dure, composée de lin, d'huile de bois, de résines naturelles (pin, coumarone, dammar…) et de siccatif sans plomb, sera appliquée en deux couches successives sur un sol parfaitement propre. Un plancher neuf devra être, au préalable, poncé avec un papier de verre à grain fin. Un bois tropical ou de vieux carreaux de terre cuite cirés maintes fois seront dégraissés avec un distillat d'agrumes. La première couche d'huile pénètre plus profondément si elle est chauffée à 80 °C. Il faut laisser ensuite sécher l'application pendant un bon quart d'heure avant de polir (toujours dans le sens des fibres du bois) avec un papier très fin et humide. Une dizaine d'heures plus tard, la seconde couche peut être appliquée. Il est recommandé d'attendre au moins une nuit, voire une journée complète, avant de cirer la surface ainsi imprégnée.

La cire

Le mieux est d'oublier les produits d'entretien et les cires en tout genre dont regorgent les rayons de supermarché pour ne retenir que ceux que l'on trouve dans les magasins spécialisés en produits biologiques pour le bâtiment : les cires dures naturelles fabriquées à base de cire d'abeille, de cire de carnauba (feuille de palmier d'Amérique du Sud) et d'agrumes. Plus riches et plus épaisses, elles s'imprègnent bien dans le matériau, le nourrissent et le protègent durablement en une seule couche. On laissera sécher entre 12 et 24 heures, suivant la saison, avant de polir.

Pour les meubles, un baume à la cire d'abeille suffit à les raviver.

La décoration
des murs

© Jean Save

C'est la touche finale mais qui peut être source de pollutions importantes si l'on n'y prend garde ! Au rayon des peintures, colles, tapisseries et autres tissus muraux, seuls les produits naturels ont le droit de cité !

Au travers de la décoration, les membres d'une famille expriment leurs sentiments personnels ; ils s'approprient la demeure tout en lui donnant une âme. Il ne devrait donc être question à cette étape que d'harmonie, de beauté, d'ambiance agréable, de création d'espace à vivre ouvert sur le monde, à la fois convivial et rassurant. Mais pour que décoration rime avec bien-être et confort, les produits utilisés devront être sains et naturels, avoir une texture agréable au toucher, jouer avec la lumière et la pénombre, dégager une odeur exempte de toute pollution… Bref, la décoration offre une palette infinie de possibilités pour transformer un bâtiment en un havre de paix ou au contraire le rendre parfaitement invivable. Cette partie des travaux, qui parachève la construction, doit être l'objet d'une grande attention. Ce n'est pas parce qu'on arrive au coup de peinture final qu'il faut se relâcher !

Les revêtements muraux

Par revêtement mural, on entend aussi bien les papiers peints traditionnels, que les vinyles plats ou expansés en relief, les tissus ou encore les pailles japonaises ou coréennes et la toile de verre à peindre… Il existe donc de nombreuses façons plus ou moins écologiques de recouvrir les murs et autant de colles qui vont de l'inoffensive colle d'amidon en phase aqueuse aux colles vinyliques, acryliques et polyuréthanes qui, elles, présentent un certain nombre de risques.

Qu'on ne s'y trompe pas, en dehors de la frise collée au tiers de hauteur, c'est une peinture au chiffon qui créée le décor ! © MVF

Les papiers peints

Créant un milieu favorable pour le développement des moisissures et la multiplication des acariens, les papiers peints sont à éviter sur les murs humides par remontées capillaires ou infiltrations. Dans tous les cas, les papiers peints vinyliques (à base de polychlorure de vinyle et de plastifiants) sont à bannir de l'habitation. Étanches à la vapeur d'eau (en général, les vendeurs les présentent comme lavables), ils émettent de nombreux COV (composés organiques volatils). Par contre, les papiers peints récents qui utilisent des encres à base d'eau (et non plus à base de solvants) sont recommandés.

Le choix du papier peint et de la colle requiert une grande vigilance pour éviter les produits polluants. @ MVF

Les tissus muraux

En dehors du fait qu'ils reçoivent différents traitements pour leur assurer une meilleure tenue qui engendre un dégagement de COV, les tissus muraux sont à éviter dans les logements où vivent des personnes allergiques (notamment aux acariens) et dans les maisons de fumeurs (les tissus absorbant puis rejetant ultérieurement toutes les odeurs). Comme les papiers peints, ils ne supportent pas les zones humides.

Le liège

Produit intéressant pour la décoration d'autant qu'il amortit les bruits, le liège doit cependant être l'objet d'une attention particulière au niveau de sa conception et de sa mise en œuvre. Pour éviter les dégagements de COV, il est important de vérifier qu'il n'a pas été aggloméré avec de la colle contenant un produit nocif et de sélectionner la colle utilisée pour sa pose selon les mêmes critères de qualités.

Les colles

Comme les peintures, les colles sont classées en phase aqueuse, en phase solvant ou selon la résine principale.

En phase aqueuse

C'est l'eau qui sert à disperser les petites particules de résine. On dit de ces colles qu'elles sont en « dispersion aqueuse » ou en « émulsion ». Une petite quantité de solvant (moins de 5 %) facilite la formation d'un film adhésif au moment du séchage. Ces solvants sont en général des éthers de glycol, qui sont progressivement remplacés par des acides gras.

Les colles à base d'amidon de même que les colles cellulosiques sont utilisées pour le papier peint traditionnel. (Il existe aussi des colles cellulosiques en phase solvant mais elles sont réservées aux parquets). Les colles vinyliques servent au collage des papiers vinyles, des toiles de verre, des panneaux de liège…

Les acryliques sont plus résistants à l'humidité sur un support béton que les colles vinyliques. Lors de la pose, ils peuvent provoquer des irritations cutanées.

En phase solvant

Ces colles sont dites « en solution » et peuvent contenir de 60 à 80 % de solvants s'évaporant pendant la pose ou au cours du séchage, donc inhalés par les occupants de la pièce. Les effets nocifs sont relevés au niveau de la peau, des muqueuses et des yeux. Ce sont notamment les colles vinyliques employées pour les parquets, les moquettes, le PVC…

Les colles contact

Elles sont appliquées sur les deux surfaces et s'utilisent sur les murs sensibles aux variations hygrométriques. Les polychloroprènes (néoprène) et les copolymères styrène-butadiène, habituellement vendus dans les grandes surfaces de bricolage, sont à l'origine d'irritations cutanées, de lésions oculaires, d'intoxications neurologiques. Elles doivent être impérativement remplacées par des colles contact à pH neutre ou par des colles contact acryliques.

En raison de l'impact sur la santé et sur l'environnement des solvants, seules les colles en phase aqueuse sont acceptables pour la pose des revêtements muraux dans une maison que l'on souhaite saine pour l'homme et l'environnement.

Les peintures

C'est le sujet récurrent de la décoration. Les peintures permettent de tout faire à partir du moment où l'on possède quelque talent et elles offrent une variété infinie de teintes et de composants allant du meilleur au pire. Très prisées en décoration, les peintures couvrent une surface importante de l'habitation. Compte tenu de l'enjeu, avant d'attraper le pinceau, un petit récapitulatif s'impose.

Comment fabrique-t-on une peinture ?

Schématiquement, une peinture est composée de liants, de charges, de pigments et d'adjuvants. Mais, dans la réalité des fabricants, une peinture est beaucoup plus complexe que cette simple énumération. Elle peut comporter de dix à trente composants, mais tous ne sont pas obligatoirement mentionnés sur les fiches techniques, notamment les produits toxiques lorsqu'ils sont présents en quantité inférieure à la norme !

Les pigments naturels donnent des tons chaleureux aux boiseries. Un stuc vert habille les murs de la chambre au second plan.
© Jean Save

Les peintures peuvent être organiques (acrylique, vinylique, époxydique...) ou minérales (à base de chaux ou de silicate). Les premières sont encore largement utilisées en France alors que les secondes sont encore trop souvent cantonnées chez les négociants de produits écologiquement corrects pour l'habitat et pour l'homme !

Les peintures organiques peuvent être en phase aqueuse ou avec des solvants. Sans être totalement saines (la plupart contiennent encore des solvants chimiques : éthers de glycol), les peintures en phase aqueuse sont plus respectueuses de la santé et de l'environnement. Nous ne nous attarderons pas sur les peintures organiques à base de solvants dont les effets sur la santé des différents composants sont décrits dans le chapitre Sources de pollution. Autant passer immédiatement aux produits écologiques disponibles sur le marché.

Les liants d'une peinture écologique peuvent être :

- des résines naturelles issues de conifères, tels que le pin ou le mélèze, ou plus exotiques comme le dammar ;
- de la propolis (bourgeons de saule, de peuplier ou de bouleau) utilisée par les abeilles pour fixer les gâteaux de cire ;
- des huiles végétales (lin, ricin, bois, carthame) ;

Peintures naturelles et badigeons séduisent naturellement les créatifs. © Jean Save

• de la chaux pour toutes les peintures dites « à la chaux » (badigeons, détrempe, patine, stuc...). On peut fabriquer soi-même son badigeon, sa patine... On peut aussi acheter des peintures prêtes à l'emploi composées de carbonate de calcium, de pigments et de gomme arabique ou conçues avec un liant naturel extrait du lait par acidification, la caséine.

• des silicates de potassium selon une formule inventée par l'Allemand Keim au siècle dernier, mais qui ne convient pas pour le bois, le métal ou le plastique.

Les solvants

Ils varient en fonction des liants utilisés à la base. Cela peut être :

• de l'eau en quantité variable selon les finitions souhaitées pour une peinture à la chaux ;

• une essence de térébenthine provenant de résineux ;

• les terpènes d'agrumes (oranges ou citrons par distillation d'extraits de peaux d'agrumes pressés à froid).

Les pigments naturels

Les hommes de la préhistoire utilisaient déjà les ocres pour leurs peintures. Les Égyptiens, les Grecs puis les Romains ne cessèrent d'améliorer et d'augmenter le nombre des pigments, et l'on dénombre aujourd'hui plus d'une centaine de teintes. Certaines sont connues et réputées pour leur beauté ou pour leur résistance au temps, comme la terre de Sienne

Le mélange terre, chenevotte et pigments naturels constitue un enduit rustique et chaleureux qui ne craint pas les outrages du temps. © Jean Save

dont la tonalité (jaune-brun) est donnée par le peroxyde de fer. Les pigments peuvent être :

- d'origine minérale à base de terre comme les ocres, dont le plus gros gisement se trouve en France, dans le Vaucluse. Contrairement aux colorants chimiques, ces terres donnent naissance à des teintes pures, lumineuses et franches qui résistent bien à la lumière et au temps ;
- à base d'oxyde de métaux avec une large palette de couleurs allant de l'ocre au rouge, au brun et au noir pour les oxydes de fer ou de vert pour les oxydes de chrome ;
- d'origine végétale, allant de teintes très connues comme le bleu pastel qui fit la richesse du pays de Cocagne (région de Toulouse et d'Albi), *Cocanhes* en occitan désignant les boules de pastel. Le brou de noix (brun), le réséda (jaune)... fournissent toute une gamme de couleurs intéressantes pour la décoration.

Les charges

Ce sont des poudres minérales telles que le talc, le kaolin, l'ardoise, la craie, le mica, la chaux, l'argile...

Adjuvants, additifs

Les préparations à base de chaux peuvent être adjuvantées avec des rétenteurs d'eau (caséine ou méthylcellulose), des fixateurs de pigments (alun de potasse) des résines de latex ou acryliques.

Les peintures naturelles reçoivent des additifs émulsifiants (lécithine de soja), des siccatifs (cobalt) ou des conservateurs extraits de plantes possédant des propriétés antifongiques et insecticides (chrysanthème, romarin, bergamote...).

Il existe une multitude de recettes de peintures dites « naturelles », mais au final toutes possèdent de nombreux avantages par rapport aux peintures organiques. Elles offrent une excellente perméabilité à la vapeur d'eau, évacuant facilement l'humidité d'une pièce pour peu que les matériaux constituant le mur possèdent les mêmes qualités. Elles ne dégagent pas de COV (composés organiques volatils) et ne favorisent pas l'accumulation des charges électrostatiques, diminuant ainsi l'attraction des poussières. Les peintures minérales aux silicates et les pigments à base de terre sont réputés pour leur résistance au temps et largement employés en restauration. Enfin, toutes offrent un bilan écologique bien supérieur aux peintures organiques pendant leur fabrication, leur utilisation et en fin de vie. Le seul inconvénient des peintures à la chaux vient de leur alcalinité qui rend indispensable le port de gants, de lunettes et de vêtements couvrants pendant leur application.

Les enduits chaux et/ou terre

Les enduits comptent parmi les finitions les plus belles, les plus naturelles et les plus achevées. Ils conviennent aussi bien à l'intérieur qu'à l'extérieur, sur de vieux murs de pierres comme sur la brique récemment posée. Lisses ou granuleux, isolants ou imperméables, ayant la couleur du sable utilisé ou colorés par des pigments, ils invitent à la créativité. Réaliser un enduit n'est pas très compliqué ; c'est à la portée de tous les bricoleurs mais cela demande un minimum d'informations préalables et surtout d'organisation. Les enduits acceptent une multitude de mélanges, de méthodes, de combines, d'outils… et sont de ce fait très diversifiés mais toujours naturels et parfaitement sains pour l'homme et pour son environnement : enduit lisse à la chaux, enduit granuleux avec un mélange de chanvre, enduit de terre seule ou en association avec un végétal (paille ou chanvre)…

Les murs de pierre de cette cuisine ont été recouverts d'un mélange chaux/chanvre puis d'un enduit de finition à la chaux. © Jean Save

Prévoir son chantier

On ne décide pas de faire un enduit du jour au lendemain ! Le chantier doit être soigneusement préparé. Quelle est la surface à enduire ? Quels matériaux et matériels seront nécessaires ? Combien faut-il prévoir de temps pour le réaliser ? Répondre à toutes ces questions est indispensable avant de se lancer dans l'aventure.

• Évaluer le temps du chantier est capital pour que le résultat soit à la hauteur des efforts, surtout s'il s'agit d'un enduit extérieur. Celui-ci devra tenir compte de la météo ! Pas question de travailler par temps de pluie ou de gel, ni même quand le

Un enduit réussit ne s'improvise pas. Suivre une formation préalable lorsqu'on souhaite réaliser soi-même les travaux évite bien des déboires. © d'Ocres décoration

soleil darde ses rayons et déshydrate trop vite l'enduit. Le suivi et la rapidité du travail interviennent également pour beaucoup dans l'homogénéité de la couche de finition pour éviter les traces de raccords entre les surfaces plus ou moins sèches. Il faut également tenir compte des temps de séchage : la chaux aérienne exige un temps beaucoup plus long que la chaux hydraulique. Sa carbonatation demande au moins deux semaines pendant lesquelles elle sera particulièrement sensible aux aléas climatiques. L'idéal étant de prévoir son chantier quand la température extérieure est au moins de 5 °C et au maximum de 30 °C.

• La préparation du mur est aussi importante. Celui-ci sera vierge de toutes salissures, moisissures et autres poussières. Suivant le matériau qui le compose, il peut avoir besoin d'une préparation préalable : un mur de briques sera humidifié pendant

Réalisation d'un enduit terre lors d'un stage organisé par l'association Tiez Breiz. © Tiez Breiz

La chaux protège les murs tout en les laissant respirer. © Centre de formation Maison en paille

les trois jours qui précèdent les travaux ; un mur de terre le sera aussi mais légèrement ; le mur de pierres pourra être travaillé tel quel ; un grillage est indispensable sur une surface bois.

- La préparation du mortier doit être effectuée de façon que chaque gâchée soit identique à la précédente. Utilisez pour cela la même unité de mesure, un sac de chaux ou un seau, pour quantifier le sable…
- L'enduit se réalise en trois couches successives (le gobetis, le renformis, le corps d'enduit) auxquelles il faut ajouter une couche de finition.

Choisir un type d'enduit

Le choix d'un enduit dépend des goûts personnels de chacun et de l'objectif à atteindre : imperméabilisation, isolation ou décoration.

- L'enduit à base de chaux hydraulique convient particulièrement bien pour l'extérieur des bâtiments. Il est résistant à toutes les conditions climatiques et durcit rapidement.

Les ocres mettent en valeur la pierre et apportent une chaleur incomparable dans une maison. © d'Ocres décoration

- L'enduit réalisé uniquement avec de la chaux aérienne exige des conditions climatiques extrêmement favorables du fait de la lenteur de sa prise. À l'extérieur, la chaux aérienne ne servira que pour la couche de finition. À l'intérieur, elle est fortement recommandée pour les murs anciens (pierres ou terre) et les constructions neuves perméables à la vapeur d'eau (briques, terre, aggloméré de pierre ponce ou de pouzzolane).
- La chaux aérienne et la chaux hydraulique mélangées constituent un enduit « bâtard » intéressant à l'extérieur pour les anciens murs de pierres hourdés à la terre et pour les murs de terre.
- Les enduits chaux et chanvre sont à la fois isolants et décoratifs. Pour l'enduit, on utilise juste la partie du chanvre appelée « chènevotte ». Incorporée dans un enduit à la chaux, elle améliore le confort thermique du bâtiment, apporte une légère correction acoustique et régule l'hygrométrie. Suivant l'effet recherché, l'enduit peut être laissé brut (à l'intérieur seulement ; à l'extérieur, il devra toujours être recouvert d'un enduit de finition) ou recevoir un enduit plus fin et plus lisse.
- Les enduits chaux et terre sont naturellement colorés par la couleur de la terre et conviennent parfaitement pour la restauration du bâti ancien. Ils sont employés en couche de finition et réalisés avec une chaux aérienne.

Mélangée à des fibres végétales, la terre constitue un enduit naturel, rustique et chaleureux. © Jean Save

Cet enduit terre teinté de pigments naturels
est appliqué au platoir et à la main de bois. © Globetroterre

• Les enduits terre sont aussi performants et beaux à l'intérieur qu'à l'extérieur. Ils peuvent être réalisés avec la terre locale, à condition d'avoir quelque connaissance pour vérifier que celle-ci n'est ni trop, ni trop peu argileuse ; il faut la tamiser… Il est intéressant de suivre au préalable un des nombreux stages organisés par les associations et qui ont souvent lieu directement sur le chantier de leurs adhérents.

• Enfin, il existe une multitude d'enduits prêts à l'emploi, qui présentent l'avantage de s'appliquer facilement et limitent les risques. Seul inconvénient : il est parfois difficile d'en connaître l'exacte composition !

Les gestes
écologiques

© Eaux de France

Bien que notre planète soit « bleue », l'eau douce et potable est une denrée rare. Récupérer les eaux de pluie représente un acte citoyen et une économie certaine sur la facture d'eau.

Construire une habitation saine avec des matériaux naturels s'inscrit dans une démarche globale qui vise à améliorer la qualité de vie de l'ensemble de la famille, tout en ayant conscience des enjeux des actes quotidiens de chacun sur l'environnement. À ce titre, rien ne doit être oublié ; tous les postes méritent d'être optimisés. Au-delà de la construction, et parfois même en parallèle de la législation existante (trop souvent hermétique aux techniques écologiques), les aménagements intérieurs et extérieurs se feront avec le souci constant de réduire au minimum la consommation de l'eau et des déchets.

Trois postes sont particulièrement concernés : les toilettes (ou comme on disait en d'autres termes le « p'tit coin »), la piscine et la récupération des eaux de pluie. Ces trois points, s'ils sont bien gérés, faciliteront la création d'un environnement paysager à la fois original et naturel, qui ne souffrira pas des effets de la canicule et se développera dans les meilleures conditions pour peu que l'on ait eu la sagesse d'y planter des végétaux régionaux bien adaptés au climat (achetés chez le pépiniériste local et non dans une grande surface), plus résistants que les plantes élevées en serres et moins exigeants que ceux de type méditerranéen ou exotique que l'on s'acharne à vouloir posséder sous toutes les latitudes.

Le « p'tit coin »

C'est généralement le lieu qui fait couler le moins d'encre, celui que l'on voudrait oublier, à l'instar de ces déchets organiques que l'on évacue très vite en tirant la chasse d'eau. Officiellement, il n'y a que deux alternatives possibles sur l'Hexagone. Si l'habitation se situe dans une zone desservie par le tout-à-l'égout, elle est obligatoirement raccordée à ce grand consommateur d'eau potable. Si elle se trouve hors de cette zone, c'est-à-dire le plus souvent à la campagne, elle doit être équipée d'un système d'assainissement autonome réglementé, qui fait lui aussi appel à la chasse d'eau pour évacuer les déchets humains. N'y a-t-il pas d'autres alternatives ? Si, bien sûr ! Mais, au risque de se mettre en marge de la législation existante, bien que ces solutions soient employées sur le sol français, souvent par les collectivités locales... De quoi s'agit-il ?

Les toilettes sèches, la solution durable

Schématiquement, le principe des toilettes sèches s'apparente (mais de loin) aux latrines ou aux « cabinets » que certains ont connus, enfants, au fond du jardin. Mais comme il n'est pas question d'oublier le confort d'un p'tit coin à l'intérieur de la maison, les toilettes sèches du XXIe siècle s'adaptent à la géographie des lieux et surtout aux exigences des occupants. Elles sont aussi fonctionnelles à l'intérieur qu'à l'extérieur.

On les trouve déjà dans les gîtes de montagne, sur les parkings des aires d'autoroute… alors que les particuliers doivent encore tricher pour installer des toilettes sèches à leur domicile, c'est-à-dire posséder officiellement un système conventionnel (tout-à-l'égout ou assainissement autonome) avant de l'oublier pour se convertir aux toilettes sèches.

Appelées également « toilettes vertes » ou « toilettes écologiques », les toilettes sèches existent en de multiples variantes qui conviennent à tous les espaces, à l'intérieur des maisons individuelles comme à l'extérieur. Actuellement, les autorités ne les tolèrent, sur les permis de construire, que dans les lieux dépourvus de tout-à-l'égout et de service d'eau (en haute montagne).

Outre le fait qu'elles ne font pas appel à l'eau pour le nettoyage rapide, les toilettes sèches sont conçues pour gérer nos déchets sans dégagements d'odeurs et sans contraintes journalières. Il n'est plus question d'aller vider le seau tous les jours mais de gérer les matières organiques pour qu'elles finissent en compost, c'est-à-dire qu'elles retournent à la terre et contribuent ainsi au cycle de vie selon lequel « rien ne se perd, rien ne se crée, tout se transforme ».

La force de ce système, à la fois novateur et traditionnel, repose sur un simple constat, qui indique clairement que le mode de gestion des déchets humains des pays dits développés n'est pas viable pour l'avenir de la planète. La quantité moyenne des déchets humains (solide et liquide) évaluée à 1,7 l par jour et par personne engendre la consommation de 30 à 50 l d'eau avec les systèmes d'assainissement actuels rendus obligatoires par la législation française : tout-à-l'égout ou fosse toutes-eaux. Imaginons un instant ce que serait la consommation journalière si chacun des 6 milliards d'habitants de la terre souscrivaient à cette méthode !

Avec ou sans séparation des liquides et des solides, les fabricants de toilettes sèches commercialisent une multitude de variantes, parfaitement hygiéniques et sans désagrément d'odeur pour peu que l'on respecte le mode d'emploi, notamment ajouter un peu de sciure ou de paille hachée dans le réceptacle après chaque passage.

Ce genre d'installation exige, bien entendu, un peu plus de rigueur qu'un WC basique où il suffit de tirer la chasse d'eau. Mais l'impact positif sur l'environnement est important. Il ne s'agit plus de produire des déchets mais de faire intervenir des milliards de micro-organismes (bactéries, champignons…) et de macro-organismes (vers, insectes…) pour fabriquer un compost qui sera très utile pour les plantes, les fleurs, les arbres et les arbustes du jardin.

Une piscine naturelle

Posséder sa propre piscine est devenu un rêve accessible, une tendance à laquelle nombre de foyers succombent. S'endettant pour régler la facture d'un investissement relativement lourd pour un budget moyen, s'infligeant un contraignant entretien et d'importantes charges en produits sans compter quelques impôts supplémentaires, les Français adoptent ces piscines standardisées, lisses, artificielles, impersonnelles et qui engendrent chaque année de nouvelles contraintes. La dernière innovation législative imposant un système de sécurité vise-t-elle une réelle protection des enfants ou une déresponsabilisation des parents et des fabricants ?

La piscine tape-à-l'œil mais sans grande esthétique peut être avantageusement remplacée par une piscine naturelle, entendez par là un bassin où l'homme vit en harmonie avec les plantes qui nettoient « naturellement » l'eau dans laquelle il se baigne et où la faune n'est pas exclue ou condamnée !

Bien avant les piscines carrelées et aseptisées, les bassins naturels sont présents depuis la nuit des temps dans tous les jardins du monde, notamment en Orient où ils constituent des lieux harmonieux, sources d'apaisement et de sérénité.

Une portion de terrain inculte ou inondable, une ancienne mare asséchée, un creux naturel du terrain... représentent des endroits parfaits pour aménager un bassin où petits et grands auront plaisir à se rafraîchir.

Si cet espace est protégé des vents dominants et que le soleil réchauffe au moins les deux tiers de sa surface 5 à 6 heures par jour, c'est encore mieux.

La réalisation d'une piscine naturelle implique une répartition judicieuse des surfaces avec une partie réservée à la baignade pouvant aller progressivement jusqu'à 1,80 m, une zone de plantation et un réservoir. Par un système de débordement, l'eau va s'évacuer de la partie piscine pour rejoindre la zone de plantations où elle est « nettoyée » par les plantes (qui se nourrissent des matières), avant de rejoindre un réservoir d'où elle est extraite par une pompe pour être réinjectée dans la piscine...

Les avantages de ce type de bassin sont multiples. Il s'inscrit naturellement dans l'environnement sans le défigurer. Sa forme dépend de l'imagination de chacun, de la place disponible, de l'harmonie générale du lieu. Le fond est constitué d'une bâche PVC ou d'une géomembrane EPDM en caoutchouc, facilement dissimulable sur les bords par des cailloux et par un aménagement paysager du terrain. La zone de plantations, peu profonde, offre un décor sans cesse changeant avec les saisons et un lieu attractif pour la faune locale telle que grenouilles et autres libellules. Contrairement aux bords abrupts des piscines qui ne permettent pas aux jeunes enfants et aux animaux (chiens, chats...) de remonter lorsqu'ils tombent à l'eau, les accès à un tel bassin sont en pentes douces, et donc plus sécurisants. Enfin, la piscine naturelle ne requiert aucun produit d'entretien et ne nécessite bien souvent qu'un nettoyage décennal.

Récupérer les eaux de pluie

Un chiffre suffit à expliquer le gaspillage de l'eau : moins de 3 % de l'eau potabilisée sert à l'alimentation humaine. Le reste est utilisé pour le bain, la douche, le lave-linge, le lave-vaisselle, le lavage de la voiture, l'arrosage... On se demande bien pourquoi on utilise une seule et même eau pour tous ces usages, dont la majorité

Dans cette installation de récupération des eaux de pluie, les tuyaux acheminent l'eau des gouttières vers les préfiltres et les cuves en béton. © Eaux de France

n'a nullement besoin d'un traitement aussi onéreux que l'eau « alimentaire ». Contrairement à d'autres pays européens, la France, ou plus exactement le CSHPF (Conseil supérieur d'hygiène publique de France), s'oppose à l'installation d'un double réseau (potable et eau de pluie) à l'intérieur des habitations (sauf pour les systèmes fonctionnant en circuits fermés).

De plus en plus de particuliers investissent pourtant dans des installations pour la récupération de ces eaux de pluie. Celles-ci présentent beaucoup d'avantages :

- Elles limitent la consommation d'eau potabilisée et réduisent les factures tout en épargnant les réserves d'eau douce.
- Elles diminuent le ruissellement, retardent l'engorgement des réseaux, limitant ainsi les risques d'inondations lors de fortes pluies.
- Elles réduisent les traitements coûteux utilisés pour produire une eau alimentaire qui, dans les faits, sert à tout mais très peu à l'alimentation.
- Elles constituent des réserves intéressantes pour arroser le jardin, pour laver les voitures et les sols, pour alimenter les piscines naturelles, les bassins, les chasses d'eau des toilettes, les lave-linge et le chauffage central.

Mode d'emploi

Récupérée en toiture, l'eau est acheminée vers une cuve ou une citerne de stockage qui peuvent être en béton ou en polyéthylène haute densité. Les citernes sont généralement enterrées. Les cuves peuvent être situées à l'extérieur ou à l'intérieur d'un bâtiment, dans un local sombre et à l'abri de la chaleur, ce dernier cas présentant l'avantage d'éviter un développement bactérien tout comme les citernes enterrées.

La dimension de la réserve dépend de la surface de la toiture et de la localisation géographique de l'installation. Dans le Nord, où les pluies sont régulières et peu intenses, il est inutile de surdimensionner l'installation. Mieux vaut prévoir au contraire un contenant qui permet de renouveler régulièrement le stock. Dans le Sud, où les pluies sont violentes et parfois diluviennes mais rares, le volume de stockage devra être plus important.

Un premier traitement éliminant les feuilles, les brindilles et autres déchets est effectué avant l'entrée dans la citerne. À la sortie de celle-ci, plusieurs niveaux de filtrage peuvent être installés suivant l'utilisation que l'on souhaite faire de cette eau.

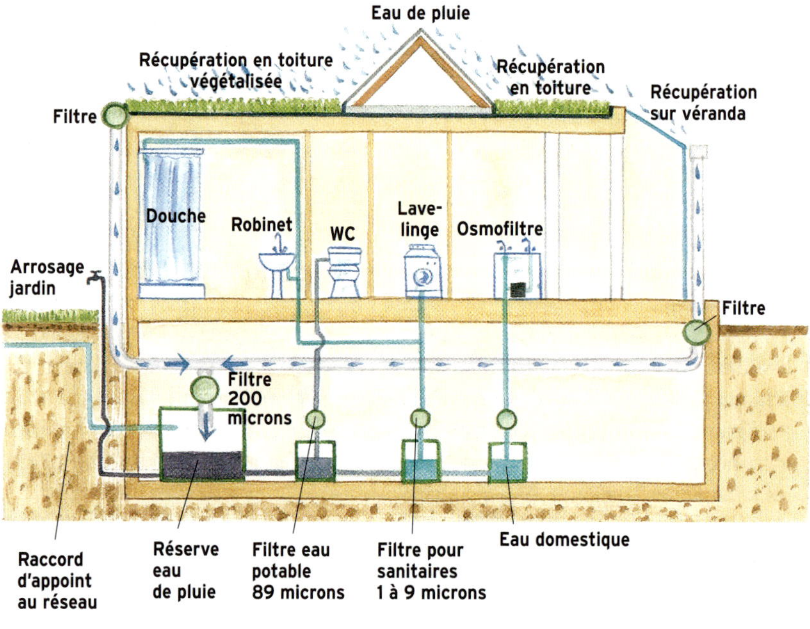

Récupération et différentes utilisations des eaux de pluie. © Source Observ'ER

Acteurs de la qualité de vie, au quotidien

Chacun étant responsable à son niveau, chaque jour, de dizaines de petits gestes qui contribuent à la dégradation de la qualité de vie ou au contraire à la protection de l'environnement, ce sont les efforts de tous qui feront que demain la planète sera encore agréable à vivre pour nos enfants. Sur quels postes peut-on agir le plus facilement ?

Énergies : électricité et chauffage

La lumière naturelle est plus saine pour les yeux que celle produite par un éclairage artificiel. Des ouvertures en quantité et en taille suffisantes et un bon emplacement des zones de lecture (comme un fauteuil à proximité de la fenêtre) réduiront les temps d'utilisation de la fée Électricité.

Grosses consommatrices d'électricité, les lampes halogènes sont à bannir, de même que les ampoules classiques (qui chauffent plus qu'elles n'éclairent). Les deux seront avantageusement remplacées par des lampes basse consommation, qui divisent globalement par quatre la facture d'électricité.

Le bon réflexe consiste à couper la chaîne hi-fi ou le téléviseur, plutôt que de laisser ces appareils en veille, et à appuyer sur l'interrupteur à chaque fois que l'on quitte une pièce.

Rien ne sert de surchauffer une maison ou un appartement : 19 °C suffisent pour le confort de tous dans le séjour ; quant aux chambres, on y dormira mieux sans chauffage ! L'installation de thermostat d'ambiance et, mieux encore, d'une programmation (pour ceux qui s'absentent toute la journée) permet de réaliser de substantielles économies sur le chauffage (de 10 à 20 %).

L'aération régulière d'une maison se fait radiateurs fermés et fenêtres grandes ouvertes pendant une dizaine de minutes. Ce système est préférable aux fenêtres simplement entrouvertes mais sur de longs temps ; les murs n'ont ainsi pas le temps de se refroidir.

Un vieil appareil de chauffage ou une installation mal entretenue consomment plus d'énergie. Un entretien régulier de la chaudière permet d'économiser jusqu'à 12 %. Remplacer ce même appareil qui affiche allégrement ses vingt-cinq printemps réduit d'au moins 15 % la consommation !

Eau

Un lave-vaisselle appartenant à la classe énergétique A qui tourne à pleine charge est moins dispendieux en eau qu'une vaisselle lavée à la main, en laissant couler le robinet pour le rinçage !

Avec les WC, la salle de bains est le lieu de la maison où la consommation d'eau est la plus importante. Prendre une douche plutôt qu'un bain revient à diviser par trois la quantité d'eau nécessaire. Les robinets mitigeurs, les mousseurs ou encore les pommes de douche « éco » aident à réaliser de sérieuses économies sans nuire au confort de la toilette.

Déchets

Avant même de trier les déchets, le bon sens encourage à limiter l'utilisation des « jetables » (rasoirs, lingettes de nettoyage, essuie-tout…) et à choisir des produits qui ne sont pas suremballés. Rien n'oblige les industriels à vendre les yaourts par seize, en multipliant les emballages (carton et plastique). Achetés par quatre, ils sont aussi savoureux, exigent moins de matière première et reviennent parfois moins cher à l'unité que ceux emballés par seize (à qualité égale). La parade pour inviter les industriels à abandonner cette pratique est de laisser les emballages superflus à la caisse des supermarchés. Lorsque ceux-ci seront fatigués de faire le tri et de payer des salariés pour cela, ils feront pression sur les fabricants pour que ceux-ci revoient leurs emballages à la baisse. Cette solution, déjà employée dans un autre pays de la communauté européenne, a fait ses preuves !

Verre, plastiques, cartons, métaux, végétaux… constituent des déchets recyclables, qu'il est nécessaire de trier et de répartir dans les bons bacs. Il est possible, là aussi, d'en réduire le nombre rapidement ! Alors que l'on paie une eau de robinet, de qualité alimentaire, mais que l'on n'emploie quasiment pas pour cet usage, les Français achètent en parallèle environ 140 bouteilles d'eau par an et par habitant. Il suffirait d'ajouter un filtre sur le robinet pour supprimer le goût du chlore si désagréable à nos palais.

Brocante, vide-grenier, dépôt-vente… il existe une multitude de lieux où il est aisé de déposer les meubles, les appareils ménagers ou tout autre objet dont on veut se débarrasser mais qui peuvent être utiles à d'autres. Des associations se chargent également de cette récupération pour aider les plus démunis.

Il existe désormais de nombreux points appropriés où il est aisé de déposer les déchets toxiques (produits ménagers, restes de peintures, de solvants, batteries usagées, huiles moteur, piles…). Un litre d'huile jeté dans la nature pollue la valeur de deux terrains de football. Une petite pile contamine 1 m^3 de terre végétale ! C'est d'autant plus dommage de jeter cette dernière n'importe où que chaque consommateur paie pour son recyclage au moment de l'achat, le coût de celui-ci étant incorporé au prix de vente !

Bibliographie

Ouvrages de référence

• *Architecture naturelle, en quête du bien-être*, David Pearson, Terre vivante, Mens, 2003.
• *Les Clés de la maison écologique*, Oïkos, Terre vivante, 2003.
• *L'Isolation écologique*, Jean-Pierre Oliva, Terre vivante, 2001.
• *Nos maisons nous empoisonnent*, Georges Méar, Terre vivante, 2003.
• *Poêles, inserts et autres chauffages bois*, Claude Aubert, Terre vivante, 2003.
• *Construire en paille aujourd'hui*, Astrid et Herbert Gruber, Terre vivante, 2003.
• *La Maison des (néga) Watts*, Thierry Salomon et Stéphane Bedel, Terre vivante, 2001.
• *Fraîcheur sans clim'*, Thierry Salomon et Claude Aubert, Terre vivante, 2004.
• *Guide de l'habitat écologique*, Éditions du Fraysse, 2004.
• *Le Guide de l'habitat sain*, Drs Suzanne et Pierre Déoux, Medieco Éditions, 2004.
• *Maisons bio*, Julien Fouin, Éditions Flammarion, 2000.
• *La Chaux naturelle*, Julien Fouin, Éditions du Rouergue, 2001.
• *Encyclopédie illustrée du feng shui*, Lillian Too, Éditions Guy Trédaniel, 2004 (traduction française).
• *Feng shui questions-réponses*, Hélène Weber et Marie-Anne Garcia Bour, Éditions Guy Trédaniel, 2001.
• *Feng shui dans votre maison*, Karine Van Li, Éditions Exclusif, 2003.
• *Manuel complet de géobiologie*, Clémence Lefèvre, Éditions Exclusif, 2003.
• *Un petit coin pour soulager la planète*, Christophe Elain, Éditions Goutte de sable, 2005.
• *Changement climatique. Comprendre et agir*, Sabine Rabourdin, Éditions Delachaux et Niestlé, septembre 2005.
• *Bassins et jardins d'eau*, Annette Schreiner, Éditions Rustica, mars 2004.
• *Le Bois et l'Homme*, collectif sous la direction de Bruno Goffi, Éditions Nathan, septembre 2003.

Documentation, brochures

- Briques de France : « Monomur terre cuite et démarche HQE, » « Monomur terre cuite le climatiseur naturel », « Monomur terre cuite et santé ».
- Rapports du GIEC (Groupe intergouvernemental d'experts sur l'évolution du climat) sur les modifications climatiques.
- Regard sur les épis de faîtage en terre cuite des Côtes-d'Armor par Christian Kulig « Les sables dans les enduits à la chaux », réalisé en collaboration : Nantes Renaissance, SDAP de Loire-Atlantique, CAPEB Pays-de-Loire, Tiez Breiz, Maisons et Paysages de Bretagne, ANAH, CAUE de Loire-Atlantique.
- ADEME : nombreux guides sur les énergies renouvelables, sur les déchets, sur l'habitat...
- Observ'ER (Observatoire des énergies renouvelables), *Guide de l'architecture bioclimatique*, tomes 1 à 6 (Connaître les bases, Construire avec le climat, Construire en climats chauds, Construire avec le développement durable, Construire avec l'éclairage naturel et artificiel, Aménagement urbain et développement durable en Europe) par Alain Liébard et André de Herde.
- Fondation Nicolas Hulot : *Le Petit Livre vert pour la Terre*
- Maisons du patrimoine rural des champs en Tarn-et-Garonne, CAUE 82

Magazines et revues

Les quatre Saisons du jardinage publiée par Terre vivante, www.terrevivante.org.

La Maison écologique spécialisé sur l'écoconstruction, www.la-maison-ecologique.com.

Passerelle Éco, revue d'écologie pratique. Association, réseau d'échange des pratiques écologiques et des Éco villages, www.passerelleco.info.

Site internet : www.manicore.com

Membre du Comité de veille de la Fondation Nicolas Hulot, Jean-Marc Jancovici explique les phénomènes et les conséquences du réchauffement climatique à partir du rapport du GIEC.

Adresses utiles

ASSOCIATIONS

Arcanne

31, rue de Vaugrenant
39330 Pagnoz
Tél. 03 84 37 88 37
arcanne.ass@wanadoo.fr

Créée en 1996, Arcanne regroupe des professionnels du bâtiment (architectes, maçons...) intéressés par l'approche environnementale. Reconnue en tant qu'expert au niveau national sur la valorisation des fibres végétales et sur l'optimisation thermique dans le bâtiment, elle intervient sur des dossiers techniques, des études, dans la formation, dans le conseil, pour des conférences...

Castors de l'Ouest

ZAC de Grandchamps
Rue Barbara
44570 Trignac
Tél. 02 40 17 89 90
www.castorsouest.fr
ANCASTORS@wanadoo.fr

Créée après la guerre, cette association avait pour objectif de permettre aux autoconstructeurs de bénéficier de prix plus attractifs sur les matériaux en passant par l'intermédiaire de son groupement d'achat. Surtout présents aujourd'hui sur l'ouest de la France, les Castors ont élargi leurs services aux plans, aux devis, aux relations avec les artisans, aux conseils, à la location de matériel, au suivi de chantier, tout en maintenant cette politique de moindre coût qui a fait leur réputation.

Matériaux et Savoir-Faire

www. materiauxetsavoirfaire. com

C'est une belle initiative orchestrée par la Chambre des métiers du Tarn. Comptant parmi ses adhérents des artisans qui apportaient, par leur talent et leur passion de leur métier, une richesse de savoir-faire incomparable, la Chambre des métiers a décidé de les regrouper en réseau pour mieux promouvoir les spécificités de chacun. Seuls points communs entre tous : l'amour du travail bien fait, l'utilisation de matières premières disponibles sur place ou à proximité et un talent incomparable.

Oïkos Association

114, bd du 11-Novembre-1918
69100 Villeurbanne
Tél. 04 78 94 09 65
Fax 04 72 44 07 85
www.oikos.asso.fr

Créée en 1991, Oïkos s'est fixé pour but la sensibilisation du grand public aux enjeux écologiques et sanitaires du bâtiment. Outre un ouvrage paru aux Éditions Terre vivante en 2003, elle intervient dans les manifestations régionales (expositions, foires...) pour expliquer l'impact des bâtiments sur la pollution et sur la dégradation de l'environnement, sur la santé et sur la qualité de l'air... Elle travaille en partenariat avec les Points Infos Énergie et la CAPEB dans la réalisation de démonstrations techniques auprès des adultes et en milieu scolaire.

Pégase-Périgord CREEE

Froidefon
24450 Saint-Pierre-de-Frugie
Tél. 05 53 52 59 50
Fax 05 53 55 29 99
www.cr3e.com
www.ecocentre.org

Cette association intervient auprès des particuliers, des collectivités et des professionnels dans une démarche de sensibilisation à l'écoconstruction, à l'emploi des matériaux sains et à l'utilisation des énergies renouvelables. Elle organise également des stages de formation au travers de son chantier-école, qui lui permet de mettre en application, sur le site de Saint-Pierre-de-Frugie, les techniques de constructions écologiques et de montrer ensuite au public ses réalisations.

Terre vivante

Domaine de Raud - 38710 Mens
Tél. 04 76 34 80 80
Fax 04 76 34 84 02
www.terrevivante.org
terrevivante@wanadoo.fr

Créé en 1979 par des passionnés d'écologie, le centre Terre vivante propose des solutions pratiques, que chacun peut adapter à sa vie quotidienne. L'association s'est d'abord développée autour de la revue *Les Quatre Saisons du jardinage* diffusée sur abonnement, puis au travers de la réalisation concrète de bâtiments servant à abriter l'équipe d'intervenants. Conçu avec des matériaux sains, le centre Terre vivante est une référence en matière de jardinage et de construction. Il est ouvert au public d'avril à l'automne pour une découverte qui s'articule autour du jardin et du bâtiment. L'expérience acquise fait l'objet de nombreuses publications d'ouvrages.

Tiez Breiz

Maisons et Paysages de Bretagne
10, rue du Général-Nicolet
35200 Rennes
Tél. 02 99 53 53 03
Fax 02 99 32 19 39
www.tiez-breiz.org
contacts@tiez-breiz.org

Association créée en 1975 pour faire connaître le bâti ancien de Bretagne. En plus de son action de conseil auprès des propriétaires pour une restauration respectueuse, Tiez Breiz développe un centre de formation aux techniques traditionnelles du bâti ancien (enduits chaux, terre, chaux et chanvre, maçonnerie de pierres ou de terre, poses de terre cuite, taille de pierres, couvertures de chaume, chaulage et peinture...).

FÉDÉRATIONS, GROUPEMENTS

Briques de France

17, rue Letellier - 75015 Paris
Tél. 01 44 37 07 10 - Fax 01 44 37 07 20
www.fftb.org

ORGANISMES OFFICIELS

AFNOR (Association française de normalisation)

Label « NF Environnement » et écolabel européen
11, avenue Francis-de-Pressensé
93571 Saint-Denis-la-Plaine Cedex
Tél. 01 41 62 80 00
Fax 01 49 17 90 00
www.afnor.fr

ANIL (Agence nationale pour l'information sur le logement)

Pour obtenir les coordonnés de l'ADIL la plus proche : Tél. 0820 16 75 75
www.anil.org

Association HQE (Haute Qualité Environnementale)

4, avenue du Recteur-Poincaré
75016 Paris
Tél. 01 40 47 02 82
Fax 01 49 47 04 88
www.assohqe.org
a.hqe@assohqe.org

CAUE (Conseil d'architecture, d'urbanisme et de l'environnement)

Pour obtenir les coordonnés du CAUE de votre département
Tél. 01 43 22 07 82 - Fax 01 43 21 42 89
www.fncaue.asso.fr

CTBA (Centre technique du bois et de l'ameublement)
10, avenue de Saint-Mandé
75012 Paris
Tél. 01 40 19 49 19
fax 01 43 40 85 65
www.ctba.fr

CSTB (Centre scientifique et technique du bâtiment)
84, avenue Jean-Jaurès - BP 2
77447 Marne-la-Vallée Cedex 2
Tél. 01 64 68 82 82 - Fax 01 64 68 83 45
www.cstb.fr

ÉNERGIES RENOUVELABLES

ADEME (Agence de l'environnement et de la maîtrise de l'énergie)
Centre de Sophia-Antipolis
500, route des Lucioles
06560 Valbonne
Tél. 04 93 95 79 00
www.ademe.fr

CLER (Comité de liaison Énergies renouvelables)
2 bis, rue Jules-Ferry - 93100 Montreuil
Tél. 01 55 86 80 00
Fax 01 55 86 80 01
www.cler.org
infos@cler.org

Observatoire des énergies renouvelables Observ'ER
146, rue de l'Université - 75007 Paris
Tél. 01 44 18 00 80
Fax 01 44 18 00 36
www.energies-renouvelables.org

ARCHITECTES BUREAUX D'ÉTUDES CONCEPTION ET CONSEILS

ADA
(architectes DPLG)
5, avenue de la Créativité
59650 Villeneuve-d'Ascq
Tél. 03 20 91 40 45
Fax 03 20 91 65 62
ada-architectes@wanadoo.fr

Agence Tectoniques
(architectes DPLG)
8, place Colbert - 69001 Lyon
Tél. 04 78 30 06 56
Fax 04 72 00 84 89
www.tectoniques.com

Alter Studio
(architectes)
195, boulevard Voltaire - 75011 Paris
Tél. 01 40 24 13 66
Fax 01 40 24 20 17
act@act-consultants.fr

Alto Ingénierie
(bureau d'édudes : électricité, chauffages, ventilation, HQE)
7, allée Newton
77420 Champs-sur-Marne
Tél. 01 64 68 18 50
Fax : 01 64 68 17 29
www.alto-ingenierie.fr

Architecture et Développements Sonia Cortesse
11, rue Neuve-des-Boulets
75011 Paris
Tél. 01 43 48 58 20 - Fax 01 43 70 39 11
sonia.cortesse@ime.fr

Berthier Charles
(architecte DPLG)
48 bis, rue Louis-Rolland
92120 Montrouge
Tél. 01 46 12 49 49
Fax 01 46 12 49 40
berthierarchitectes@wanadoo.fr

Brindel-Beth Sophie
4, rue Georges-Saché - 75014 Paris
Tél. 01 42 79 07 66
Fax 01 42 79 07 64

Bio Espace
(ingénieur conseil)
1, impasse de la Hardt - 67700 Saverne
Tél. 03 88 02 04 04
Fax 03 88 02 05 05

Biriotti Roger
(conseil en qualité environnementale)
2 place du Marché-Sainte-Catherine
75004 Paris
Tél./Fax 01 48 87 39 89
www.d2c.org

Bureau d'études Boitard
1, chemin Aroubis - 65350 Coussan
Tél. 05 62 35 03 38
Fax 05 62 35 08 82
www.construction-bioclimatique.com
http://perso.club-internet.fr/beb65
beb65@club-internet.fr

Colomb Évelyne et Charles
(architectes DPLG)
65, avenue Victor-Hugo
26000 Valence
Tél. 04 75 78 46 85
Fax 04 75 56 61 47
colomb.architectes@wanadoo.fr
http://perso.wanadoo.fr/colomb.architectes/

Éco-Bâtisseurs - James Gaulon
(bâtisseur maison économe
en énergie et en eau)
28, rue des Déportés
77210 Avon
Tél./Fax 01 60 72 70 30
Portable 06 07 56 66 00
www.ecobatisseurs.fr

Daurel Régis
Grand Prix
Habitat solaire 2003-2004
70, rue du Jardin-Public
33000 Bordeaux
Tél. 05 57 14 08 14
Fax 06 56 91 66 71
regisdaurel@wanadoo.fr

David Yannick
(architecte DPLG)
150, rue de Brion
33140 Cadaujac
Tél. 05 56 30 01 13
Fax 05 56 30 04 47
y.david.archi@cegetel.net

Dillenseger Jean-Paul
(architecte DPLG)
9 bis, rue de Verdun
68400 Riedisheim
Tél. 03 89 44 66 44
Fax 03 89 44 44 14
atelier@dillenseger.fr
www.dillenseger.fr

ETIC
(architectes DPLG)
Fraytet
47150 Montagnac-sur-Lède
Tél. 05 53 36 52 66
Fax 05 53 36 55 37

Galmiche Véronique
(architecte DPLG)
12, Grande-Rue - 55140 Bureay-la-Côte
Tél. 03 29 90 86 00 - Fax 03 29 90 85 98

Gimbert Joël
(conseil en HQE)
2, avenue de la Chapelle
44380 Pornichet
Tél. 02 40 61 71 57 - Fax 02 40 61 70 94

Gontier Pascal
(architecte en développement durable)
17, rue Froment - 75011 Paris
Tél. 01 49 23 15 41
Fax 01 43 57 81 58
atelier@pascalgontier.com
www.pascalgontier.com

Hetzel Jean - HSE Management
(conseiller HQE)
34, rue des Hauts-Pavés
44022 Nantes Cedex
Tél. 02 40 47 12 06
Fax 02 40 47 06 49
jhetzel@hsemanagement.com

Menguy Bernard
25, rue de l'Île-d'Arz
56004 Vannes Cedex
Tél. 02 97 40 53 14
Fax 02 97 40 98 14
bernardmenguy@wanadoo.fr

Nature et Habitat (constructions bois)
95, impasse Mas-de-Gardies
30900 Nîmes
Tél. 04 66 64 22 74
Fax 04 66 23 98 77
ankh@nature-et-habitat.fr
www.nature-et-habitat.com

Nicolas Frédéric
(architecte DPLG - HQE et bois)
171, avenue des Bories - 84400 Apt
Tél. 04 90 74 16 09 - Fax 04 90 04 03 25
www.frnicolas.com
frnicolas@wanadoo.fr

Post Christian
58, avenue de Genève - 74000 Annecy
Tél. 04 50 67 74 39 - Fax 04 50 67 74 28
www.habitatsain74.com
contact@habitatsain74.com

Sarl Arditti Jumel
(architecte DPLG - HQE)
37, bd Élemir-Bourges
04100 Manosque
Tél. 04 92 87 57 00 - Fax 04 92 72 77 56
arditti.jumel@wanadoo.fr

Sauvat Daniel
(architecte DPLG)
1, place du Président-René-Coty
45500 La Baule
Tél. 02 40 24 35 57
Fax 02 40 11 03 34
sauvat.daniel@wanadoo.fr

Jean Terrier
maîtrise d'œuvre,
conseil en éco-architecture
28, rue Auguste-Chabot
84000 Avignon
Tél 06 23 84 00 83
Fax 04 90 89 43 69
jean-perrier@club-internet.fr

Thomas Jean-Luc
(bio architecture et HQE)
384 la Place - 68910 Labaroche
Tél. 03 89 49 89 09
jean-luc. thomas15@wanadoo.fr

ARTISANS

Bio Logis (rénovation d'intérieur)
33, chemin des Pèlerins - 43210 Valprivas
Tél. 04 71 66 99 32 - Fax 04 71 66 73 03

ESA Conseil
(construction, rénovation, isolation)
Quartier Larinck - 64360 Monein
Tél. 05 59 04 27 25 - Fax 05 59 04 26 14
esa-conseil@wanadoo.fr

Globetroterre
(construction en terre et décoration)
Le Haut Chemin - 35520 Melesse
Tél./Fax 02 99 13 28 63
globetroterre@wanadoo.fr

Sarl Philippe (construction ossature bois)
Rue du Haut - 50190 Nay
Tél./Fax : 02 33 42 18 26

SI2C - Laurent Goudet
(construction, isolation chaux chanvre)
La Biardel - 35520 La Mézière
Tél./Fax 02 99 69 24 82
Portable 06 22 16 55 22

BOIS MASSIF

Sarl La Pessière
39370 La Pesse - Tél. 03 84 42 72 32
Fax 03 84 42 73 06 / www.la-pessiere.fr
bois-ronds@la-pessiere.fr

Bois Sacré
(Formation construction rondins de bois - location de machines)
La Nouaille - 19160 La Mazière Basse
Tél. 05 55 95 88 31 - Fax 05 55 95 86 40
www.boisbrut.org

Honka (Finlande)
1er fabricant mondial de maison massive en rondins
Showroom à Toulouse (31300)
47, avenue Etienne Billière
et à Paris (75016) 160 rue de la Pompe
www.honka.fr

Construction Chauvin
(maisons en madriers)
2 impasse Roch - BP 33
39380 Mont-sous-Vaudrey
Tél. 03 84 800 440
www.construction-chauvin.fr

Kallisté Éco Forêt
(parpaings de bois)
Morta - 20243 Prunelli de Fiumorbo
Tél. 04 95 56 24 40
kalliste.eco-foret@laposte.net
www.kalliste-eco-foret.com
Agent à Nantes (pour l'Ouest)
Mr Blazcky - Tél. 02 40 21 29 79

www.netbois.com
Toute la filière du bois avec un annuaire intégré pour trouver le professionnel dont vous avez besoin

BRIQUES MONOMUR

Briquerie Bouyer-Leroux
BP 5 - L'Établère - 49280 La Séguinière
Tél. 02 41 63 76 16 - Fax 02 41 56 25 77
www.bouyer-leroux.fr
www.monomurbiobrique.com

Imerys TC
Parc d'activités Silic 3 - 1, rue des Vergers - BP 22 - 69760 Limonest
Tél. 04 72 52 02 72 - Fax 04 72 17 08 54
www.imerystc.com

Wienerbergers SAS

8, rue du Canal
Achenheim
67087 Strasbourg Cedex 2
Tél. 03 90 64 64 64 - Fax 03 90 64 64 61
www.wienerbergers.com
info@wienerbergers

BRIQUES DE STRUCTURE

Briqueterie Chimot

162, route de Saint-Saulve
59770 Marly
Tél. 03 27 46 30 01 - Fax 03 27 30 14 11

Briqueterie de Rouffach

Rue de la Tuilerie
68250 Rouffach
Tél. 03 89 49 62 13 - Fax 03 89 49 64 96
briqueteriederouffach@wanadoo.fr

Briqueteries du Nord

9e rue Port-Fluvial - BP 84
59003 Lille Cedex
Tél. 03 20 17 01 00 - Fax 03 20 00 84 04
www.brique.net

Briqueterie Lamour

375, rue Faidherbe - BP 25
59119 Waziers Cedex
Tél. 03 27 96 24 30 - Fax 03 27 96 81 23
www.briqueterielamour.com

SA Marcel Riveteau

Route d'Ancenis
44430 La Boissière-du-Doré
Tél. 02 40 33 70 43 - Fax 02 40 33 70 60

SAS Jean Rivereau

BP 1 - 49270 Saint-Laurent-des-Autels
Tél. 02 40 83 71 01 - Fax 02 40 83 72 72

Terreal

15, rue Pages - 92158 Suresnes Cedex
Tél. 01 49 97 20 30 - Fax 01 49 97 20 56
www.terreal.com

BRIQUES DE PAREMENT

Briqueterie de Nagen

Saint-Marcel-Paulel
31590 Verfeil
Tél. 05 61 35 60 01 - Fax 05 61 74 87 65

Briqueterie et Carrières Bar

87, boulevard des Alliés
BP 25 - 59148 Flines-les-Raches
Tél. 03 27 91 65 05 - Fax 03 27 91 68 89
www.briqueteriebar.com

Briqueterie Lagrive

RN 13 - 14100 Glos
Tél. 02 31 31 41 09 - Fax 02 31 31 56 38

Briqueterie Saget

Route de Saint-Gondon - BP 14
45720 Coullons
Tél. 02 38 36 11 18
Fax 02 38 29 21 27
terrecutesaget@wanadoo.fr

La Française des tuiles et briques

La Presle - 03170 Doyet
Tél. 04 70 07 70 05
Fax 04 70 07 79 81
www.francaise-tuiles-briques.fr

Terres cuites de Saves

Le Couzin
31470 Empeaux
Tél. 05 61 91 32 46
Fax 05 61 91 60 38
db.tcs@wanadoo.fr

Terre cuite valletaise
Les Roseaux - 44330 Vallet
Tél. 02 40 36 66 56
Fax 02 40 36 66 54

Tuilerie Briqueterie Bouisset
Le Simou - 81240 Albine
Tél. 05 63 98 32 08
Fax 05 63 98 48 27

Wienerberger France
Briques Terca
Route de la Roche
91340 Ollainville
Tél. 03 90 64 64 64
www.wienerberger.fr

CARRELAGE TERRE CUITE

Carrelages Josse
9, rue du Vieux-Pont
22130 Plancoët
Tél. 02 96 84 23 52
www.raymondjosse.fr
josse.ceramique@fr.oleane.com

Entreprise Cailleau
Terre cuite des Rairies
BP 2009
49430 Les Rairies
Tél. 02 41 76 32 09
Fax 02 41 76 34 39
www.cailleau.fr

Terres cuites de Raujolles
Raujolles
12100 Creissels
Tél. 05 65 60 14 03
Fax 05 65 61 25 25
www.terres-cuites-raujolles.fr

Tuilerie Briqueterie Royer
8, route de Joinville
10200 Soulaine-d'Huys
Tél. 03 25 92 73 29
Fax 03 25 27 07 40
edroyer@wanadoo.fr

Rairies Montrieux
SAS Terres cuites des Rairies
Route de Fougeré
49430 Les Rairies
Tél. 02 41 21 15 20
Fax 02 41 21 15 30
www.rairies.com

Tuilerie Briqueterie d'Amance
Rue Jean-Collot - 10140 Amance
Tél. 03 25 41 37 48
Fax 03 25 43 82 54

Tuilerie Laurent
Thil la Ville - 21390 Nan-sous-Thil
Tél. 03 80 64 52 75
Fax 03 80 64 42 24
www.tuilerie-laurent.fr

Tuilerie de Prony
Ets A. Dubet & Cie
69620 Oingt
Tél. 04 74 71 20 25
Fax 04 74 71 28 47
www.tuileriedepronyadubet.com
tuileriedeprony@tiscali.fr

CHAUFFAGES BOIS

CHAUDIÈRES
Chaudières la Jurassienne
7, rue Victor-Bérard - 39300 Champagnole
Tél. 03 84 52 52 97
Fax 03 84 52 34 06

De Dietrich Thermique
57, rue de la Gare - 67580 Mertzwiller
Tél. 0 825 120 520
Fax 03 88 80 27 99
www.dedietrich.com

ETN (Énergies Techniques Nouvelles)
(poêles et chaudières à granulés ou plaquettes)
7, vieux chemin de Seillons
83470 Seillons-Source-d'Argens
Tél./Fax 04 94 72 18 91
Portable 06 11 32 11 42
www.energiesnouvellestechniques.com

Géminox
BP 1 - 29410 Saint-Thégonnec
Tél. 02 98 79 40 22
Fax 02 98 79 47 57
www.geminox.fr

Godin SA
532, rue Sadi-Carnot - 02120 Guisse
Tél. 03 23 05 70 00
Fax 03 23 60 41 05
www.godin.fr
com.france@godin.fr

Innover
(marmite-chaudière)
BP 62086 - 14102 Lisieux Cedex
Tél. 02 32 45 75 85
Fax 02 32 46 17 40
www.marmite-innover.com

Self Climat Morvan
ZI Sud
Rue des Épinettes - 77200 Torcy
Tél. 01 60 05 18 53
Fax 01 60 17 58 39
www.selfclimat.com

Société industrielle de chaudières franco-belges
BP 64
59660 Merville
Tél. 03 28 50 21 00
Fax 03 28 50 21 92
www.francobelge.fr

Wanders
ZA des Laurons - 26110 Nyons
Tél. 04 75 26 26 56
Fax 04 75 26 60 12
www.wanders.tm.fr

Foyers fermés, inserts et poêles

Cheminées de Chazelles
Route de Marthon
16380 Chazelles
Tél. 05 45 23 50 50
Fax 05 45 23 53 09
www.chazelles.com
info@chazelles.com

Cogra SA
(importateur poêles Harman)
Zone de Gardès - 48000 Mende
Tél. 04 66 65 34 63
Fax 04 66 65 22 24
www.cogra.fr

Deville
76, rue Forest
08013 Charleville-Mézières Cedex
Tél. 03 24 56 83 83
Fax 03 24 59 27 13
www.deville.fr

Dovre
(poêles)
ZA de Kergoussel - 56850 Caudan
Tél. 02 97 81 08 54
Fax 02 97 76 56 31

Fondis

Zone Industrielle
BP 9
68801 Thann Cedex
Tél. 03 89 37 75 00
Fax 03 89 37 75 89
www.fondis.com

Godin SA

532, rue Sadi-Carnot
02120 Guisse
Tél. 03 23 05 70 00
Fax 03 23 60 41 05
www.godin.fr
com.france@godin.fr

Hase

4, rue de Reins
68000 Colmar
Tél. 03 89 21 57 70
Fax 03 89 21 57 79
www.hase.fr

Invicta

BP 3 - Zone Industrielle
08350 Donchery
Tél. 03 24 27 71 71
Fax 03 24 26 62 42
www.invicta.fr

Lorflam

ZA de Kergoussel - 56850 Caudan
Tél. 02 97 81 08 54
Fax 02 97 76 56 31
www.lorflam.com
contact@lorflam.com

Midis

(poêles Ecoforest et Envirofire)
1625, avenue Julien-Panchot
66000 Perpignan
Tél. 04 68 52 18 82/Fax 04 68 55 27 29

Oliger France

40, rue du Stade
57820 Saint-Louis
Tél. 03 87 07 90 26
Fax 03 87 07 97 97
www.oliger.com

Staub Fonderie Franco Belge

BP 73 - 59660 Merville
Tél. 03 28 43 43 00 - Fax 03 28 43 43 99

Supra

28, rue du Général-Leclerc
67210 Obernai
Tél. 03 88 95 12 00
Fax 03 88 95 12 40
www.supra.fr
accueil@supra.fr

Turbo Fonte SA

270, avenue Pasteur
33608 Pessac Cedex
Tél. 05 57 26 39 60 - Fax 05 57 26 39 69
www.turbofonte.com
contact@turbofonte.com

Poêles à accumulation (poêles de masse)

Brefa Denis

66, avenue de Strasbourg
67170 Brumath
Tél. 03 88 51 04 46
Portable 06 07 23 22 91
Fax 03 88 68 38 44

Eco Feu

Geert Vanwonterghem
Micou - 09420 Castelnau-Durban
Tél./Fax 05 61 96 39 15
www.ecofeu.com
geert@ecofeu.com

Habiterre
57, rue Principale
67220 Lalaye
Tél./Fax 03 88 57 34 38
http://habiterre.free.fr
habiterre@free.fr

Schnell
(poêles en faïence)
3, rue de la Mairie
67230 Huttenhein
Tél. 03 88 54 10 60
Fax 03 88 74 32 76

Tulikivi
75, avenue Parmentier
75011 Paris
Tél. 01 40 21 25 65
Fax 01 40 21 24 00
www.tulikivi.com

Poêles de masse Martin Hiemstra
Puech Auriol
Prades
81220 Saint-Paul-Cap-de-Joux
Tél. 05 63 75 50 63
Fax 05 63 75 50 66
Portable 06 62 81 50 63
www.poele.com
contact@poele.com

Granulés et briquettes bois

Cimag Bricafeu
(briquettes et granulés bois)
295, route de Launaguet
31200 Toulouse
Tél. 05 34 40 86 68
Fax 05 34 40 69 50
www.cimaj.com

Cogra SA
(granulés de bois)
Zone de Gardès
48000 Mende
Tél. 04 66 65 34 63
Fax 04 66 65 22 24
www.cogra.fr

Docks du Liège
(granulés de bois)
BP 4
33430 Bazas
Tél. 05 56 65 01 41
Fax 05 56 65 01 42

SOFAG
(granulés de bois)
7, rue Victor-Bérard
39300 Champagnole
Tél. 03 84 52 52 97
Fax 03 84 52 34 06

Matériel de broyage bois
Nidal Sas
2, rue Vauban
68170 Rixhein
Tél. 03 89 31 85 85
Fax 03 89 31 85 80
www.nidal.fr

CHAUX

Balthazard & Cotte
ZAC de Valentin
Rue du Choumois
BP 3011
25045 Besançon Cedex
Tél. 03 81 47 40 10
Fax 03 81 47 40 19
www.tradical.fr
info@tradical.com

Chaux et Enduits de Saint-Astier CESA

24110 Saint-Astier
Tél. 05 53 54 11 25
Fax 05 53 04 67 91
www.c-e-s-a.fr

COFFRES VOLETS ROULANTS

Saverdun Terre Cuite

17, rue des Aramons - ZA la Louvade
34130 Mauguio
Tél. 04 67 12 85 10
Fax 04 67 12 85 11

Terreal

15, rue Pages
92158 Suresnes Cedex
Tél. 01 49 97 20 30
Fax 01 49 97 20 56
www.terreal.com

EAU

Agensco

(économiseurs douches, lavabos, WC)
110, cours du Docteur-Long
BP 3027
69394 Lyon Cedex 03
Tél. 04 72 34 19 33
Fax 04 72 36 86 28
www.agensco.com

Aqua-Techniques

(économies d'eau, traitement, filtration)
BP 77 - 82202 Moissac
Tél. 05 63 04 45 67
Fax 05 63 04 45 69
www.aqua-techniques.fr

EAUX PLUVIALES

Eaux de France

(filtration et récupération eaux pluviales)
97 bis, rue de Roubaix
59200 Tourcoing
Tél. 03 20 24 30 40
Fax 03 20 27 22 24
www.eauxdefrance.fr

Ets Couturaud

60, rue Auguste-Pavie
35240 Retiers
Tél. 02 99 43 50 42
Fax 02 99 43 40 63

Ets Valexo Environnement

19, rue de Chateaubriand
22500 Paimpol
Tél. 02 96 22 03 27
Fax 02 96 20 91 87

Sté Eaux du Midi

801, chemin de Matras
82000 Montauban
Tél. 05 63 91 34 79
Fax 05 63 91 30 58

ENDUITS

D'ocres décoration

(réalisation et formation : enduits chaux, patines…)
81140 Vaour
Tél. 05 63 56 13 03
Fax 05 63 56 13 16
www.docres.fr
contact@docres.fr

ÉNERGIES RENOUVELABLES

Clipsol (fabricant capteurs solaires)

Parc d'Activités Économiques
les Vombaruches - 73100 Aix-les-Bains
Tél. 04 79 34 35 36
Fax 04 79 34 35 30
www.clipsol.com

Izuba énergies

(bureau d'études)
22, boulevard Foch
BP 147
34140 Mèze
Tél. 04 67 18 31 10
Fax 04 67 74 18 67
http://www.izuba.fr
contact@izuba.fr

Énergies Solaires Développement

1, allée Dahlias
31520 Ramonville-Saint-Agne
Tél. 05 61 73 34 92
www.energiesolaire.info
contact@energiesolaire.info

Éoliennes Ebonys Créations

(éoliennes)
Bellean
56130 Marzan
Tél. 06 80 13 65 94
www.ebonys-creations.com
http://perso.wanadoo.fr/ebonys

Ets Couturaud

(chauffe-eau solaires, photovoltaïques)
60, rue Auguste-Pavie
35240 Retiers
Tél. 02 99 43 50 42
Fax 02 99 43 40 63

Ets Valexo Environnement

(chauffe-eau solaires, photovoltaïque)
19, rue de Chateaubriand
22500 Paimpol
Tél. 02 96 22 03 27
Fax 02 96 20 91 87

ETN (Énergies Techniques Nouvelles)

(chauffe-eau solaires, planchers solaires directs)
7, vieux chemin de Seillons
83470 Seillons-Source-d'Argens
Tél./Fax 04 94 72 18 91
Portable 06 11 32 11 42
www.energiesnouvellestechniques.com

Giordano

(fabricant de capteurs solaires)
529, avenue de Fleuride
13685 Aubagne
Tél. 04 42 84 58 00
Fax 04 42 70 08 70
www.giordano.fr

Imerys Toiture

(tuiles photovoltaïques)
1, rue des Vergers
BP 22
69579 Limonest Cedex
Tél. 04 72 52 02 72
Fax 04 72 17 08 54
www.imerys-toiture.com

Photowatt International

(fabricant de panneaux photovoltaïques)
33, rue Saint-Honoré
38300 Bourgoin-Jallieu
Tél. 04 74 93 80 20
Fax 04 74 93 80 40
www.photowatt.com

Sunwatt France
(distributeur-installateur
photovoltaïque et thermique)
18, rue René-Cassin
74240 Gaillard
Tél. 04 50 31 35 85
Fax 04 50 31 36 85
www.sunwatt.fr

ÉPIS DE FAÎTAGE

Atelier Crespel
Poterie de Montbran
22550 Hénanbihen
Tél. 02 96 31 58 43
www.ateliercrespel.com

Benjamen Marc
Les Clos - 22400 Saint-Alban
Tél. 02 96 32 96 16

Création Joël Babey
11, route du Palus - 22580 Plouha
Tél. 02 96 10 20 30
www.babeyceramique.com

Poterie du Mesnil Bavent
14860 Bavent
Tél. 02 31 84 82 41
Fax 02 31 78 89 63
www.poterie-bavent.com

FENG SHUI

Cedric Detcheverry
12 bis, avenue du Général-de-Gaulle
44310 Saint-Colomban
Tél. 06 64 16 00 30
cedric.fengshui@gmail.com
expertise-fengshui. info

Cercle sinologique de l'Ouest
Gérard Timon
17, rue de La-Motte-Picquet
35000 Rennes
Tél. 02 99 60 76 29
Fax 02 99 31 84 65
www.chine.org

Feng Shui France
19, rue des Champs-Roger
78400 Chatou
Tél. 01 34 80 90 30
Fax 01 30 71 50 20
fengshui@noos.fr

Institut Européen du Feng-Shui
Pierre Thirault
168, Lambézégan
56440 Languidic
Tél. 02 97 85 93 68
www.feng-shui.fr
contact@feng-shui.fr

FORMATION/CONSEIL

Jean-Pierre Oliva
(formation à la construction
écologique pour professionnels
et autoconstructeurs)
La Plaine du Pont - 26510 Sahune
Tél./Fax 04 75 27 45 53
jpoliva@club-internet.fr

Spirale (Alain Richard)
(conseil et formation en
autobioconstruction (7 jours pour une
maison) murs, bottes de paille, bois
cordé, ossature bois)
5, rue de la Libération
17480 Le Château-d'Oléron
Tél. 05 46 47 84 91

GÉOBIOLOGUE

Association Habitat Vigilance
17 bis, chemin Jean-Vianney
69130 Écully
Tél. 04 78 33 20 43 - Fax 04 78 33 54 01

Jean-François Dubois
(Centre de formation - études client)
5, place du Palais - 56250 La Vraie-Croix
Tél. 02 97 67 52 47 - Fax : 02 97 67 52 86
www.geobiologie.fr

Ducrez Christian
(architecte-géobiologue)
1 ter, rue Baudoin - 92600 Asnières
Tél./Fax 01 47 33 45 58
christian.ducrez@wanadoo.fr

Le Cossec Gilbert
13, avenue du 4-Août
11700 Monbrun-des-Corbières
Tél. 04 68 43 15 42
le-cossec@wanadoo.fr

Li Sun Environnement -
Girard Hervé
(bureau d'études HQE - géobiologue)
Le Janin - 38110 Dolomieu
Tél./Fax 04 74 88 01 95
hgirard@club-internet.fr
www.geobiologue.com

ISOLATION

Argile expansée

Laterlite Leca
122, montée du Plantin/69380 Chasselay
Tél. 04 78 47 31 07 - Fax 04 78 47 08 29
www.leca.it
leca.france@wanadoo.fr

Chanvre

Balthazard & Cotte
(granulats de chanvre)
ZAC de Valentin
Rue du Choumois
BP 3011 - 25045 Besançon Cedex
Tél. 03 81 47 40 10
Fax 03 81 47 40 19

Chanvrière du Belon -
chanvre et technique
(chanvre fibré pour enduit et finition, chènevotte, fibres en vrac, laine en rouleau, en panneau et feutres)
Les Kaolins
BP 3 - 29340 Riec-sur-Belon
Tél. 02 98 06 45 34
www.technichanvre.com
technichanvre@wanadoo.fr

L'Atelier du Chanvre
(blocs préfabriqués)
38350 Oris-en-Rattier
Tél. 04 76 81 27 45
Fax 04 76 30 97 94
duport.olivier@wanadoo.fr

Terrachanvre
(chanvre complet issu de l'agriculture biologique)
Loriot Mine
22110 Tremargat
Tél. 02 96 36 59 07
www.terrachanvre.com
contact@terrachanvre.com

Easy Chanvre
(blocs préfabriqués en chanvre et chaux)
4, rue du Phare - 56470 Saint-Philibert
Tél. 02 97 59 12 98
www.easychanvre.fr

Laine de cellulose

Cellisol Semi
1, boulevard Amiral-Courbet
30000 Nîmes
Tél. 04 66 76 23 71 - Fax 04 66 76 23 72
www.cellisol.com
cellisol@wanadoo.fr

Cellubio
10-14, rue Anatole-France
BP 73 - 94142 Alforville Cedex 2
Tél. 01 56 29 13 13 - Fax 01 56 29 13 10
www.cellubio.com

Isofloc
Zürcherstrasse 511
St Gallen-Winkein - CH-9015 - Suisse
info@isofloc.ch

Homatherm France
84 rue du Pont de Fer - 62190 Lillers
Tél. 03 21 57 17 31
www.homatherm.fr

Laine de coton

Isoa
BP 30 - 24751 Trélissac Cedex
Tél. 05 53 03 50 36 - Fax 05 53 03 44 67
www.isoa.fr

Granulats de bois

Granuland
Zone industrielle - BP 51 - 40110 Morcenx
Tél. 05 58 08 11 74 - Fax 05 58 07 82 21
granuland.isolation@libertysurf.fr

Laine de mouton

Étoile du Berger
Prades - 63210 Saint-Pierre-Roche
Tél. 04 73 65 89 03
www.etoileduberger.fr
sboileau@club-internet.fr

France Laine
67, rue de la République - 81200 Mazamet
Tél. 05 63 98 51 14 - Fax 05 63 98 44 40
www.francelaine.com
france.laine@wanadoo.fr

Liège

Aliecor
3190, av. de la Chalosse - 40140 Magescq
Tél. 05 58 47 67 67
www.aliecor.com

Au Liégeur
9, avenue Maréchal-Leclerc
BP 41 - 40141 Soustons Cedex
Tél. 05 58 41 18 65 - Fax 05 58 41 24 98
www.au-liegeur.com
AU-LIEGEUR@wanadoo

HPK
19, rue de Lasserens
BP 7 - 47230 Lavardac
Tél. 05 53 65 51 46 - Fax 05 53 65 86 41
www.lieges-hpk.com
info@lieges-hpk.com

Liegisol
20, rue de Moscou - 40140 Soustons
Tél. 05 58 41 10 42 - Fax 05 58 41 10 03
www.liegisol.com

Liègexpan (importateur)
4, chemin du Berger
57510 Loupershouse-Ellwiller
Tél. 03 87 09 62 76 - Fax 03 87 02 63 20

SMT SNIC
Distriport-Mas Plaisant
BP 80213 - 66161 Le Boulou Cedex
Tél. 04 68 83 01 60
www.smtsnic-liege.com
SMT.SNIC@wanadoo.fr

Agglolux - CBL
Quartier Hardy - 40140 Soustons
Tél. 05 58 41 18 25
www.agglolux-cbl.com
agglolux-cbl@wanadoo.fr

Plume

Altermat (revendeur)
ZI des Noues - 85210 Sainte-Hermine
Tél. 02 28 14 04 73 - Fax 02 28 14 04 74
www.batiplum.com

Nat'tural - Batiplum (fabricant)
94, route de la Roche
85210 Sainte-Hermine
Tél. 01 51 28 88 31 - Fax 02 51 28 88 64
www.batiplum.com

Vermiculite

CMMP (revendeur)
45, rue de Saint-Pétersbourg
75008 Paris
Tél. 01 43 87 45 75
Fax 01 42 94 96 32
www.cmmp.fr

OUVERTURES/ FERMETURES

Menuiserie Pasquet
35370 Argentré-du-Plessis
Tél. 02 99 96 60 47

NÉGOCIANTS SPÉCIALISÉS

Arboga
16, chemin de Fillet
33750 Camarsac
Tél. 05 56 30 15 98 - Fax 05 56 30 10 73
www.arboga.fr
arboga33@free.fr

Au Liégeur
17, avenue de La-Motte-Picquet
75007 Paris
Tél. 01 47 05 53 10
Fax 01 47 53 79 29
www.au-liegeur.com

Bien-être Matériaux
47, avenue Reille
75014 Paris
Tél. 01 45 81 08 80
Fax 01 45 81 11 41
www.bienetremateriaux.com

Bio Logis
33, chemin des Pèlerins
43210 Valprivas
Tél. 04 71 66 99 32
Fax 04 71 66 73 03

Bois de France
30360 Martignargues
Tél. 04 66 83 58 65
Fax 04 66 83 68 59
www.boisdefrance.fr

Clair'Espace
4, rue des Bonnes-Gens
67000 Strasbourg
Tél. 03 88 75 11 85
Fax 03 88 22 32 83
clairespace@wanadoo.fr

Comptoir du Bio Habitat
La Lande de Musson - 35660 Langon
Tél. 02 99 08 64 11
Fax 02 99 08 64 17
www.comptoir.biohabitat.com

Comptoir du Bio Habitat
8, rue de Saverne - 44000 Nantes
Tél. 02 40 47 03 46

CTC (Chanvre Terre Chaux)
Pratmeur
56310 Quistinic
Tél. 02 97 39 70 44 - Fax 02 97 39 76 10
www.chanvre-terre-chaux.com
ctc.gl@wanadoo.fr

Docks du Liège
BP 4 - 33430 Bazas
Tél. 05 56 65 01 41 - Fax 05 56 65 01 42

Domus Construction Vivante
Avenue de Paris - BP 50
09120 Varilhes
Tél./Fax 05 61 67 73 45
www.qem.fr

Domus Matériaux
ZI Dewoitine - 31700 Corne-Barrieu
Tél. 05 61 85 43 06 - Fax 05 61 85 48 93
www.domus-materiaux.fr

Écofa
10, rue du Bernstein
67650 Dambach-la-Ville
Tél. 03 88 92 49 92 - Fax 03 88 92 48 94
www.ecofa-habitat.com
ecofa@wanadoo.fr

Éco Habitat
Route de Périgueux
16410 Garat
Tél. 05 45 24 88 35 - Fax 05 45 24 89 19
www.ecohabitat.fr
contact@ecohabitat.fr

Écomaison Sté Nouvelle
Avenue de Catalogne
Route d'Alet - 11300 Limoux
Tél. 04 68 31 92 50 - Fax 04 68 31 92 51
www.ecomaison.com
ecomaison@wanadoo.fr

Ets Gérard Pignier
72, quai des Bateliers
60400 Pont-l'Évêque
Tél. 03 44 44 27 43 - Fax 03 44 44 35 04

Habiter Naturel
22 bis, avenue Jules-Ferry
92240 Malakoff
Tél. 01 46 56 93 18 - Fax 01 46 56 29 81
www.habiternaturel.com

Habitat Sain
Le Pavillon
35131 Pont-Péan
Tél. 02 99 52 82 87
Fax 02 99 05 79 67
www.habitat-sain.fr.com

Hector
22A, rue Claire-Oster
57200 Sarreguemines
Tél. 03 87 95 33 20
Fax 03 87 95 18 55
www.hector.fr

Isopar
24, avenue des Morillons
ZI Doucettes
95140 Garges-lès-Gonesse
Tél. 01 39 93 88 22
Fax 01 39 93 98 42

La Maison de l'Écologie
38960 Saint-Aupre
Tél. 04 76 06 09 99 - Fax 04 76 55 35 38
www.maison-ecolo.com

Le Relai
Hameau Karouge
27290 Illeville-sur-Montfort
Tél. 02 32 41 01 50
elanos@free.fr

Magellan SARL
Zone artisanale des Landes
24290 La Chapelle-Aubareil
Tél. 05 53 51 22 25 - Fax 05 53 51 22 54
www.magellan-bio.fr

Mondécor
62, avenue d'Embrun - 05000 Gap
Tél. 04 92 51 48 15 - Fax 04 92 53 47 57
mondecor05@wanadoo.fr

Nature et Habitat
95, impasse Mas-de-Gardies
30900 Nîmes
Tél. 04 66 64 22 74 - Fax 0466 23 98 77
ankh@nature-et-habitat.fr
www.nature-et-habitat.com

Sainbiose
68, port Rambaud - 69002 Lyon
Tél. 04 78 37 16 03 - Fax 04 78 37 25 20
www.sainbiose.com

Terre Naturelle
(négociant et maître d'œuvre)
Le Palis - 50490 Saint-Sauveur Landelin
Tél./Fax 02 33 46 06 85

Thuau Guy
15, rue de l'Industrie
ZI de la Chouannerie
85290 Mortagne-sur-Sèvre
Tél. 02 51 65 05 88 - Fax 02 51 65 28 26

PAILLE

Kolotec (Pascal Thépaut)
(conception et construction maisons bottes de paille, enduit à chaux)
Le Bourg - 22250 Trémeur
Tél. 06 07 80 59 29 - http://kolotec.free.fr

La Maison en paille
(formation - animation de stages)
www.lamaisonenpaille.com

Tom Rijven
(artisan itinérant - construction botte paille, enduit paille - formation pour professionnels Botmobil)
Tél. 06 03 97 46 84
tomrijven@hotmail.com
www.habitatvegetal.com

PEINTURE - HUILE - TRAITEMENT BOIS

Biofa - Europ-Labo
3, rue Gutenberg
BP 39 - 67610 La Wantzenau
Tél. 03 88 59 22 71
Fax 03 88 96 39 84
www.biofa.de

Écofa
10, rue du Bernstein
67650 Dambach-la-Ville
Tél. 03 88 92 49 92 - Fax 03 88 92 48 94
www.ecofa-habitat.com
ecofa@wanadoo.fr

Auro Diffusion
100, rue Raymond-Noël
B-5170 Bois de Villiers
Tél. 00 32 (0) 81 434 923
www.aurodiffusion.com
info@aurodiffusion.com

Kreidezeit
(importateur Ecodis)
Zone de Kerboulard - 56250 Saint-Nolf
Tél. 02 97 48 40 59
www.ecodis.info

PISCINES NATURELLES

Walter Riedel
(réalisation de piscines naturelles)
Changean - 24160 Genis
Tél. 05 53 62 83 15

Aquatique de la Moine
(plantes aquatiques)
La Sutellerie - 44190 Gétigné
Tél. 02 40 54 74 65

Le Jardin d'eau « Les Breiz »
22980 Saint-Michel-de-Plélan
Tél. 02 96 27 08 43

PLANCHER BOIS

Réseau Pro
Direction Régionale Ouest
Rue Jean-Marie-David - 35742 Pacé Cedex
Tél. 02 99 85 60 60 - Fax 02 99 85 60 69
www.reseaupro.fr
www.pbmgroup.com

PLANCHERS TERRE CUITE

Saverdun Terre Cuite
17, rue des Aramons
ZA La Louvade - 34130 Mauguio
Tél. 04 67 12 85 10 - Fax 04 67 12 85 11

RADON, RADIOACTIVITÉ

Algade
1, avenue du Brugeaud - BP 46
87250 Bessines-sur-Gartempe
Tél. 05 55 60 50 00 - Fax 05 55 60 50 59
www.algade.com

CRIIRAD (Commission de recherche et d'information indépendante sur la radioactivité)
(analyses de radioactivité, films Kodapha, compteurs Geiger)
Le Cime - 471, avenue Victor-Hugo
26000 Valence
Tél. 04 75 41 82 50 - Fax 04 75 81 26 48
www.criirad.org

REVÊTEMENTS DE SOL

LINOLÉUM

Forbo Sarlino
63, rue Gosset - BP 2717
51055 Reims Cedex
Tél. 03 26 77 30 30
Fax 03 26 02 05 76
www.sarlino.forbo.com

Tarkett
2, rue de l'Égalité
92748 Nanterre Cedex
Tél. 01 41 20 42 49
Fax 01 41 20 47 00
www.tarkett-batiment.fr

PARQUETS

Ambiance Bois
(parquets, lambris mélèze, Douglas non traités)
Route d'Eymoutiers
23340 Faux-la-Montagne
Tél. 05 55 67 94 06
Fax 05 55 67 97 02
www.ambiance-bois.com

Bemart
156, rue des Pyrénées - 75020 Paris
Tél. 01 40 33 86 86 - Fax 01 40 33 86 82
www.bemart.com

TOILETTES SÈCHES

Biolet-Lotus (distributeur importateur)
Éco-Sud - BP 521 - 65005 Tarbes Cedex
Tél. 05 62 36 99 90
www.biolet.com

Sun Mar
www.sun-lar.com
paul@kal.forthnet.gr

TOITURES

Ardoises

Ardoisières d'Angers-Trélazé
56, rue Albert-Camus - 49800 Trélazé
Tél. 02 41 96 70 70

Ardoisières de Dourgne
(ardoises et lauzes)
Route d'Artons - Limatge - 81110 Dourgne
Tél. 05 63 50 29 39 - Fax 05 63 50 87 70

Société d'exploitation des ardoisières de Travassac (ardoises)
19270 Donzenac - Tél. 05 55 85 78 39

Bardeaux de bois

Ambiance Bois (bardeaux de toiture non traités) Route d'Eymoutiers
23340 Faux-la-Montagne
Tél. 05 55 67 94 06 - Fax 05 55 67 97 02
www.ambiance-bois.com

Chaume

Art et Tradition du chaume
Bruno Barrier - Le Bourg
19110 Monestier-Port-Dieu
Tél. 05 55 94 41 88 - Fax 05 55 72 44 71
www.chaumier.com
info@chaumier.com

Denis Landais
Kerlibérin - 44410 Herbignac
Tél. 02 40 91 31 14
landais.mary@wanadoo.fr

Renard Alain
53, rue Pasteur - 76240 Belbeuf
Tél./Fax 02 35 80 40 20

Toitures végétalisées

Écosedum
80, rue Nationale - BP 50062
57192 Florange Cedex
Tél. 03 82 59 47 52 - Fax 03 82 59 47 59
www.ecosedum.com

TRAITEMENT ET ENTRETIEN DU BOIS

Ensytex Europe
Tech Espace - 12, av. Toussaint-Catros
33185 Le Haillan
Tél. 05 56 47 84 27 - Fax 05 56 47 77 56
www.exterra-france.com

TUILES

SA Céramiques Woestelandt
Route de Booneghem - 59143 Nieurlet
Tél. 03 21 88 31 60 - Fax 03 21 88 10 72
www.woestelandt.com

VENTILATION

Aldes
(ventilation et surventilation nocturne)
20, bd Joliot-Curie - 69694 Vénissieux Cedex
Tél. 04 78 77 15 15 - Fax 04 78 76 15 97
www.aldes.com

Remerciements

Ce livre est le fruit de nombreux reportages effectués au cours de ces dix dernières années, de longues conversations avec les artisans, les fabricants, les architectes et de rencontres avec les propriétaires de ces maisons dans lesquelles on se sent si bien.
Je remercie en particulier l'association des Castors de l'Ouest pour m'avoir donné l'occasion, au travers de la rédaction de son magazine, de dialoguer avec des professionnels passionnants. Je pense à Bernard Menguy, architecte établi sur le Morbihan qui a su aiguiser ma curiosité dans ce domaine ; à Gilbert Le Cossec, géobiologue, qui m'a fait découvrir cette sensibilité aux énergies ; à Hervé Edin et à l'association Tiez Breiz, pour leur connaissance du bâti ancien ; à Yves Bellanger-Rouault, pour son intérêt communicatif pour les épis de faîtage ; à Laurent Goudet, pionnier des applications chaux-chanvre et toujours disponible pour dialoguer sur le sujet, l'association Terre Vivante pour son accueil dans son centre de Mens lors de son exposition sur les matériaux écologiques ; Claude Micmacher de l'association Pégase-Périgord CREEE pour sa volonté à transmettre, au travers des réalisations concrètes, une longue expérience d'architecte spécialisé dans les constructions saines et naturelles… l'association Matériaux et Savoir-Faire de la Chambre des Métiers du Tarn et notamment Kathelène de Preville et Bruno Mohamed d'Ocres décorations pour le savoir-faire qu'ils savent si bien traduire en lumière.
Je remercie également tous les propriétaires de chambres d'hôtes qui m'ont accueillie pour d'interminables séances photos et qui ont su me faire partager, quelques instants, le bonheur de séjourner dans leur agréable et confortable demeure, en particulier : Patrick Le Caloch à Lanvaudan (56), Claudine Choux à Escatalens (82), Tony Cointre à Dingé (35), Christian et Régine Godefroid à Faugères (34), Micheline et Bernard Perrone à Montpezat du Quercy (82), Jean-Luc Vieillard à Salvagnac (81) ainsi que tous les propriétaires privés qui préfèrent garder l'anonymat.

Table des matières

Editeur : Aurélya Guerréro-Streignart
Collaboration éditoriale : Marie-Christine Train, Céline Genétay
Photogravure : Micro Lynx, Rennes (35)
Maquette : studio des Éditions Ouest-France

ISBN : 978.2.7373.3716.1 - N° d'éditeur : 4916.03.03.05.08
Dépôt légal : mars 2006 – Imprimé en France par Kapp Lahure Jombart, Evreux (27)